# 驱动力：

# 数字化时代项目管理范式

丁涛　王梅　张涛　编著

机械工业出版社

CHINA MACHINE PRESS

数字化已成为社会变革的驱动力，需要包括项目经理在内的广大项目管理从业者不断改变和发展自身角色并积极融入这一数字化变革的浪潮。

本书从数字化时代项目实施方法论入手，系统阐述了数字化时代项目管理范式，数字化时代项目管理模型、方法和工件，数字化时代项目管理裁剪，以及适应不同企业的对接和实践需要。同时，阐述了数字化时代项目管理办公室在提升项目间和项目内协同水平中的重要作用。

本书赋予了项目管理新内涵，并将深度影响项目管理从业人士的行为模式和职业特点，是广大项目管理从业者在数字化变革的浪潮中需要及时掌握和学习的参考读物。

**图书在版编目（CIP）数据**

驱动力：数字化时代项目管理范式/丁涛，王梅，张涛编著. —北京：机械工业出版社，2022. 5

ISBN 978-7-111-70790-5

Ⅰ.①驱…　Ⅱ.①丁…②王…③张…　Ⅲ.①项目管理－研究　Ⅳ.①F27

中国版本图书馆 CIP 数据核字（2022）第 084911 号

机械工业出版社（北京市百万庄大街 22 号　邮政编码　100037）
策划编辑：张星明　　　　　　　　　责任编辑：张星明　李　杨
责任校对：张亚楠　刘雅娜　陈立辉　责任印制：李　昂
河北宝昌佳彩印刷有限公司印刷
2024 年 1 月第 1 版·第 1 次印刷
170mm×242mm·21.5 印张·270 千字
标准书号：ISBN 978-7-111-70790-5
定价：89.00 元

电话服务　　　　　　　　　　　网络服务
客服电话：010-88361066　　　　机　工　官　网：www.cmpbook.com
　　　　　010-88379833　　　　机　工　官　博：weibo.com/cmp1952
　　　　　010-68326294　　　　金　书　网：www.golden-book.com
**封底无防伪标均为盗版**　　　机工教育服务网：www.cmpedu.com

《驱动力：数字化时代项目管理范式》

# 编　委　会

## 主　编

丁　涛　王　梅　张　涛

## 参　编

| | | | | |
|---|---|---|---|---|
| 丁多盛 | 丁　然 | 于天奇 | 王旭峰 | 王志楠 |
| 王春雨 | 王海玉 | 史明慧 | 田佳秋 | 邢博文 |
| 刘立辉 | 刘贤珺 | 刘俊峰 | 刘　超 | 刘　强 |
| 阮　敏 | 孙　雍 | 李　鹏 | 肖远憧 | 肖超群 |
| 何　洋 | 汪水洪 | 汪　洋 | 宋新波 | 张洪铭 |
| 张继红 | 张　博 | 陈建国 | 范宇博 | 经迪春 |
| 赵　叶 | 赵欣欣 | 赵海星 | 赵　博 | 秦　岭 |
| 高　佳 | 郭广庆 | 郭　毅 | 唐艮霞 | 黄　颖 |
| 鄂　锐 | 崔　昭 | 崔大明 | 崔洪霞 | 董珊珊 |
| 程元平 | 舒建伟 | 裴宏亮 | 魏友明 | |

# 序 一

项目管理是管理学的重要分支。它是时间管理、目标管理、执行管理、激励管理、知识管理、流程管理及绩效管理等管理学科的集大成者；它是一门科学，更是一门艺术，在人类历史的发展中扮演了重要角色。

曼哈顿计划是项目管理发展史上的重要里程碑。曼哈顿计划耗资 20 亿美元，投入 10 万多人。格鲁夫斯和奥本海默在项目管理中大量运用了系统工程的思想和方法，极大地缩短了工程时间，在某种程度上，也加速了第二次世界大战的进程。

阿波罗计划历时 10 年，参与人数超过 30 万人，成功实施了一系列载人登月的飞行计划。期间，大量应用了关键路径和资源分配、流程管理、执行管理等项目管理实用技术，并在项目超期管理、沟通管理等方面留下了许多有益的思想和工具。

许多伟大的蓝图是通过项目工程落地的。项目的规模和复杂程度或有不同，但是项目工程的本质是相同的，项目管理的工具和原理是相仿的。SAP 公司与国家能源投资集团有限责任公司（以下简称"国家能源集团"）的合作始于 2011 年。令我们印象深刻的是，从初期的 SH217 工程，到支撑国家能源集团完成建国以来最大的央企重组，直至目前正在进行的国家能源智慧企业建设，科学的项目（群）管理思想贯穿国家能源集团数字化工作的始终。而项目管理方面的独到之处，也正是国家能源集团一体化管理平台的实施周期、实施质量和实施效果在众多的 SAP 客户案例中首屈一指的重要原因。

从我们的角度看，国家能源集团的数字化项目建设有以下几个突出的特点：

一是将企业战略作为数字化转型思考的原点，始终将战略目标的落地、核心业务诉求的实现作为数字化项目的终极目标。所有数字技术的应用均围绕着增强企业核心竞争力而展开。从战略为始，以落地为终，求实效而不追求概念，这种务实的文化与组织在新概念风起云涌的今天尤其难能可贵。也正是因为这种务实的文化与组织，使得国家能源集团对 SAP 产品的应用深度和广度领先于国内诸多的能源企业。

二是基于业务发展趋势的洞见开展数字技术的研究和储备。在"能源革命"这一重大变革背景下，围绕着能源消费和供应方面可能出现的诸多变革，国家能源集团在一体化平台的行业范式打造和提炼、产运销的调度与协同、能源消费模式的管理及技术创新、供应链金融、可持续发展等方面开展了一系列的研究和技术储备。有一些储备，如行业范式的打造、产运销的调度和协同已经在国家能源集团的重组及智慧企业建设中发挥了至关重要的作用。这种对业务的前瞻性和感知力，是国家能源集团数字化工作有别于其他企业的重要特征。

三是高度重视项目管理过程中理论与实践相结合。国家能源集团项目管理以《项目管理知识体系指南（PMBOK®指南）第 7 版》和《DAMA 数据管理知识体系指南（原书第 2 版）》为理论基础，在项目管理实践过程中，结合央企特点进行了超越理论的创新和实践。这种创新和实践体现在双轨制治理架构、项目考核和激励、人才培养、沟通机制等诸多方面。在 2012 年的 SAP 蓝宝石大会上，SAP 有幸邀请到国家能源集团有关领导分享了关于项目群管理的成功实践。显而易见的是，国家能源集团关于数字化项目管理方法论的迭代和总结从未停止，直至打磨和浓缩形成了具有国家能源集团特色，符合中央企业特点，又具备广泛适用性的数字化项目管理范式。

作为国家能源集团智慧企业建设这一宏大工程的参与者和见证者，虽然对项目的实施过程已经有所了解，但抚卷细看，内心还是澎湃不已。这种从理论到实践，从实践又反哺理论的螺旋式上升，贯穿了国家能源集团数字化工作的诸多方面。我能感受到书中扑面而来的数字化工作从业者的那份拳拳之心，更让人动容的是，在包括数字化项目管理等诸多工作中，他们那种格物致知的精神。

是为序。

王 前

SAP 全球副总裁，SAP 中国联席总经理

2022 年 6 月 8 日

# 序 二

在全球范围内，数字化转型已经成为企业管理者关注的热点。数字化转型究其实质，是指以数字化技术为驱动力，以数据为核心，以产品/服务转型以及流程优化重构为手段，实现企业绩效与竞争力根本性提升的一系列变革。

针对企业的数字化转型，SAP 作为全球最大的企业应用软件商，提出了智慧企业的产品战略，帮助企业加速完成数字化转型的进程。该项战略包括以下三个特点：

一是加速变化的技术。云、人工智能、区块链、物联网——这些新技术扩展了新的产品、服务、商业模式。过去几年产生的数据已经超过了人类历史上积累的数据总和，不断增长的数据量推动了新的市场开辟。这些变化，改变了行业、企业、客户、员工的体验和期待。毫无疑问，企业必须加快数字化转型步伐。

二是外部环境的影响，面对新冠疫情和全球政治、经济环境的影响，企业意识到数字化转型已经成为组织的首要任务。企业必须适应外部环境的变化，迅速采取行动，调整运营和流程。以前"有总归是好"的数字化能力，现在已经成为"必须要有"的条件。

三是竞争的市场格局。一直以来，SAP 的产品定位都是以集成的、端到端的、跨整个价值链的方式运行最关键的业务流程，支持 25 个行业的客户。在企业应用软件的主要领域，如资源计划、数字化商务、人力资源管理、供应链管理、制造、采购等方面都取得了成功。

对于智慧企业来说，企业应用软件的项目实施是面向未来战略目标的具体落地过程，不仅需要将智慧企业所需具备的先进业务流程、数据洞察和智能决策能力等在企业应用软件中实现，而且需要通过项目的实施完成面向未来战略目标的组织流程转型。换言之，这是一个企业数字化转型的过程，不可能一蹴而就，不仅需要不同种类的企业应用软件项目参与，而且需要与之相匹配的实施方法论作为支撑。

通常来说，企业数字化转型存在以下问题：

（1）设置具有挑战性的战略目标，从而造成转型路径不确定。

（2）由于技术环境快速变化，提高了任务实现的难度。

（3）系统涉及范围广，导致架构体系非常复杂。

以上问题往往是数字化转型过程中的重大障碍，对于传统的应用软件项目实施管理模式提出了极大挑战。一系列经典的项目管理方法论在此背景下加速了进化、变革与重构的过程。

随着数字化时代的不断发展，在走向智慧企业的数字化转型过程中，各类企业应用软件项目的实施也面临着各种管理挑战。新组织形式、新管理思维、新技术架构等的发展和变化推动了项目实施方法论的革新。同时，实施方法论的演进也促使组织形式、管理思维、技术架构乃至软件产品等不断发展，最终融合出一套更适应新时代数字化转型需求的企业应用软件项目实施交付体系。

《驱动力：数字化时代项目管理范式》以国家能源投资集团有限责任公司（以下简称"国家能源集团"）的一体化集中管控系统建设项目为例，完美地体现和总结了大型集团在迈向智慧企业过程中的数字化转型项目经验和范式。该项目基于智慧企业的思想方法，不仅吸收了国家能源集团的信息化建设成果，而且将数据治理与项目管理思想深入融合，体现了实施数字化转型项目的企业未来发展方向。全书深入浅出，案例翔实，值得同业人士借鉴、参考和学习。

彭俊松　博士

SAP 大中华区首席数字官

2022 年 5 月 28 日

# 目 录

# 第1章　数字化转型项目概述

## 1.1　引言

当前，数字化转型浪潮方兴未艾，越来越多的企业和社会组织将打造数字化能力作为未来发展的核心战略。驱动数字化转型的诉求发生了根本性变化，这种变化不仅助推了社会协作、组织创新和商业模式变革，而且对项目管理产生了颠覆性影响。PMI 全球高级副总裁约瑟夫·卡希尔（Joseph Chill）指出，数字化已成为社会变革的驱动力，需要广大项目管理从业者具备数据驱动决策（Data-Driven Decisions）的能力，不断改变和发展自身角色并积极融入这一数字化变革的浪潮。在关于数字化协作的探讨中，约瑟夫·卡希尔和 IBM（中国）全球交付中心执行架构师莫瀚德（Mohamed El-Refai）博士都强调了数字技术对提升项目之间和项目内部协同水平的重要作用。目前，传统的项目管理模式存在项目进度难控制、项目沟通协调不顺畅、项目执行不透明和组织过程资产难共享等痛点，将数字治理和项目管理思想深度融合，既是项目管理未来发展的大势所趋，也是企业全方位提升数字化能力的有效手段。

数字化时代是价值导向的时代，是万物互联、价值共创的时代。数字化时代的价值共创对项目管理实践提出了更高的要求，不仅包含经典项目管理中的完成交付、现实收益，而且囊括了相关方在数字技术全面赋能的基础上全方位参与价值创造的过程。本书聚焦数字化时代下项目管理的创新发展，结合国家能源投资集团有限责任公司（以下简称"国家能源集团"）一体化集中管控系统建设项目（以下简称"一体化项目"）管理实践，全面阐述数据驱动项目管理创新发展新型范式。一体化项目作为国家能源集团数字化转型落地项目，是夯实数字化基建、畅通数字化循环、深化数字化应用、拓展数字化创新、激发数字化动能的重要载体。一体化项目遵循《国家能源集团网络安全与信息化总体规划》，充分继承国家能源集团信息化建设成果，将企业经营管理全要素、全流程纳入一体化集中管控系统管理，并形成了统一、集中的数据资产平台。一体化集中管控系统作为国家能源集团信息化架构中最基础、最核心的系统，是国家能源集团顶层设计和战略目标实现的重要支撑和管控手段，也是国家能源集团规范基础业务、加强集中管控、防范重大风险、实现智能审计监督、强化内控管理等工作的有力抓手和必然选择。

随着新业态、新模式、新技术的新一轮科技革命和产业变革对传统产业冲击的不断加强，信息化与工业化融合持续深化，国家能源集团提出的平台化发展、数字化运营、产业链协同、智能化生产、生态化协作的数字化转型五大发展路径，成为国家能源集团数字化转型的核心。

# 1.2 数字化转型概述

数字化是指组织在经营管理中专注于使用数字技术创造新的竞争优势，提高经营绩效。

数字化转型是在数字化的基础上将数字技术整合到业务中，从而重塑组织，围绕客户体验、业务价值和持续变化重新定义商业模式。

随着数字技术应用场景不断拓展、辐射范围逐步扩大，企业传统业务的数字化转型变革持续深化。当前，数字化转型已成为提升企业治理水平、推动产业创新发展、打造数字化生态的必由之路。数字化项目作为企业数字化转型的一线阵地，越来越多的企业将其作为加强需求侧管理和供给侧改革、融入"双循环"新发展格局、落实"双碳"目标、实现高质量发展的关键要素。

2019 年，国家能源集团提出了"一个目标、三型五化、七个一流"的发展战略，即：一个目标——建设具有全球竞争力的世界一流能源集团；三型五化——打造"创新型、引领型、价值型"企业，推进"清洁化、一体化、精细化、智慧化、国际化"发展；七个一流——实现"安全一流、质量一流、效益一流、技术一流、人才一流、品牌一流、党建一流"。国家能源集团虽然继承了原神华集团和国电集团的信息化建设成果，但人力资源、财务、物资、销售、设备和项目管理等核心业务板块的信息系统部署分散，在一体化经营管控水平和信息化平台基础方面与创世界一流能源集团的战略目标仍存在差距。为进一步提升智慧化发展水平、夯实数字化管理基础，国家能源集团正式启动了一体化项目建设，打造一体化经营管控体系，全面推动企业数字化转型。

## 1.3　数字化转型项目管理

数字化转型项目诞生于企业数字化转型过程中，如数字化系统开发、工程实施、业务转型、管理变革等。相较传统的信息化项目管理，数字化转型项目管理不仅需要引进新理念、新工具和新技术，还需要从根本上调整项目管理原则、方法和绩效域，以确保企业数字化转型有序推进、可持续发展。

### 1.3.1 传统项目管理框架

传统信息化项目主要包括系统集成、软件开发、IT工程建设、系统维护等。传统信息化项目管理是以明确需求、稳定组织、清晰流程为前提，面向项目全生命周期，按照五大过程组，参考十大知识领域，定义活动输入、工具和输出，使项目有序推进，最终实现项目目标。项目管理基本框架如图1-1所示。

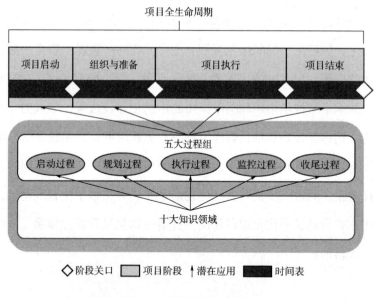

图1-1 项目管理基本框架

### 1.3.2 数据管理绩效域与管理模型

数字化转型项目管理需要从数据管理本身的绩效域和项目属性入手，选择合适的项目管理方法。

数字化转型项目管理对象是数据管理的绩效域，开展数字化转型项目管理的前提是理解数据管理绩效域的内容。通过裁剪数据管理绩效域的内容，确定数字化转型的项目管理方法论。数据管理绩效域内容如图 1-2 所示。

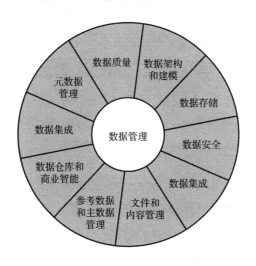

图 1-2　数据管理绩效域内容

数据管理绩效域主要包括元数据管理、数据质量、数据架构和建模、数据存储、数据安全、数据集成、文件和内容管理、参考数据和主数据管理、数据仓库和商业智能、数据集成。基于数据管理绩效域内容，从人、过程和技术三个维度构建初步的数据管理环境要素。

1）人的维度。主要包括设计合适的组织结构，定义管理原则，明确角色和职责。

2）过程维度。主要包括选择技术路径、分解工作活动。

3）技术维度。主要包括基于技术实现的交付成果、所选择的工具和方法。

数据管理环境要素如图 1-3 所示。

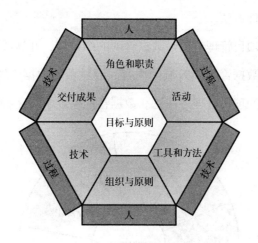

图 1-3　数据管理环境要素

基于数据管理内容范畴以及人、过程和技术的管理环境要素，构建 SIPOC 管理模型，如图 1-4 所示。

该模型包括定义、目标、活动等要素。

1）定义。简要定义绩效域。

2）目标。描述绩效域的目的和指导每个绩效域内活动的基本原则。

3）活动。是实现绩效域目标所需的行动和任务。活动分为四大类：计划（P）、开发（D）、运营（O）和控制（C）。计划活动为实现数据管理目标确定了战略和战术路线。计划活动经常进行；围绕系统开发生命周期（分析、设计、构建、测试、准备和部署）组织开发活动；运营活动支持使用、维护和加强获取和使用数据的系统和流程；控制活动确保数据的持续质量以及数据存取和使用系统的完整性、可靠性和安全性。

SIPOC 管理模型将活动放在中心位置，因为活动能够生成满足需求的可交付成果。推动目标（中心）的活动分为 4 个阶段：计划（P）、开发（D）、运营（O）和控制（C）。在图 1-4 中，左边是输入和供应商，底部是影响绩效域各个方面的技术、工具和度量指标。

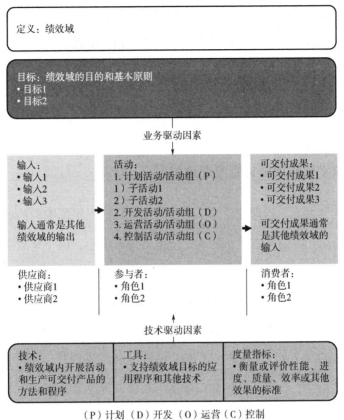

图 1-4　SIPOC 管理模型

➤ 输入：是每个绩效域开展活动所需要的有形事物，是其他绩效域的输出。

➤ 可交付成果：是绩效域各项活动的输出，是每个职能负责产生的具体事项。交付物本身可以是目的，也可以是其他绩效域的输入。

➤ 供应商：是负责提供或允许获取活动输入的人。

➤ 参与者：是执行、管理或批准绩效域活动的人。

➤ 消费者：是指直接从数据管理活动创建的主要可交付成果中获益的人。

➢ 技术：是在绩效域内开展活动和生产可交付产品的方法和程序。包括共同公约、最佳做法建议、标准和议定书或新出现的替代办法。

➢ 工具：是支持绩效域目标的应用程序和其他技术。

➢ 度量指标：是衡量或评价性能、进度、质量、效率或其他效果的标准。

### 1.3.3 数字化转型项目管理理论依据

数字化转型项目管理理论基础来自国际上具有一定影响力的项目管理知识体系和方法论。这些方法论的理论依据普遍被借鉴，以下是数字化转型项目管理方法可参考的 5 种理论依据。

（1）国际项目管理协会（IPMA）的 ICB 知识体系

该体系对项目管理者的素质要求有 42 个方面。其中，28 个为核心要素，14 个为辅助要素，8 个个人态度方面，10 个总体印象方面。在数字化转型项目管理方法论中，参考了 ICB 知识体系中的项目管理者素质能力项，尤其是 8 个个人态度要素。

（2）项目管理协会（PMI）的《项目管理知识体系指南（PMBOK®指南）》（简称《PMBOK®指南》）

该指南（第 7 版）将"基于过程的项目管理"转变为"基于原则的项目交付"。根据项目特征、行业、干系人和组织需求，项目经理在 12 项原则指导下，实现八大绩效域管理。在数字化转型项目管理方法论中，参考了人员、过程、环境三个管理域，正好与数据管理环境的人员、过程、技术相对应。

（3）英国商务部（OGC）的 PRINCE2

这是一种结构性的项目管理方法论。在受控环境下提供一种精辟的、可调整的过程模型。8 个管理过程和各自的子过程为参与项目的各方提供了一种稳固的工作架构和沟通渠道。这些过程可根据项目的需要适当增减，输出结果的正式程度也可不同。主要过程可归纳为：

> 项目指导：定义职责，确保商业论证最终责任。

> 项目准备：明确项目是否切实可行、是否值得进行。

> 项目启动：在目标、风险和产品预期方面取得共识。

> 阶段控制：定义项目经理的日常管理活动。

> 产品交付管理：根据产品描述中的质量标准制造和准备实际产品的工作。

> 阶段边界管理：评估项目现状价值，决定商业论证是否可行。

> 项目收尾：结束项目工作，项目后评估。

在数字化转型项目管理方法论中，参考了 PRINCE2 过程方法论的思路和关键过程活动。

（4）PMI 的《敏捷实践指南》

以四大价值观为前提、十二大原则为指导，以客户价值为导向，通过自组织团队，采用迭代方式，拥抱变化，实现项目产品敏捷、快速、多次交付。在数字化转型项目管理方法论中，参考了《敏捷实践指南》的敏捷思维、框架和迭代方法。

（5）国际数据管理协会（DAMA 国际）的《DAMA 数据管理知识体系指南》（DMBOK）

该知识体系指南的十大职能领域和 7 个环境要素从总体上说明了知识体系框架的结构，是对数据管理工作提出的一套理论方法。《DAMA 数据管理字典》和《DAMA 数据管理的知识体系和指南》（DAMA-DMBOK1.0 & DAMA-DMBOK2.0）描述了数据管理的方法论模型。在数字化转型项目管理方法论中，除了参考数据管理知识体系，还借鉴了数据管理方法论模型。

借鉴上述国际组织的知识体系标准和方法论模型，为数字化转型项目管理提供了理论依据，也奠定了数字化转型项目管理方法论创新的基础。

### 1.3.4　数字化转型项目管理方法论

项目管理是项目型企业管理之基、效益之本，但企业的项目管理失衡、创效能力不足等问题普遍存在。从实践经验看，项目管理水平决定了企业效力与可持续发展能力。项目管理优，则企业强大兴盛、政通人和；项目管理劣，则企业动力缺失、举步维艰。尤其在数字化转型项目管理中，传统的项目管理方法论已无法满足需求不确定性高、技术程度不确定性高的新型项目管控要求。

#### 1. 数字化转型项目分类

在数字化转型项目的方法论构建过程中，既要考虑需求的不确定性高、技术程度的不确定性低或需求的不确定性低、技术程度的不确定性高的项目特征，也要考虑传统项目管理与新型项目管理实践的结合以及敏捷项目管理的应用，从而选择合适的项目管理方法论。数字化转型项目管理方法论选择模型如图1-5所示。

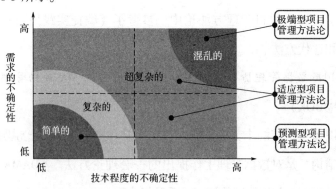

图1-5　数字化转型项目管理方法论选择模型

数字化转型项目按需求的不确定性和技术程度的不确定性两个维度可以划分为三类项目，分别是：预测型项目、适用型项目、极端型项目。

1）预测型项目。基于数字化工程建设类项目，如系统集成、机房建设项目选择预测型项目管理方法论。针对需求的不确定性低、技术程度的不确定性也低，或项目目标明确、技术实现方案明确的项目。此类项目通过构建完善的项目管理流程，编制详细的项目计划，选择相对稳定的项目组织结构，使用成熟的技术方法，采用标准的评价手段，从而构建预测型项目管理方法论，又称之为数字化转型中的传统型项目。

2）适用型项目。基于数字化转型的系统开发类项目，如某业务平台开发、组织变革项目选择适应型项目管理方法论。针对需求的不确定性高、技术程度的不确定性低，或需求的不确定性低、技术程度的不确定性高的项目。首先，定义项目产品愿景和价值；其次，做好产品路标和版本规划，根据版本规划确定迭代周期和交付节奏；最后，根据迭代周期编制滚动的迭代计划。此类项目管理方法论的构建采用自组织或网状组织，定义项目管理原则，明确项目绩效域，开发项目管理模型、工具和方法，采用增量或迭代的方式交付。此类项目被称为数字化转型的适用型项目。

3）极端型项目。基于数字化转型中前瞻性研究或基础技术研究类项目，如非成熟技术的熟化开发、未来技术应用探索、未来技术验证等项目。此类项目难以定义明确的项目目标，难以清晰技术路径，更无法编制中长期项目计划，只能每月定义项目目标，每周制订双周项目工作计划，因此，难以准确估算整体项目进度、资源和成本。此类项目被称为数字化转型的极端型项目。

**2. 数据管理与项目管理的关系**

数字化转型项目管理的对象是数字化，也就是说，项目管理方法如何应用于数据管理，从而有效推动数字化转型。为此，非常有必要将数据管理的绩效域、管理关系、管理模型和项目管理的知识领域、管理过程和管理模型进行比较和融合，见表1-1。

表1-1 数据管理与项目管理的知识体系比较

| 数据管理 | | 项目管理 | |
|---|---|---|---|
| DMBOK 第2版 | 十大职能领域 | PMBOK 第6版 | 十大知识领域 |
| 管理关系 | 人、过程、技术 | PMBOK 第7版 | 人员、过程、环境 |
| 管理模型 | SIPOC 模型 | PMBOK 第6版 | 五大过程组和 ITTO 模型 |
| 敏捷响应，迭代交付 | | | |
| 原则指导绩效域 | | | |

数据管理知识体系包括十大职能领域和7个环境要素，项目管理知识体系（PMBOK 第6版）中有十大知识领域；数据管理知识体系以人、过程和技术三个维度定义了6个方面的管理关系，项目管理知识体系（PMBOK 第7版）中关注人员管理、过程管理和环境管理以及五大过程组；数据管理知识体系构建了 SIPOC 管理模型，项目管理知识体系定义了 ITTO（输入、工具、技术、输出）模型。数据管理和项目管理的异曲同工之处为构建数字化转型的项目管理提供了耦合基础。为了满足数字化转型的新需求，还需要参考《敏捷实践指南》，采用迭代方式开展项目工作，并建立基于原则指导下的项目绩效工作模型，如图1-6所示。

原则是基本规范、事实或价值。数字化转型项目管理原则为参与项目的人员提供了行为指导。原则和绩效域之间在概念上存在重叠，但原则指导行为，绩效域则提供了展示行为的焦点领域。具体的原则和绩效域将在后面章节进行重点介绍。

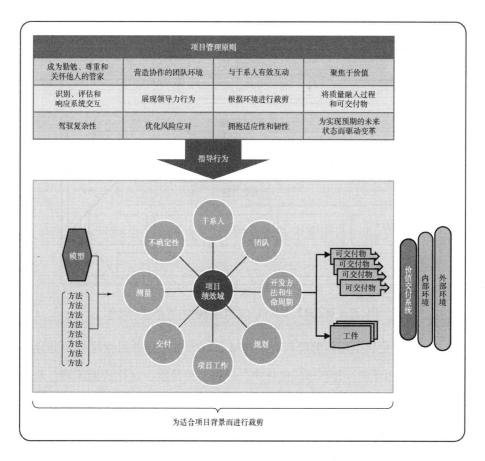

图 1-6　基于原则指导下的项目绩效工作模型

### 3. 数字化转型项目管理绩效域关系

为适应商业环境变化，发挥项目干系人积极性，挖掘项目管理者潜能，从传统信息化项目管理转变为数字化转型的项目管理，其核心就是以十二大原则为行为指导，实现从基于交付管理转变为面向价值的管理；基于标准的五大过程组管控转变为原则指导下的绩效域管理模式。

数据管理关系分为人、过程和技术。数字化转型项目的管理关系也分为三大域，即：商业环境、人员管理和过程管理。数字化转型项目三大管理域的八大绩效域分布如图1-7所示。

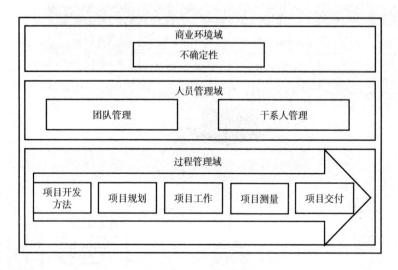

图 1-7 数字化转型项目三大管理域的八大绩效域分布

1）数字化转型项目管理商业环境域。数字化转型项目管理需要充分考虑外部和内部环境，并在环境变化中，通过调整范围、优化资源配置、争取干系人参与等手段，积极应对项目的不确定性，并实现项目目标。

2）数字化转型项目人员管理域。数字化转型项目人员管理分为内部的团队管理和外部的干系人管理。

3）数字化转型项目过程管理域。数字化转型项目过程管理分为5个过程绩效域，即项目开发方法绩效域、项目规划绩效域、项目工作绩效域、项目测量绩效域、项目交付绩效域，分别对应传统项目管理的启动、规划、执行、监控、收尾五大过程组。

数字化转型项目管理从《PMBOK®指南（第6版）》中的"知识领域"转变为8个绩效域。绩效域是一组对有效交付项目成果至关重要的相关活动。绩效域所代表的项目管理系统体现了彼此交互、相互关联且相互依赖的管理能力，这些能力只有协调一致才能实现期望的项目成果。随着各个绩效域彼此交互和相互作用，变化也会随之发生。项目团队要有整体系统思维的意识，不断审查、讨论、适应并应对这些变化，而非只是关注发生变化的具体绩效域。遵照项目价值交付系统，团队通过以成果为中心的测量指标对各绩效域中的有效绩效进行评估。

数字化转型项目的价值交付系统见本章1.3.5节。数字化转型项目八大绩效域的实践应用见第四章。

### 4. 数字化转型项目管理方法论范式

数字化转型项目管理方法论在十二大原则指导下，开展八大绩效域工作，全过程贯穿能力要素。下面，以数字化转型中的适用型项目为例介绍项目管理方法论范式。

数字化转型项目管理方法采用"跳绳法则"，即抓两头、带中间。启动看"节奏"，收尾看"水平"，遵循"4321"法则，"七大管理要素"贯穿全过程。

（1）启动看"节奏"

数字化转型项目管理要想工作开展起来节奏明快，规划组织很重要。规划组织采用"211"工作法，即两规划、一组织、一制度。

1）两规划。包括项目实施策略规划、项目管理实施规划。项目实施策略规划是项目管理工作中具有战略性、全局性和宏观性的指导文件。所有项目开工前必须进行项目实施策略规划，要系统、全面、科学地规划好项目技术路径、预算、成本、工期、质量、安全、风险评估、采购策略、沟通要求等各项管理工作。对一些重点环节和制约因素更需要提前筹划。项目实施计划是实施策略的细化，应具有可操作性，是项目执行工作的依据。

2）"一组织"。项目管理组织。针对项目具体情况，遵守合规性要求，科学合理地规划项目技术路径、设备选型，组建项目团队配置人员。同时，要设定明确的项目目标。

3）"一制度"。项目经理责任制。要确定项目经理的职责、权力、利益和应承担的风险。以书面形式签订项目目标责任书，这是实现项目目标的"发动机"。

（2）收尾看"水平"

项目收尾阶段是项目管理全生命周期的最后阶段。包括验收、移交、结算、决算、回访、评价、归档等方面的管理工作。通过评价发现，项目目标能否实现、项目成功与否、干系人是否满意，全看收尾阶段的工作。本阶段体现了项目管理水平，具体工作包括但不限于：

1）收尾计划安排是否合理。

2）能否按时验收，提交高质量的验收报告。

3）竣工结算是否准确，项目能否挣到钱。

4）回访计划是否有针对性、可操作性，能否让客户满意。

5）考核评价报告是否能够总结经验、吸取教训，能为公司贡献多少价值。

（3）遵循"4321"法则（四控制、三管理、两创新、一协调）

1）"四控制"。包括质量、安全（风险）、成本、进度控制，是防止项目管理水平下滑的止动力。

2）"三管理"。包括合同管理、资源管理、信息管理，是项目管理水平提升的不竭推动力。

3）"两创新"。包括技术创新、服务创新，是项目管理水平提升的无穷拉动力。

4）"一协调"。就是做好沟通管理，是消解项目管理过程中各种摩擦的"润滑剂"。

（4）"七大管理要素"贯穿全过程

数字化转型项目管理的七大要素是实现八大绩效域的部分管理法则范式。

1）质量控制——"跳水法则"。质量管理如同体育竞技中的跳水运动，有"规定动作"和"自选动作"之分。数字化转型的质量标准、规范、数字安全等就是"规定动作"，是应当做好，也必须做好的。它是同台竞技的"游戏规则"。

精品战略、质量示范工程等差异化竞争策略则属于"自选动作"。主要是围绕责任到人、培训到岗、方案到点、资料到天、监督到位的核心，编好质量计划，用好质量控制与处置措施，做好质量改进工作。强化过程质量控制，重点把好数字化转型质量的四道关口：业务融合关、技术领路关、测试验收关、上线运营关。

2）进度控制——"飞机定律"。项目的进度必须在约定（承诺）的时间之内完成才算达到最基本的成功目标。也就是说，效率达不到，成本再低、质量再好，项目管理这架"飞机"也不可能脱离跑道，更谈不上实现"飞天梦想"。

健全数字治理体系，形成治理宏观决策和监控，分管领导具体指挥，各模块分片包干，各子项目具体组织的组织体系。建立"事前策划、事中控制、事后评价"的全过程管理模式，形成总进度计划与设备供应、人员投入、资金调拨相互支持，总进度计划与月计划相互配套，月计划与迭代计划相互协调的进度计划管理体系。

3）成本管控、信息管理、资源管理——"新龟兔赛跑规则"。"新龟兔赛跑规则"告诉我们：分开竞争可能是你输我赢或你赢我输，甚至是双输；合作竞争则可能出现双赢的和谐局面。

从内部角度来看，需要集团、项目所属单位、项目组三个层面同心协力、同步推进。集团层面建章立制，定标准，构建并完善数字化转型的技术路标、实施步骤、工作标准；项目所属单位需要做好资源调配，细化考核标准；项目组层面则是强化执行力，落实考核指标，激励并调动人员积极性。

从外部角度来看，建立和谐的合格供应方和分包商关系，打造资源管理、设备管理、文档管理、财务管理等信息化平台，形成"你中有我，我中有你"的生态圈，唯有如此，方能直面"物竞天择，适者生存"的市场环境。

4）合同管理——"棋牌规则"。对"上游合同"建立评审制度，充分考虑对方的资金、信誉、组织结构、过往案例，掌握合同签订技巧，争取有利地位，变被动为主动；对"下游合同"实行会签制度，合同要严谨，责任要明确，风险要可控。

5）技术创新、服务创新——"新三个和尚规则"。技术创新的步伐在某种程度上决定着数字化转型项目管理的变革幅度、收效大小，是数字化转型项目管理的灵魂。服务创新，关键是要做出特色。要时刻把企业品牌、商誉、客户满意度放在首位，数字化转型一定要为业务提供全方位、个性化的服务和支撑，这样才能赢得干系人的支持和称赞。

6）项目沟通——"互联网法则"。作为数字化转型项目，干系人很多，有设备供应商、分包商、软件开发商、中台提供商、信息安全管理部门、公司各业务部门等。每个管理层面、每个岗位都有不同的干系人，要针对各自干系人的特点，养成"换位思考"的习惯，站在对方的角度和立场上考虑问题，科学合理地选择解决问题的方法。在数字化转型项目管理中，需要更多的沟通互动，只要人人互动，实时互动，事事互动，在沟通互动的主旋律下，一定能将数字化转型项目做得有声有色。

7）项目风险——"程序补丁法则"。预防风险、化解危机，是项目管理永恒的主题。增强危机意识，始终谨慎小心，建立风险预防和危机管理的价值，确保不发生大的风险和问题。

数字化转型项目管理方法论范式定义了十二大原则（见第 2 章）、八大绩效域（见第 4 章）、七大项目管理要素，采用"跳绳法则"，抓两头、带中间，规划"211"（两规划、一组织、一制度），过程"4321"（四控制、三管理、两创新、一协调）。该方法论经实践应用取得显著成效。

### 1.3.5 数字化转型项目的价值交付系统

价值是客户使用项目产品或服务特性或功能的能力。例如，通过数字化转型项目为组织和干系人带来的运营效率提升、满意度提升、良好体验、品牌提升、市场份额增加、盈利能力提升。

价值交付系统是指建立、维持或使组织得到发展的一系列战略业务活动。数字化转型项目可以通过项目组合、项目集、项目、产品、运营的形式构建价值交付系统，如图 1-8 所示。

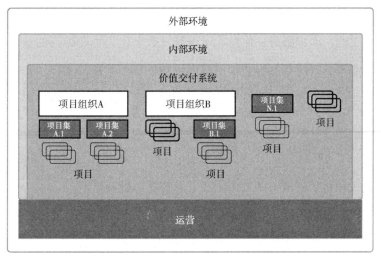

图 1-8　数字化转型项目价值交付系统

价值交付系统是组织内部环境的一部分，受组织政策、流程、方法论、治理结构的制约。同时，内部环境受经济、市场、法律等外部环境的限制。

一体化项目价值交付系统包含战略目标、产业升级改造和业务变革三个层面。

1）战略目标层面。一体化项目是国家能源集团按照国家加快推进转型升级、绿色发展等战略部署，为了实现成为具有全球竞争力的世界一流综合能源企业战略目标，积极推动产业信息化、数字化、智能化转型，利用互联网新技术对传统产业进行全方位、全角度、全链条改造的重点项目。一体化项目的成功实施为重组后两个集团的业务融合、管理整合，贡献了数字化力量。该项目在国资央企系统产生了积极影响，树立了典范，入选中央企业"十三五"网络安全和信息化优秀案例，实现了项目的战略价值和目标。

2）产业升级改造层面。在数字化转型过程中，一体化项目搭建国家能源集团的业务-财务-税务一体化信息管理与协同平台，在人力资源、财务处理、物资采购、客户服务、信息化运维等以数字化为主要特征的业务层面实现了国家能源集团层面和行业板块层面的数据集中共享，实现了资源整合基础上的价值创造，着力打造具有国家能源集团特色的数字化资产平台。通过整合资源，横向打通产业链，纵向强化业务能力，产业链一体化、业财一体化优势进一步发挥，协同效率大幅提升，有效支撑集团总部"战略＋运营"的管控模式和科学决策，助力集团经营管控能力提升。

3）业务变革层面。2019年，国家能源集团重点进行资产、业务、机构、管理、文化的全方位融合，推进规范管理、集约管控、业务变革，坚持创新驱动，建设智慧企业。面对日益变化的经济形势，明确提出防范化解重大风险的要求，要求强化集中管控，充分应用信息化手段，加强全过程监管，提高管控效率，发挥规模效应，降低运营成本。一体化项目的交付使集团各级单位基础性、通用性业务实现了规范和统一，实现了"车同轨、书同文"，有力推进了业务变革，进一步夯实了数字化转型基础。

## 1.3.6　一体化项目管理创新实践

国家能源集团数字化转型落地项目——一体化项目以《项目管理知识体系指南（PMBOK® 指南）第 7 版》《DAMA 数据管理知识体系指南（第 2 版)》《敏捷实践指南》为理论基础，采用创新管理方法，通过提炼、萃取形成一套行之有效的数字化转型项目管理方法论。尤其在项目实施方法论、项目治理结构、评价与激励机制方面开展了良好的创新实践。

（1）实施方法论创新实践

传统的信息化建设项目的实施步骤是：首先，开展全范围发散业务调研；其次，根据调研结果梳理未来业务流程方式；再次，设计和开发系统；最后，安装调试，部署推广。

国家能源集团一体化项目的实施方法论是组织专家团队集中对各业务领域的业务范围、业务流程、业务管控规则等内容进行制定，形成各领域业务标准，以正式发布的业务标准作为系统实现的依据，将业务标准的内容固化并落实到系统中，有效提升各领域的业务规范度和管理水平，提高项目实施效率，规避项目实施过程中的各类风险。

（2）"双轨制"治理结构创新实践

项目治理是指导项目管理活动的框架、功能和过程。例如：定义项目变更的批准角色、流程和权限；项目是否进入下阶段的决策职权。

一体化项目作为国家能源集团数字化转型落地项目，采用"项目治理"

与"党建引领"相结合的"双轨制"项目治理模式。

在传统的决策框架和审批流程的项目治理结构上，成立项目临时党支部，既采用组织治理、项目治理做决策、指导、监督，又增加以党建为引领、以宣传创价值、以文化聚人心的党建治理模式。在项目建设过程中开展特色鲜明、层次分明、形式新颖的宣贯与报道，统一思想、凝聚共识，充分发挥党员在项目建设攻坚战中的先锋模范带头作用，提升项目组的凝聚力和战斗力。

（3）评价与激励机制创新实践

基于"数字化转型项目实施过程全覆盖，突出关键环节与重点工作"的原则，建立项目过程评价指标，采用常规评价与即时评价相结合的方式对子/分公司及基层单位开展评价，并及时公布评价结果及排名，营造比学赶超的氛围。基于"全面客观、实事求是、激励创新"的原则，制定数字化转型项目先进评选管理办法，注重长效激励与即时激励相结合，将项目过程评价结果作为项目先进评选的重要依据，通过表彰先进，树立典型，提高项目组全员的工作积极性，保障项目高效推进。

（4）集中管控风险与问题创新实践

在项目管理过程中，预判、分析和有效应对风险和问题是数字化转型项目管理适变性和韧性的体现，也是确保项目成功的措施之一。为此，一体化项目开发了数字化管理工具跟踪项目进展，集中管控风险与问题，统一受理风险和问题，统一协调应对措施和解决方案，统一反馈应对效果，并在项目实施过程中举办"上线夺旗赛"活动，提升各单位工作积极性，有效督导相关单位，保障按时完成项目任务。

（5）在线培训与考核创新实践

利用在线学习平台将项目中各阶段的培训、考试、竞赛等转变为线上模式，有效提升了培训和考核效果。同时，建立系统资格证、学习大排名等机制，确保培训工作的全面性和严谨性，保障项目各阶段培训工作顺利开展。

（6）人才培养方式创新实践

在项目实施过程中，组建一体化集中管控系统内训师队伍，负责协助一体化项目实施过程及一体化集中管控系统持续优化的宣贯和培训工作，为数字化转型后续的业务融合、组织变革、流程重组、制度重构建立了人才储备库。

（7）虚拟团队沟通机制创新实践

在项目实施过程中，利用互联网信息化手段进行项目文档分享和管理，利用即时通信工具进行远程办公，保证了分布式虚拟团队的工作效率和工作效果，为项目管理提供多种工作沟通模式，促进项目的顺利开展。

## 1.4　数字化转型项目蓝图架构

传统的项目管理模型主要以预测型生命周期为前提，采用结构化的五大过程和十大知识领域开展项目管理。在需求明确、组织稳定的情况下开展项目，管理效果非常明显。

数字化转型项目管理，由于需求的不确定性、外部环境的复杂性、业务模式的灵活性、组织结构的开放性，采用基于十二大原则，指导八大绩效域行为的方式开展项目管理。

无论哪种项目管理模式，其重点都是管理对象。在数字化转型项目管理中，首先需要确定数字化转型项目蓝图架构，如图 1-9 所示。

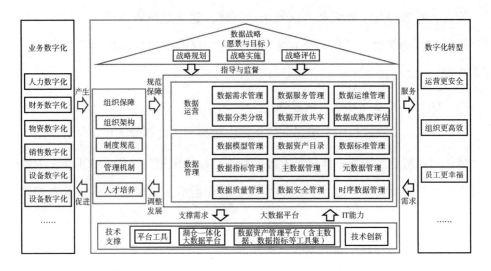

图 1-9　数字化转型项目蓝图架构

业界主流的数字化转型项目蓝图架构是通过借鉴数据管理方法论以及行业实践经验，结合企业实际情况，规划并设计而成。整体蓝图架构由 1 + 3 + 2 + N 构成，即围绕 1 个数据战略目标，通过 3 个体系（组织保障体系、数据运营体系、数据管理体系），2 个平台（湖仓一体化大数据平台、数据资产管理平台）的建设实施与能力提升，支撑 N 个数据应用场景的落地和价值释放，推动企业数字化转型。

### 1.4.1　一体化项目规划及系统架构

一体化项目以"统一规划、统一设计、统一建设、统一标准、统一投资、统一管理"和"集中设计、集中实施、集中管理、集中部署、集中运维"的"六统一、五集中"的国家能源集团系统管控原则为立足点，以国家能源集团决策、管控以及业务经营管理需求为出发点，推进数字化转型的一体化集中管控系统的建设，实现业务互连、数据互通、数据共享，形成国家能源集团统一的数据资产平台，为国家能源集团发展提供更为有力的支撑。同时，进一步提升煤炭、电力、运输、化工、科技环保、金融各板块协同能力，加强国家能源集团在人力资源管理、财务管理、物资管理、销售（燃料）管理、设备管理、项目管理方面的共享服务能力，推动组织结构、管理模式和业务流程的转型升级。一体化系统架构如图 1-10 所示。

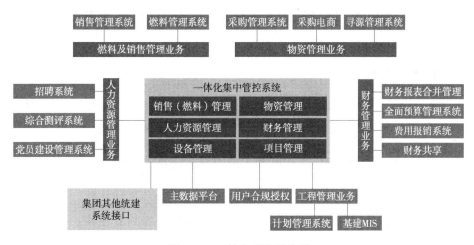

图 1-10　一体化系统架构图

基于智慧企业和大数据的思想理念，吸取国家能源集团一体化集中管控系统建设的历史经验，根据紧耦合、一体化、集中化的建设原则，搭建统一、集中的业-财-税一体化管理平台。该平台采用国家能源集团集中式部署，以适应未来集团组织变革需要。

## 1.4.2　一体化项目各业务领域

一体化项目六大业务领域包括人力资源管理、财务管理、物资管理、销售（燃料）管理、设备管理和项目管理。

### 1. 人力资源管理

将人力资源管理纳入国家能源集团统一管控平台，实现人力资源组织管理、人事管理、薪酬管理、考勤管理、报表管理的数字化转型，统一组织架构管理属性、岗位管理属性、工种清单、职级体系，实现员工身份核实的数字化管理，员工从进入系统到退出系统的全周期管理、流程化管理，统一人工成本管控口径，统一并规范工资项及薪资发放业务流程，基于各单位的薪酬管理体系，实现线上发薪且员工可通过移动端自助查询工资，统一业务报表及统计报表格式、取值逻辑和统计项目，实现国家能源集团范围内报表实时报送，真正做到数字化与人力资源的业务融合。

## 2. 财务管理

财务是企业的心脏，资金流是企业的血液。综合反映企业经营管理情况的财务数据是数字化转型的核心之一。在数字化转型的一体化集中管控系统中，财务管理模块作为国家能源集团一体化集中管控系统中的一个功能子模块，包括总账管理、应收账款管理、应付账款管理、资产管理、成本中心会计、利润中心会计、内部订单管理及凭证协同管理等。利用国家能源集团一体化集中管控系统模块化集成功能，实现财务-业务一体化，包括人资薪资业务集成、物资业务集成、燃料与销售业务集成、设备业务集成、项目业务集成及外围系统集成。财务合并报表管理系统作为国家能源集团一体化集中管控系统中的合并管理模块，包括财务数据仓库管理、财务抵消管理、财务报表合并管理，实现图形化、可视化、自动化监控合并流程及合并结果。

## 3. 物资管理

基于国家能源集团原有的物资管理系统解决方案，结合同类企业的先进管理方式，搭建国家能源集团物资管理标准化体系，建立统一的物资业务体系及模板，实现多个维度的采购管理、跟踪查询以及统计分析，实现生产物资、设备物资、项目物资等物资计划、物资采购和库存业务的全流程管理，实现与财务、设备、项目等模块的集成，从而达到优化物资管理流程的目的。物资管理模块主要功能包括主数据管理、需求计划管理、平衡利库管理、采购计划管理、采购订单管理、库存管理。

### 4. 销售（燃料）管理

通过销售管理系统（CRM）、电子商务平台（ATG）以及销售管理模块，打通整个煤炭及油化品销售链条，基于国家能源集团现有的燃料、煤炭、煤化工解决方案，将相应板块业务纳入国家能源集团统一平台管理，满足国家能源集团集中管控需求。销售（燃料）管理模块实现了燃料、煤炭、油化产品数量、质量、价格、结算的过程管理，主要功能包括主数据管理、计划管理、采购管理、计量管理、库存管理、以质计价管理、煤质管理、销售管理、转运管理、销售结算管理。销售管理系统（CRM）实现了客户、产品、价格、合同的规范化管理，主要功能包括客户管理、产品管理、价格管理、合同管理、奖罚方案管理、优惠规则管理等。电子商务平台（ATG）实现了交易公告、资源发布、交易支付、合同达成的全线上化操作，主要包括资讯管理、交易管理、支付和金融管理、商户管理、物流管理等。

### 5. 设备管理

基于国家能源集团现有的设备管理解决方案，涵盖安全生产设备管理业务，实现设备维修管理、服务采购管理、大修技改预算控制管理。设备管理模块主要功能包括设备主数据管理（设备台账管理、功能位置管理等）、运行管理（运行日志管理、运行定期工作、运行台账管理等）、缺陷管理、检修管理（检修工单管理、检修定期工作管理、设备异动管理等）、安全票证管理（工作票、安全许可票、操作票、风险预控票等）、资产设备管理（设备租赁管理、设备调剂管理、设备拆件管理）等。

### 6. 项目管理

基于国家能源集团现有项目管理解决方案，实现项目概算的事前管控、项目物资采购的全程跟踪、项目成本的实时归集，有效提升了项目管控力度。项目管理模块主要功能包括主数据管理、项目立项管理、项目概算管理、项目采购管理、项目进度管理、项目成本管理、项目结算管理以及项目竣工管理等。

# 1.5　数字化转型项目的组织治理结构

在数字化转型项目的组织运行过程中，治理结构与价值交付结构协同运作，可实现流畅的工作流程，并支持组织决策。治理结构框架包括监督、控制、评估、整合以及决策等要素，用于评估与环境和价值交付组件相关的变更、问题和风险。

在项目实施过程中，当出现设计变更或技术路径，以及设备型号的更改时，需要找谁批，流程如何走？当这些变更带来不同的影响程度时，审批权限如何界定？当项目实施过程中出现进度延误、成本超支、大量返工时，由谁负责过程数据收集，由谁负责数据分析，由谁监督纠偏？诸如此类，通常是在项目管理中没有构建完善的项目治理结构时出现的问题。

为了使项目高效决策、合理审查、有序监督、敏捷审批，在数字化转型项目中需要建立项目治理结构。在公司治理结构中，最高权力机构为股东会，监督审查机构为监事会，重大决策机构为董事会，执行者为 CEO。

在项目治理结构中，最高权力机构为项目发起人，监督审查机构为变更控制委员会，重大项目决策机构为项目管理团队，项目执行责任人为项目经理。

公司治理结构与项目治理结构对比如图 1-11 所示。

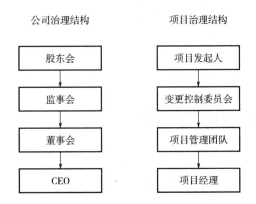

图 1-11　公司治理结构与项目治理结构对比

　　传统的项目治理由项目发起人、变更控制委员会、项目管理团队、项目经理 4 级治理结构组成。在一体化项目组织治理中，采用项目推进小组、项目总协调、项目管理办公室、各中心组 4 级治理结构。同时，国家能源集团党委批准设立项目临时党支部，各中心组和项目管理办公室分别成立党小组，形成党建与业务融合的"双轨制"治理结构，如图 1-12 所示。

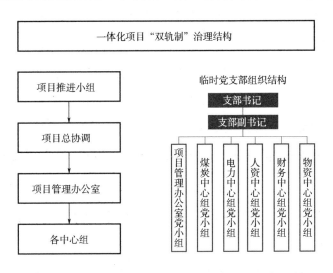

图 1-12　一体化项目"双轨制"治理结构

通过党建赋能，引领国家能源集团一体化项目建设。"双轨制"治理结构的应用和效果得到广泛赞誉，为高效推进数字化转型项目提供了组织治理保障。

## 1.5.1 治理结构中的支部建设作用

一体化项目在建设之初就创新性地成立了临时党支部，紧紧围绕高标准、高质量的项目目标开展各项党建工作，从"规定动作"做全做实、"自选动作"做出特色两个方面进行了积极探索，走出了一条"党建与业务融合互促、项目建设与党建工作同步"的特色实践之路，打造了一支特别能吃苦、特别能战斗、特别能奉献的党员干部队伍。

（1）突出政治功能，建强战斗堡垒

将项目中的重大问题作为支委会议的主要议题，形成决议，参与项目决策，贯彻落实到底。制定20项党支部工作清单、5项党小组工作清单和9项党员工作清单，确保党的基础工作规定动作做到位。开展"支部建在项目上"专题大讨论以及"上线夺旗""会战30天，全面夺取一体化项目整体上线的胜利""学理论、找差距、补短板、再提升""学精神、明方向、建机制、促落实"等特色主题党日活动。以《传承古田精神，争当一体化项目建设的先锋表率》《在疫情防控和一体化项目建设中凝练精神》为题讲授专题党课，引导和激励广大党员和员工坚定项目建设信心，以饱满激昂的工作热情、不达目的不罢休的工作韧劲投入疫情防控和项目建设。充分发挥党支部政治主心骨、思想定盘星和行动指南针的作用，为项目建设提供坚强的政治保障和组织保障。

（2）突出组织建设，强化执行落实

各党小组以提升组织凝聚力为重点，充分发挥党小组最直接管理党员、最了解一线情况、最清楚党员思想状态、最直接接触一线群众员工等优势，为组织战斗堡垒赋能；积极发挥各党小组主观能动性、创造性，结合实际业务开展各具特色的项目建设活动，确保项目建设有序推进。特别是在"上线夺旗"最吃劲、最要紧的时刻，组建党员突击队，梳理难点，分配任务，明确责任，开展冲锋夺旗活动，确保项目提前、保质上线。其中，煤炭中心组党小组开展"互帮互助"活动，通过已上线单位总结经验、预上线单位提出问题等措施推动煤炭板块相关业务高质量上线；电力中心组党小组围绕项目重点，成立了 6 个党员攻坚组，亮出身份、挂图作战，在项目建设中充分体现党员的先进性；物资中心组党小组创新性地提出"1 + 2 + 5"的党建工作新思路，用 5 个任务对应 5 个先锋，与实施单位开展共建活动，确保党建工作和业务工作同部署、相融合、共落实；财务中心组党小组着力建设"合力 + 发力 + 能力"的三力体系，持续增强创造力、凝聚力和战斗力，为项目建设注入强大动能；项目管理办公室党小组、人资中心组党小组联合开展主题党日活动，相互学习、加强交流，以党建带业务，共同促进项目建设。

（3）突出党员作用，带头攻坚克难

突出党员的选、育、用，确保党员先锋模范作用发挥实效。在项目建设初期，将思想可靠、业务精湛的党员纳入项目组，确保关键时刻拉得出、顶得上；开展思想教育系列活动，始终保持带头冲锋的精气神；注重党员思想教育和业务锻炼，保证项目组党员政治和业务水平过硬；项目组全体党员以敢为人先的闯劲、锲而不舍的韧劲、拼搏进取的干劲带领广大员工用 75 个日夜，制定出涵盖煤炭、电力、人资、财务和物资等各领域的业务标准，每一名党员都在用实际行动深刻诠释初心和使命。

党建引领在项目建设中发挥了"把方向、管大局、保落实"的重要作用，从领导体制、组织建设、党员管理、宣传引导、文化建设等一系列的综合配套，到党的理论与项目建设实践反复互相印证，强化了党建的系统性和有效性，形成了标准化的、有实践价值的党建范本，为其他企业同类型项目建设提供了参考。在项目党支部的领导下，在党员的带动下，广大参建员工用饱满的工作热情，攻坚克难，实现了前所未有的超越。党组织的战斗堡垒作用在项目建设中得到充分发挥，为高标准、高质量完成建设任务提供了保障。

## 1.5.2　治理结构中的宣传体系构建

为了加强项目建设宣传力度，扩大宣传覆盖面和影响力，在一体化项目建设之初，根据项目建设与成果应用范围，积极构建网格化宣传工作体系，成立覆盖项目建设全领域的多层次、全维度的宣传队伍。

1）构建立体式全覆盖的宣传网络。在明确宣传工作三条主线之后，成立了从总部到基层单位的多层次、全方位的宣传网络体系，明确了宣传工作目标，搭建了沟通联络平台，实现了国家能源集团范围的项目建设宣传网络。

2）规范项目建设宣传投递渠道。设置了一体化项目宣传的专门投稿通道，基层单位将审核通过的稿件通过网络与信息报送平台提交至国家能源集团内网进行审核，以便及时、全面地反映项目建设取得的成果。

3）及时发布阶段性宣传工作重点。一体化项目本着弘扬项目精神，以树立项目建设先进典型为基础推动项目建设，围绕项目建设中心工作，明确宣传方向，确定宣传专题，征集宣传素材，营造良好的宣传氛围。

在新时代背景下，宣传工作重心已从国家能源集团网站、报纸、电视、广播等传统宣传渠道向新媒体宣传阵地转移，项目建设的宣传工作也应与时俱进，多点激发，全方位、立体式地展示项目建设成果。具体的宣传平台从以下 4 个方面进行构建：

1）建设宣传阵地，强化宣传效果。一体化项目打造了 4 块特色宣传阵地，分别是网信专题网站、智慧国家能源公众号、项目建设专题刊物（月刊、党建专刊、子/分公司专刊、业务模块专刊）和专题会议宣传策划。通过以上宣传渠道及时报道项目建设情况，全面展示项目建设亮点，着力打造多维度的项目建设宣传窗口。

2）发布宣传标识，突出现场宣传。一体化项目建设宣传标识（项目口号、标语等）广泛用于项目建设各实施现场及子/分公司，宣传展示项目建设的背景、意义、目标、理念、计划、项目口号、项目精神以及项目文化等，营造沉浸式的项目建设现场文化氛围。

3）拓展宣传深度，提高宣传热度。积极与新华社、今日头条、网易新闻、腾讯新闻、中国能源报、中国电力报、神华能源报等外部媒体合作，精准推送项目建设亮点工作，延伸国家能源集团及一体化项目的形象推广传播半径，提高项目宣传热度。

4）丰富宣传载体，提升宣传效果。充分运用新媒体时代短视频的方式，围绕项目建设里程碑节点、攻坚克难任务、党建特色亮点、项目历程回顾等内容制作专题视频 30 余条，取得了良好的宣传效果。

# 1.6　数字化转型项目相关职能的支撑

传统项目管理普遍采用矩阵式组织结构开展项目工作，以有效整合各专业资源，横向协同，提升资源使用效率。矩阵式组织中需要的跨职能支撑主要侧重于专业部门人员的参与，形成跨职能、跨专业的项目团队。例如：在

IPD（集成产品开发）项目中，并行开展项目工作，需要市场、研发、制造、财务、采购、销售、法务等职能部门的支撑；在工程建设项目中，需要组织内的现场施工管理部门、采购管理部门、费用控制部门、HSE 部门的支撑；在传统信息化系统建设项目中，则需要需求部门、设计开发部门、测试部门、系统集成部门、运营维护部门、采购部门、项目管理办公室的支撑。在传统项目管理中，项目相关职能支撑就是整合纵向资源，完成横向项目工作任务。

为了体现项目组织的活力、开放性、柔性、韧性，数字化转型项目通常采用自组织、网状组织、项目型组织、强矩阵组织开展项目工作，需要得到支撑的职能部门主要有公司高层、项目管理办公室、业务领域专家和团队。

### 1.6.1　公司高层的支撑

承担该职能的角色应指导并澄清项目方向或成果。该职能角色需要根据商业价值、项目依赖关系以及技术或运营风险确定需求或待办事项的优先级。承担该职能的角色向项目团队提供反馈，并为要开发或交付的下一个要素设定方向。该职能涉及与其他相关方、客户及其项目团队互动，以定义产品方向，实现项目可交付物的价值最大化。

在适应型和混合型项目环境中，可以采用特定的节点进行洞察和反馈。在预测型项目环境中，可以设定特定的检查点呈现项目进展并提供有关项目进展的反馈。在某些情况下，业务方向可能与资金和资源提供相互影响。

在一体化项目建设过程中，在项目推进小组的领导下，通过项目总协调的合理规划，结合项目实际情况，采用项目相关方优先级管理体系，合理降低干系人期望，平衡相关方的目标及需求，有序开展项目建设。在各单位业务规范化和数据标准化的基础上，利用先进信息技术，实现对项目运营的全面感知和洞察，为项目合理运营和科学决策提供依据，最大限度地规避了项目风险，实现了 80 家子/分公司和 1393 家实施单位提前上线。

### 1.6.2　项目管理办公室的支撑

在项目团队内如何履行协调职能因组织而异，通常包括规划、监督和控制活动。在项目前期，协调职能可能涉及一些评估和分析活动，主要包括监督和开展以改善项目团队成员的健康、安全和整体福祉为目的的工作。

在一体化项目中，履行相关监督和协调职能的组织主要包括项目管理办公室以及各中心组。

项目管理办公室负责统领全局，重点关注横向跨组织、跨业务领域的全局协同，通过项目启动宣贯、下发业务标准文件、组织专家评审等机制，强调建立全局性思维，贯彻全局性部署，并辅之过程管控，保障项目实施。在一体化项目中，项目管理办公室使各子项目能够齐头并进，高效协作，确保了项目预期目标的顺利实现。

中心组则负责项目的日常推进和跟踪管理。在项目实施过程中，负责遵循《项目管理实施细则》，提高项目绩效或满足客户需要；通过协调、咨询管理层和业务单元领导的意见和建议，推进目标的实现。

### 1.6.3　业务领域专家的支撑

业务领域专家负责带领项目团队编制业务标准。系统如何设计、如何交付，由专家提供意见和建议。项目顾问则负责将业务领域专家牵头制定的业务标准进行落地实施和实现。业务领域专家既是系统标准的制定者，又是系统的设计者，对一体化项目具有关键作用。

### 1.6.4　团队的支撑

一体化项目建设需要项目特定主题相关专业知识的支撑，需要来自不同业务领域的项目团队以全职或兼职的方式开展工作。部分工作具有较高的专业性，而其他工作则可以由具有多种技能的项目团队成员完成。洞察组织不同部门的跨职能项目团队成员所想，以提供多种内部观点；与关键业务部门建立联盟，并鼓励项目团队成员成为其职能领域内的变革推动者。随着项目可交付物的实施或移交，这项工作可以扩展到支持职能（在项目开展期间或结束之后）。

项目团队是实现项目目标的主力军。一体化项目由国家能源集团所属信息化专业单位承担，并遴选内部专业顾问提供专业知识支撑。实施顾问是一群具有软件安装、维护、咨询、培训的专业人员，为一体化项目实施提供从定义需求、选取产品、实施过程到验收和评估服务效果，以及后期运维与升级服务的 IT 专业知识支撑。

一体化项目在组建项目团队的过程中，项目经理着重于评估团队技能、评估资源需求和维护项目团队所需的投入。在一体化项目复杂的组织环境下，为保障项目实施工作有序、高效进行，确保项目主计划的进度和质量要求，以及项目执行过程中的可控性，应积极听取团队建议，优化团队绩效考核，坚持赏罚分明，建立完善的项目绩效考核体系，并通过组织形式多样的劳动竞赛活动，提升项目团队的工作积极性，加速推进项目进度。

# 1.7 数字化转型项目环境因素分析

项目工作是在大环境下开展的，受产业政策、硬件市场、技术成熟度、干系人对数字化的理解、组织内的项目管理信息系统、采购外包流程、现有人力资源的数量和知识技能等内部和外部因素的影响。

## 1.7.1　项目环境因素分类

项目处于组织内部和外部环境之中，内外部环境因素对项目目标和项目价值的实现具有不同程度的影响。项目环境因素通常分为内部环境因素和外部环境因素两大类。

数字化转型项目内部环境因素包括组织过程资产、项目治理、数字资产、安全保密、组织文化和结构、设施和资源的地理分布、基础设施、资源可用性、员工能力等。

数字化转型项目外部环境因素包括市场条件、社会影响、监管环境、商业数据库、行业标准、财务因素、物理环境等。

在数字化转型项目管理中，需要充分利用内外部环境机会，规避或降低环境因素带来的影响，敏捷响应内外部环境下的变化。

（1）项目内部环境因素

1）组织过程资产。包括企业内部的项目管理方法、工具、模板和项目管理信息系统，项目管理办公室资源，组织项目管理成熟度，员工的隐性知识。

2）项目治理。包括项目管理政策、决策流程、审批要求。

3）数字资产。包括数据库、文件库、度量指标。

4）安全保密。包括设施访问、数据保护、保密等级。

5）组织文化和结构。包括愿景、使命、价值观、领导力风格、组织风格和氛围、道德和行为规范。

6）设施和资源的地理分布。包括工作地点、虚拟团队和信息化管理系统。

7）基础设施。包括设施、设备、通信设备、信息技术、数据库、机房的配置、功能和可用性。

8）资源可用性。包括供应商、分包商，以及与他们签订合作协议应遵循的采购制约因素。

9）员工能力。包括组织员工拥有的通用和特定的专业知识、技能、能力、技术和知识。

（2）项目外部环境因素

1）市场条件。包括竞争对手、市场份额、品牌认知度、技术趋势和商标。

2）社会影响。包括政治气候、地域风俗、公共假日、行为规范、道德观念。

3）监管环境。包括数据保护、商业行为、许可、法律、法规。

4）商业数据库。包括标准化成本估算数据（定额标准）、行业风险研究信息、行业趋势白皮书。

5）行业标准。包括与产品、生产、环境、质量和工艺相关的标准和要求。

6）财务因素。包括汇率、利率、通货膨胀、税收。

7）物理环境。包括工作条件和天气。

## 1.7.2　项目环境因素影响

项目环境因素可能会对项目干系人产生积极或消极的影响，尤其是外部环境因素有可能限制项目成果交付，或增加项目需求范围，或带来进度延误、成本增加、质量返工、新增风险等影响。为此，需要对项目环境因素影响进行有效评估，并根据评估结果对项目做出适当调整。具体评估方法见表1-2。

表 1-2　项目环境因素影响评估方法

| 量表 | 概率 | 对项目目标的影响 | | |
|---|---|---|---|---|
| | | 进度 | 成本 | 质量 |
| 5 | >70% | >6 个月 | >500 万元 | 对整体功能影响非常大 |
| 4 | 51%~70% | 3~6 个月 | 100 万~500 万元 | 对整体功能影响重大 |
| 3 | 31%~50% | 1~3 个月 | 50.1 万~100 万元 | 对关键功能领域有一些影响 |
| 2 | 11%~30% | 1~4 周 | 10 万~50 万元 | 对整体功能有微小影响 |
| 1 | 1%~10% | 1 周 | <10 万元 | 对辅助功能有微小影响 |

项目环境因素影响评估步骤：

1）识别内外部环境因素。

2）评估环境因素发生概率。

3）评估环境因素对项目进度、成本、质量的影响。

4）计算单项环境因素影响，评估对项目的整体影响。

5）提出并选择应变策略。

## 1.7.3　项目环境因素分析

项目环境因素影响评估贯穿项目的整个实施过程，是实时、动态、连续发生与应对的过程，包括在项目前期对项目可能的影响来源进行预估，在项目中期对实施过程中的风险进行规避，在项目后期对影响因素进行总结和管控。有效的项目环境评估模式是将一个项目拆分为几个小项目，利用模块化结构分化外部影响的作用，并记录相关影响来源，以便项目团队及时规避逆势影响，响应顺势影响。

面对国家能源集团组织环境、项目实施地理和物理环境、政策环境、市场环境等内外部环境影响因素，如何甄别影响类型、追溯影响来源成为首要工作。一体化项目组在项目推进小组的指导下，由项目总协调牵头，由项目管理办公室组织统筹，归纳出以下5类项目环境影响因素：

1）范围调整影响因素。组织机构变更（关停、合并等）等造成的项目实施范围变更。一般情况下，项目范围变更往往发生在项目后期，此时开发工作已经基本完成，系统设计可能完全不支持新增的功能，项目面临巨大的变更风险。

2）成本与预算影响因素。面对突发的新冠疫情，项目不可避免地产生计划外的防疫相关支出，如核酸检测费用、隔离期间住宿费用等。由此可见，项目预算是否充足、预算是否能够及时到位，一旦发生问题或项目延期时能否仍然能够保证相对充足的预算，都是项目经理必须预先考虑的问题。

3）核心人员影响因素。在项目团队中，通常会有少数人掌握着项目的核心技术，如技术专家或业务专家。这些核心人员的稳定性对项目结果具有重要的影响。

4）技术挑战因素。一体化项目作为目前国内建设范围最大的一体化集中管控系统建设项目，首次采用S/4 HANA最新产品。虽然新技术能够提升效率，但是新技术常常意味着不成熟，在最初的应用阶段会遇到各种各样的问题。例如，项目使用的技术架构没有经过验证或仅进行了简单评估，在项目后期发现技术架构不能满足项目要求，将对项目进度、成本和质量产生颠覆性的影响。

5）不可抗力因素。不可抗力因素包括战争、地震、疫情等。一体化项目启动初期，受新冠疫情不可抗力因素影响，项目团队及时调整项目实施方案，重新评估疫情对项目实施的影响，及时了解相关政策信息，采用现场办公与远程办公相结合的方式避免人员过度聚集，以"线上夺旗"的方式监控项目实时进度，从实际出发，以成本、进度、质量、资源等维度为考量，将疫情对项目的影响降到最低。

针对上述内外部环境影响因素，提出以下两种评估方式：

1）评估会议。首先，确定评估小组成员，组织成员召开项目内外部环境因素影响评估会议，梳理项目风险点、措施、效果，并进行评价。其次，基于影响因素发生概率、严重程度等进行调整，并对各影响因素优先指数进行调整。同时，评估具体影响因素在项目后期是可以降低还是可以接受，或者是根据政策、行业的变化，评估该影响因素是否继续存在。最后，按照上述步骤对项目各环节进行梳理、讨论、反馈、记录和评估。

2）专家判断。为了确定环境因素对项目的影响程度，可以借助专家判断每个外部因素的发生概率和影响。专家通常指那些具有丰富项目经验的人。在一体化项目中，邀请资深用户和业务专家作为识别影响因素的专家。专家判断可通过研讨会或访谈方式进行。

# 第2章 数字化转型项目管理的十二大原则

原则是战略、决策和问题解决的基本指导准则。在某些领域中，原则起着法律或规则的作用，因此具有规定性。项目管理的原则在本质上不是规定性的，旨在指导项目参与者的行为。这些原则有着广泛的基础，因此个人和组织可以通过多种方式与这些原则保持一致。项目管理以原则为基础，原则为有效的项目管理提供了指导。

由于项目管理原则提供了指导，这些原则的应用程度及其应用方式受到组织、项目、可交付物、项目团队、干系人和其他因素影响。这些原则彼此具有内在一致性，这意味着没有任一项原则与其他原则相抵触。但在实践中，这些原则可能会重叠。例如，关于驾驭复杂性的指导可以提供有助于识别、评估和响应系统交互或优化风险应对的信息。

数字化转型项目管理的十二大原则主要从赋能、成事、应变三个维度进行分类。原则之间没有任何特定的权重和顺序。

赋能即团队领导者为成员提供成长的知识和技能，从而最大限度地发挥个人才智和潜能。由成为勤勉、尊爱和关心他人的管家，全面展现领导力行为，营造协作的项目团队环境，有效地促进干系人参与4个原则构成。

成事泛指完成事情。成功完成项目工作，实现项目目标。由聚焦于项目价值，识别、评估和响应系统交互，根据环境进行裁剪，将质量融入过程和交付物4个原则构成。

应变泛指应对变化。在项目中应对变化所需考虑的要素原则。由驾驭项目复杂性、优化风险应对措施、拥抱适应性和韧性、为实现组织目标引领变革 4 个原则构成。

# 2.1　成为勤勉、尊爱和关心他人的管家

面对复杂、多变、模糊的项目商业环境，越来越多的项目采用自组织、虚拟团队或网状组织开展项目工作。项目管理者更需要使用非职权影响力，通过赋能团队，为团队成员提供更多的关心和关怀，消除团队工作障碍和阻碍，确保团队专注、高效开展项目工作。

在不同的环境中，管家式管理的含义和应用会略有不同。管家式管理一方面涉及被委托看管某项事物；另一方面，侧重于以负责任的方式规划、使用和管理资源。此外，是维护价值观和道德。管家式管理内容见表 2-1。

表 2-1　管家式管理内容

| 管家式管理 | |
| --- | --- |
| 在遵守内部和外部准则的同时，管家应以负责任的方式行事，以正直、关心和可信的态度开展活动。他们应对其所支持的财务、社会和环境影响做出广泛承诺 | ➤ 管家式管理包括在组织内部和外部的职责<br>➤ 管家式管理包括：<br>　·正直<br>　·关心<br>　·可信<br>　·合规<br>➤ 秉承整体观的管家式管理会考虑财务、社会、技术和可持续的环境意识 |

管家式管理包括在组织内部和外部的职责。

（1）组织内部的管家式管理

1）运营时要做到与组织及其目标、战略、愿景、使命保持一致并维持

其长期价值。

2）承诺并尊重项目团队成员的参与，包括薪酬、机会获得和公平对待。

3）勤于监督项目中使用的组织资金、材料和其他资源。

4）了解职权、担责和职责的运用是否适当，特别是身居领导岗位时。

（2）组织外部的管家式管理

1）环境可持续性以及组织对材料和自然资源的使用。

2）组织与外部干系人（如合作伙伴和渠道）的关系。

3）组织或项目对市场、社会和经营所在地区的影响。

4）提升专业化实践水平。

管家式管理反映了对信任的理解和接受度以及产生和维持信任的行动和决定。管家既需遵守明确的职责，也需遵守隐含的准责，即诚信、关心、可信、合规。

1）诚信。即以真诚之心，行信义之事。项目管家通过在其参与的项目活动和决策中践行和展现个人和组织价值观来建立信任。

2）关心。包括营造透明的工作环境、开放的沟通渠道。

3）可信。项目管家作为项目的受托人，应将组织和客户利益放在第一位，避免冲突中的不道德或非法行为，保护项目免受失信行为的影响。

4）合规。要求管家遵守组织内外明确的法律、规则、法规和要求，以及隐含的文化，同时将合规性融入项目文化。

在一体化项目建设中，积极探索和推进项目管家式的领导风格和工作方式，赋能勤勉，凝神聚力，力出一孔；在项目时间推进上，营造比学赶超、争旗夺先的氛围，倒排计划，开展专项攻关，与时间赛跑争进度，最终通过项目管家式的非职权影响力，带动项目成员不懈努力，确保了项目提前高质量上线。

由此可见，各级管理者只有做到"一级做给一级看，一级带着一级干"，才能心往一块想、劲往一块使，才能通过管家式管理实现项目目标。

## 2.2　全面展现领导力行为

领导力包括对项目团队内外的个人施加影响以实现预期成果的态度、才能、风格和行为。项目对有效领导力拥有独特的需要。

在领导力行为方面，优先展现愿景、创造力、激励、热情、鼓励和同理心，将使项目环境支持更好的成果。

在传统运营管理中，角色和职责通常已经确定并保持一致。而项目通常涉及多个组织、部门、职能或供应商，他们会不定期互动。此外，项目干系人对项目目标的期望可能高于常规的运营要求。因此，更广泛的主管、经理、高管和其他干系人会试图影响项目，这往往造成更大程度的困惑和冲突。因此，从多数项目来看，高绩效项目会有更多的干系人，更频繁、更全面地表现出有效的领导力行为。

展现领导力行为，为个人和团队的需要提供支持。领导力内容见表2-2。

表2-2　领导力内容

| 领导力 | |
| --- | --- |
| 展现并调整领导力行为，为个人和团队的需要提供支持 | ➢有效的领导力可促成项目取得成功，且有助于项目取得显著成果<br>➢任何项目团队成员都可以表现出领导力行为<br>➢领导力与职权不同<br>➢有效的领导者会根据情境调整自己的风格<br>➢有效的领导者会认识到项目团队成员之间的动机差异<br>➢领导者应在诚实、正直和道德行为规范方面展现出期望的行为 |

领导力并非任何特定角色所独有。高绩效项目可能会有多名关键干系人表现出有效的领导力技能，如项目经理、发起人、技术主管、敏捷教练、高级管理层，甚至项目团队成员。任何开展项目工作的人员都可以展现有效的领导力特质、风格和技能，以帮助项目团队执行和交付所要求的结果。

当太多的参与者试图在多个、不一致的方向上施加项目影响时，可能会出现更多的冲突和困惑。但是，高绩效的项目会表现出一种由更多影响者组成的、看似矛盾的联合体，每个影响者以互补的方式贡献更多的领导力技能。例如，如果项目发起人清楚地说明了优先级，那么技术主管就会发起关于交付选项的讨论，并在会议中陈述利弊，直到项目经理使对话达成策略共识。成功的领导力能够在任何情况下影响、激励、指导他人。它还包含了源自组织文化和实践的很多特征。

领导力不应与职权相混淆。职权是指向组织内人员赋予控制地位，以促进其以有效果和有效率的方式全面履行职能，并对特定活动、个人行为或在某些情况下的决策承担责任。虽然个人可利用自己的职权来影响、激励、指导他人，或在他人未按要求或指示行事时采取行动，但这与领导力不同。例如，组织的高管可能授予某人组建项目团队以交付某项成果的职权。然而，仅仅拥有职权是不够的，还需要领导力来激励团队实现共同目标，影响他们调整个人利益以支持集体利益，取得项目团队成功而非个人成功。

有效的领导力会借鉴或结合各种领导力风格的要素。根据文献可知，领导力风格包括专制型、民主型、放任型、指令型、参与型、自信型、支持型、共识型等。在所有这些领导力风格中，没有一种领导力风格已被公认为最好或得到普遍推荐。相反，有效的领导力只有在最适合的特定情况时才会表现出来。例如：在混乱无序的时候，指令型的行动比协作解决问题更清晰、更有推动力；对于拥有高度胜任且敬业员工的环境，授权比集中式协调更有效；当高层领导的优先事项发生冲突时，中立的引导要比提出详细建议更有帮助。

有效的领导力技能是可以培养的，也是可以学习和发展的，从而成为个人的专业资产，为项目及干系人带来收益。高绩效项目显示出一种持续改进的普遍模式，该模式直至个人层面。项目团队成员通过增加或实践各种技能或技术的组合以提高领导力，具体方法包括但不限于：

> 让项目团队聚焦于商定的目标；

> 阐明项目成果的激励性愿景；

> 为项目寻求资源和支持；

> 就最好的推进方式达成共识；

> 克服项目进展的障碍、阻碍与妨碍；

> 协商并解决项目团队内部以及项目团队与其他干系人之间的冲突；

> 调整沟通风格和消息传递方式，使之与受众相关；

> 教练和辅导项目团队成员；

> 欣赏并奖励积极行为和贡献；

> 为技能增长和发展提供机会；

> 引导协同决策；

> 运用有效沟通和积极倾听；

> 向项目团队成员赋能并授予职责；

> 打造勇于担当、有凝聚力的项目团队；

> 对项目团队和干系人的观点表现出同理心；

> 对自己的偏见和行为有自我意识；

> 在项目生命周期内管理和适应变革；

➢ 通过承认错误，形成快速失败/快速学习的思维方式；

➢ 就期望的行为进行角色示范。

在一体化项目中，结合实施单位管理基础和项目建设需要，展现以激励为主要手段的领导力行为。激励的对象包括实施单位和个人。

对于实施单位而言，通过开展项目过程评价，并在国家能源集团网站、微信公众号等渠道公布评价结果及排名等措施，建立了完善的项目激励机制。月度累计积分作为年度先进单位评选的重要依据，与年度经营考核挂钩，保持激励的连续性。

对于个人而言，采用多维度推优评先的方式。评选领域分为综合表现、项目管理、项目实施、党建宣传、培训竞赛、创新实践、项目保障等多个类别。按月评选出每个领域中的月度标兵，并颁发荣誉证书，充分激发项目成员的工作积极性。

对先进个人进行全方位宣传，如人物图片、事迹亮点、英雄榜、党员风采等宣传形式，保证项目成员能够找到身边的榜样，学习榜样的亮点。通过选择有代表性的先进典型人物，进行事迹的深挖掘、细刻画，不仅让先进个人倍感自豪与光荣，而且让每一个项目组成员感觉到自己通过努力也能做得到，进而自觉地学先进、赶先进，形成比、学、赶、帮、超的良好氛围。通过发挥典型示范作用，实现以点带面、以优促优、以强带弱，提升全员业务水平。

## 2.3 营造协作的项目团队环境

营造协作的项目团队环境涉及多个促成因素，如团队共识、组织结构

和过程。这些因素使人能够共同工作并通过互动产生协同效应。团队环境
内容见表 2-3。

表 2-3　团队环境内容

| 团队环境 | |
| --- | --- |
| 项目团队由具有多样技能、知识和经验的个人组成。与独自工作的个人相比，协同工作的项目团队可以更有效率且更有效果地实现共同目标 | ➢ 项目是由项目团队交付的<br>➢ 项目团队在组织职业文化和准则范围内开展工作，通常会建立自己的本地文化<br>➢ 协作的项目团队环境有助于：<br>　·与其他组织文化和指南保持一致<br>　·个人和团队的学习和发展<br>　·为交付期望成果做出最佳贡献 |

（1）团队共识

团队共识是一套行为限制和工作规范，由项目团队制定，并通过个人
和项目团队的承诺予以维护。团队共识应在项目开始时形成，确定成功合
作所需遵守的规范和行为。随着项目团队持续合作，团队共识会不断
演变。

（2）组织结构

项目团队会使用、裁剪和实施有助于协调与项目工作相关的个人工作
的结构。组织结构是指项目工作要素和组织过程之间的所有安排或关系。
这些结构可以基于角色、职能或职权。它们可被定义为项目的外部结构，
是为了适应项目环境而经过裁剪的，或者是为了满足独特的项目需要而新
设计的。高层领导可能会正式明确项目组织结构，项目团队成员也可能会
提供组织结构设计的建议。

可以提升协作水平的组织结构示例包括但不限于：

➢ 确定角色和职责；

➢ 将员工和供应商分配到项目团队；

➢ 有特定目标任务的正式小组；

➢ 定期评审特定主题的站会。

（3）过程

项目团队会定义能够完成任务和所分配工作的过程。例如，项目团队可能会使用工作分解结构（WBS）、待办事项列表或任务板对某一分解过程表示同意。

项目团队受项目组织文化、项目性质以及项目所处的运营环境的影响。在这些影响下，项目团队会建立自己的团队文化。项目团队可以对其结构进行裁剪，以最有效地实现项目目标。

通过营造包容和协作的环境，可以更自由地交流知识和专业技能，使项目实现更好的成果。

多元化的项目团队可以将不同的观点汇集起来，丰富项目环境。项目团队可以由组织内部员工或外部第三方组成。此外，有的项目团队成员是短期加入项目，为具体的可交付物开展工作，而其他成员则是更长期地参与项目。将这些人与项目团队整合起来对所有相关人员都是一种挑战。团队成员相互尊重的团队文化允许团队内部存在差异，并力图找到有效利用差异的方法，这种文化鼓励团队成员通过有效的方式管理冲突。

协作的项目团队环境还应包括实践标准、道德规范和其他准则。项目团队会考虑如何利用这些指南为其工作提供支持，以避免各领域之间可能发生的冲突，还会考虑他们所使用的既定准则。

协作的项目团队环境可促进信息和个人知识的自由交流，在交付成果的同时促进共同学习和个人发展。协作的项目团队环境使每个人都能尽最大努力为组织交付期望的成果。对组织而言，将从尊重和增强其基本价值观、原则和文化的可交付物和成果中受益。协作的项目团队能够建立责任感和彼此尊重的文化。项目文化是项目团队的魂，文化具有启迪智慧、凝聚力量等重要作用，对团队成员的影响是潜移默化的。

在一体化项目中，通过制定和发布项目章程维护项目共识，建立有效的项目组织结构明确角色和职责。项目建设过程中，通过征集和发布项目口号、设计应用文创产品、团队破冰拓展等形式丰富的项目文化活动，提升项目团队凝聚力。通过项目精神，突显项目文化，提升团队的责任感。同时，通过搭建论文发表渠道，广泛征集项目论文，鼓励围绕项目价值创造、管理经验提升等进行深入思考，尊重团队成员参与项目建设过程中的智力成果，增加团队成员的获得感。举办"这是我们的船"读书大讨论活动，进一步凝心聚力，增加团队成员的责任感。在项目实施过程中，通过营造包容和协作的项目环境，使知识和专业技得到自由的交流，更好地促进项目成果的实现。

## 2.4　有效地促进干系人参与

干系人是能影响项目决策、活动或成果的个人或组织，以及受这些决策、活动或成果影响的个人、群体或组织。项目干系人以积极或消极的方式直接或间接影响项目绩效或成果。干系人参与内容见表2-4。

表2-4　干系人参与内容

| 干系人参与 | |
| --- | --- |
| 积极主动地让干系人参与进来，使他们的参与达到促使项目成功和客户满意所需的程度 | ➢ 干系人会影响项目、绩效和成果<br>➢ 项目团队通过争取其他干系人参与为他们服务<br>➢ 干系人参与积极推动价值交付 |

干系人可以影响项目的许多方面，包括：

➢ 范围/需求：通过表明需要增加、调整或删除范围和/或项目需求的要素。

➢ 进度：通过提出加快交付的想法，或者放慢或停止交付关键项目活动。

➢ 成本：通过帮助减少或取消计划支出，或者增加会提高成本或需要额外资源的步骤、需求或限制。

➢ 项目团队：通过限制或允许接触具备交付预期成果所需技能、知识和经验并可推动学习型文化的人员。

➢ 计划：通过为计划提供信息，或倡导对商定的活动和工作做出变更。

➢ 成果：通过开展或阻止实现为期望成果所需的工作。

➢ 文化：通过建立或影响甚至定义项目团队和更广泛组织参与的程度和特点。

➢ 收益实现：通过制定和确定长期目标，从而确定项目交付预期的价值。

➢ 风险：通过界定项目的风险临界值，并参与后续的风险管理活动。

➢ 质量：通过识别和要求提供质量需求。

➢ 成功：通过定义成功因素并参与对成功的评估。

在项目的整个生命周期内，干系人可能会参与进来，也可能会退出。此外，随着时间的推移，干系人的利益、影响或作用可能也会有所变化。干系人需要有效地参与进来，以便项目团队了解他们的利益、顾虑和权利。项目团队可以通过有效参与和支持来消除干系人的顾虑，促进项目的成功。

在一体化项目中，项目启动时通过"启动会+研讨会"的方式寻求更广泛的共识，同时识别出需重点沟通和管理的干系人。在项目建设过程中，采取横向的资源协调、纵向的任务跟踪、内部的干系人走访、外部的干系人维护、针对重点建设方案全面征求干系人意见、吸收不同类别干系人的观念、协同制订解决方案一系列措施，通过频繁的双向沟通建立和维持干系人关系。干系人参与在很大程度上依赖于人际关系技能，包括积极主动、正直、诚实、协作、尊重、同理心和信心。通过互动会议、面对面会议、非正式对话和知识共享活动，达成共识，减少分歧，形成合纵连横的干系人互动氛围，帮助每个人适应工作和彼此适应，从而增加成功的可能性。

干系人管理还有助于项目团队对项目进行裁剪，以识别、调整和应对不断变化的环境。在整个项目进行期间，项目团队应积极让其他干系人参与，以最小化潜在消极影响并最大化积极影响。除了提高干系人满意度，干系人参与还使项目团队有机会取得更出色的项目绩效和成果。

## 2.5　聚焦于项目价值

聚焦项目价值是对项目是否符合商业目标、预期收益和价值进行评估，并根据外部环境实时做出调整。价值是项目成功的最终指标和驱动因素。项目交付的意义在于为业务、为管理带来了多大的收益。项目的价值还可以表示为对发起组织或接收组织的财务贡献，可以是对所取得的公共利益的测量，如社会收益或客户从项目结果中所感知到的收益。

许多项目都是基于商业论证而启动的，实施项目的目的就是提供预期成果，该成果通过有价值的解决方案满足需要。项目价值的内容见表 2-5。

表 2-5　项目价值的内容

| 项目价值 | |
| --- | --- |
| 对项目是否符合商业目标以及预期收益和价值持续进行评估并做调整 | ➤ 价值是项目成功的最终指标<br>➤ 价值可以在整个项目进行期间、项目结束时或项目完成后实现<br>➤ 价值以及对价值具有促进作用的收益可以从定性和/或定量的角度来定义<br>➤ 聚焦于成果可使项目团队能够支持创造价值的预期收益<br>➤ 项目团队评估进展并进行适应性调整，从而使期望的价值最大化 |

商业论证包含有关战略一致性、风险敞口评估、经济可行性研究、投资

回报率、预期关键绩效测量、评估和替代方法的信息。商业论证可以从定性或定量的方面，或者同时从这两方面来说明项目成果的预期价值贡献。商业论证至少包含以下支持性和相互关联的要素。

（1）商业需要

商业为项目提供理由，并解释为什么开展项目。它源于初步的业务需求，这些需求反映在项目章程或其他授权文件中。商业需要提供了有关商业目的和目标的详细信息，它可能针对执行组织、客户组织、组织的合伙方或公共福利。明确说明商业需要有助于项目团队了解未来状态的商业驱动因素，并使项目团队能够识别机会或问题，从而提高项目成果的潜在价值。

（2）项目理由

项目理由与商业需要相关。它解释了为什么商业需要值得投资以及为什么在此时应该满足商业需要。

（3）商业战略

商业战略是开展项目的原因，所有需要都与实现价值的战略相关。

价值是指某种事物的作用、重要性或实用性。价值具有主观性，从某种意义上说，同一个概念对于不同的人和组织具有不同的价值，包含短期财务收益、长期收益，甚至非财务要素。由于所有项目都有一系列干系人，必须考虑为每个干系人群体产生的不同价值，并将这些价值与整体价值进行平衡，同时优先考虑客户价值。

在某些项目的背景下，可能存在不同形式的价值工程，这些价值工程可以将客户、执行组织或其他干系人的价值最大化。特别是在没有预先确定范围的适应型数字化转型项目中，项目团队可以与客户共同努力，确定哪些功能值得投资，哪些功能可能缺乏足够的价值，无须增加到输出之中，从而优化项目价值。

为了支持从项目中实现价值，项目团队可将重点从可交付物转到预期成果。这样做可以让项目团队实现项目的愿景或目标，而不是简单地创建特定的可交付物。虽然可交付物可能会支持预期的项目成果，但它可能无法完全实现项目的愿景或目标。例如，国家能源集团的一体化项目可能需要适用于集中管控的特定系统解决方案，以满足提高经营管理能力这一商业需要。系统是项目的输出，但系统本身并不能实现预期的成果。如果增加系统上线后实际业务开展情况的应用评价，就可以实现更好的成果。

项目工作的价值贡献可能是一种短期或长期的测量。由于价值贡献可能与运营活动的贡献相混合，很难将其分开。可靠的价值评估应考虑项目输出的全部背景和整个生命周期。虽然价值会随着时间推移而实现，但有效的过程有助于早日实现收益。通过有效率且有效果地实施项目，项目团队可以展示或实现诸如优先交付、更好的客户服务或改善工作环境等成果。通过与负责将项目可交付物投入使用的组织领导者合作，项目领导者可以确保可交付物能够实现所计划的成果。

一体化项目的价值聚焦是基于国家能源集团的发展战略，通过可行性研究明确项目的建设目标、范围和技术路线等。在项目建设过程中，始终坚持目标导向、业务引领，坚持从目标出发，而不是从现状出发，使每一份投入都能产生切实收益，真正创造业务全局价值。为实现预期的项目成果，确保系统上线后的应用成效，助力组织变革，应提升运营管理能力，获得项目收益，产生项目价值。

## 2.6　识别、评估和响应系统交互

系统是一组相互作用且相互依赖的组件，它们作为一个统一的整体发挥作用。从整体角度看，项目是一个多层面的实体，存在于动态环境中，可展现系统的各种特征。项目团队应承认项目的整体观，将项目视为一个具有自己工作部件的系统。

一个项目可在其他较大的系统中运作，一个项目可交付物可成为一个旨在实现收益的较大系统的部件。例如，项目可能是某一项目集的一个部件，而该项目集又可能是某一项目组合的一个部件。这些相互关联的结构称为系统体系。项目团队需要平衡由内向外和由外向内的观点，以支持整个系统体系保持一致性。项目可能还包含有效整合所需的子系统，以交付预期成果。这就要求项目团队定期互动并使子系统的工作保持一致。系统思考内容见表2-6。

表2-6　系统思考内容

| 系统思考 | |
| --- | --- |
| 从整体角度识别、评估和响应项目内部和周围的动态环境，从而积极地影响项目绩效 | ➤ 项目是由多个相互依赖且相互作用的活动域组成的一个系统<br>➤ 系统思考需要从整体角度了解项目的各个部分如何相互作用以及如何与外部系统交互<br>➤ 系统不断变化，需要始终关注内部和外部条件<br>➤ 项目团队应对系统交互做出响应，从而允许项目团队充分利用积极的成果 |

系统交互还需要考虑系统的时序要素，也就是随着时间的推移项目将会交付或实现什么。例如，如果项目可交付物以增量方式发布，则每个增量都会扩展以前版本的累积成果或能力。项目团队应从项目结束后到项目可交付物达到运营状态进行考虑，以便实现预期成果。

随着项目的开展，内部和外部条件会不断变化。单个变更可能会产生多种影响。例如，在一体化项目中，一方面，需求的变更可能会导致与主要承包商、供应商或其他方面的合同发生变更；另一方面，这些变更也可能会对项目成本、进度、范围和质量产生影响。应参考协议中的变更约定条款和组织内部的变更控制流程，以获得内外部对变更的批准。

系统思考也适用于项目团队如何看待自身及其在项目系统内的互动。项目系统通常将一个多样性的项目团队聚集在一起，为共同目标而努力。这种多样性给项目团队带来了价值，但需要考虑如何有效利用这些差异，以便项目团队能够紧密协作。

由于各个系统之间的交互性，项目团队在开展工作时应意识到并警惕不断变化的系统动态。以下技能支持项目的系统视角：

> 对商业领域具有同理心；

> 关注大局的批判性思维；

> 挑战假设与思维模式；

> 寻求外部审查和建议；

> 使用整合的方法和实践，以便对项目工作、可交付物和成果达成共识；

> 通过建模和情境假设来设想系统动力如何互动和反应；

> 主动管理整合，以帮助实现商业成果。

识别、评估和响应系统交互可带来以下积极成果：

> 及早考虑项目中的不确定性和风险，研究替代方案并考虑意外后果；

> 在整个项目生命周期内，调整假设和计划的能力；

> 持续提供信息和洞察，以说明规划和交付情况；

> 向有关干系人清晰沟通计划、进展和预测；

> 使项目目的、目标与组织的目的、目标和愿景保持一致；

> 对于项目可交付物的最终用户、发起人或客户，能够适应他们不断变化的需要；

> 能够看到协调一致的项目或举措之间的协同作用和带来的节约；

> 能够利用未获取的机会，或者看到其他项目/举措面临或构成的威胁；

> 对最佳项目绩效测量及其对项目参与人员行为的影响做出澄清；

> 使整个组织受益的决策；

> 更全面、更明智地识别风险。

在一体化项目中，项目管理办公室负责统领全局，重点关注横向的跨组织、跨业务领域的系统性整合协同；各中心组聚焦专业，重点关注各业务领域纵向的系统一致性。同时，通过项目启动宣贯、业务标准发布、组织专家评审重点方案等机制，建立项目团队的全局性和系统性思维。

只有明确了系统交互思维原则，始终强调执行，并辅之过程管控，才能做到思想与行动的高度统一。各级管理人员始终站在国家能源集团视角，以集团利益最大化为目标。在业务层面，聚焦国家能源集团业务管控需求，系统考虑各层级业务的规范化、标准化，避免需求发散；在管理层面，聚焦系统交互，加强协同，使各子项目能够齐头并进，高效协作，坚持全局"一盘棋""一股劲"，确保项目目标的顺利实现。


# 2.7　根据环境进行裁剪


适应独特的目标、干系人和环境的复杂性有助于项目取得成功。裁剪是指对项目管理方法、治理和过程做出深思熟虑的调整，使之更适合特定环境和当前任务。项目团队对适当的框架进行裁剪，能够为框架带来灵活性，在项目生命周期的环境内持续产生积极的成果。商业环境、团队规模、不确定性程度和项目复杂性都是如何裁剪项目系统应考虑的因素。项目可以从整体角度进行裁剪，包括应考虑相互关联的复杂性。通过使用"刚好够"的过程、方法、模板和工件实现项目期望的成果。

裁剪旨在发挥项目管理价值最大化、有效管理项目制约因素，并提高团队绩效。裁剪内容见表2-7。

表2-7　裁剪内容

| 裁剪 | |
| --- | --- |
| 根据项目的背景及其目标、干系人、治理和环境设计项目开发方法，使用"刚好够"的过程实现预期成果，同时使价值最大化、管理成本降低并提高速度 | ➢ 每个项目都具有独特性<br>➢ 项目成功取决于适应项目的独特环境，以确定产生预期成果的最适当方法<br>➢ 对方法进行裁剪是迭代的，因此在整个项目进行期间，这种裁剪是一个持续的过程 |

项目裁剪通常由项目管理办公室和项目团队一起完成，考虑治理因素，按每个项目逐一讨论并确定交付方法以及产生成果所需的资源。这包括选择要使用的过程、开发方式、方法和交付项目成果所需的工件。裁剪决策可以是接受既定方法论的隐性行动，也可以是选择并混合特定要素以适应项目和项目环境的独特特征的显性行动。在一定程度上，每个项目都需要进行裁剪，因为每个项目都存在于特定环境中。

项目通常是独特的，即使项目可交付物看起来并不独特。这是因为项目环境不同之处在于组织及其客户、渠道、和环境都是动态要素。这些变化和不断发展的要素可能会导致项目团队使用或开发不同的方法或方式来追求成功。项目团队应审视每个项目的各种独特条件，以便确定产生期望成果的最适当方法。

现有的方法论或常见的工作方式可以使我们了解如何对项目进行裁剪。方法论是由专门学科的从业者所采用的实践、技术、程序和规则所组成的体系。项目团队可能需要采取上级组织的方法论，这就是说，项目团队采用的方法论体系由过程、治理、方法和模板组成，它们为如何开展项目提供指导。虽然这使组织内的项目保持了一定程度的一致性，但该方法论本身可能仍需要根据每个项目的情况进行裁剪。组织政策和程序规定了项目团队授权的可以裁剪的边界。

项目团队还可以考虑项目管理过程的时间和成本。未进行裁剪的过程可能对项目或其成果没有什么价值，同时会导致成本增加和进度延长。对项目方法以及适当的过程、方法和工件进行裁剪，可以帮助项目团队就与过程相关的成本和与项目成果相关的价值贡献做出决策。

除了决定如何对方法进行裁剪，项目团队还需要和与该方法有关的干系人沟通裁剪决策。每个团队成员都应了解干系人角色相关的所选方法和过程。

项目团队应对项目方法进行裁剪，以适应项目及其环境的独特特征，提高项目的绩效水平，增加项目成功的概率。经过裁剪的项目方法可以为组织产生直接和间接的收益，包括：

➢ 项目团队成员会做出更深入的承诺，因为他们参与了方法的定义；

➢ 行动或资源方面的浪费会有所减少；

➢ 以客户为本（因为客户和其他干系人的需求是项目裁剪的重要影响因素）；

➢ 项目资源得到更有效的利用，因为项目团队意识到各个项目过程的权重。

裁剪项目可以带来以下积极成果：

➢ 提高创新力、效率和生产力；

➢ 吸取经验教训，以便可以分享特定交付方法的改进之处，并将它们应用于下一轮工作或未来的项目；

➤ 采用新的实践、方法和工件，组织的方法论得到进一步改进；

➤ 通过实验发现了改进的成果、过程或方法；

➤ 在具有多个专业背景的项目团队内，用于交付项目结果的方法和实践得到有效整合；

➤ 从长远来看组织的适应性有所增强。

每个项目都具有独特性。项目应适应独特环境，确定实现预期成果的最适当方法。裁剪是对项目管理方法、治理和过程做出深思熟虑的调整，使之更适合特定环境和当前任务。在项目生命周期中，裁剪是一个持续的过程。项目团队需要收集所有干系人的反馈，了解在项目进展过程中各种方法和裁剪过程的效果，最大化项目价值并提高项目绩效。

一体化项目面临组织范围大、实施单位多、涉及业务广、实施时间紧、工作任务重的挑战，依靠传统的项目管理方法很难实现预期目标，只有通过创新的项目管理方法，才能按时、保质完成系统建设任务。因此，需要结合项目所处环境确定交付方法，裁剪传统项目中先全面调研、现状分析，再蓝图设计的交付方式，采用先制定业务标准、后集中固化的快速实施方式，通过广泛动员参建单位，激发全员工作热情，实现国家能源集团自上而下的全力协作，保证项目的顺利推进。

# 2.8　将质量融入过程和交付物

质量是产品、服务或结果的一系列内在特征满足需求的程度。质量包括满足客户陈述或隐含需求的能力。对项目的产品、服务、结果或可交付物进行测量，以确定是否符合验收标准并满足使用质量要求。质量内容见表2-8。

表2-8 质量内容

| 质量 | |
| --- | --- |
| 对产生可交付物的质量保持关注，这些可交付物要符合项目目标，并与相关干系人提出的需要、用途和验收需求保持一致 | ➤ 项目质量要求达到干系人期望并满足项目和产品需求<br>➤ 质量聚焦于达到可交付物的验收标准<br>➤ 项目质量要求能够确保项目过程尽可能适应而有效 |

项目团队根据需求使用度量指标和验收标准来测量质量。

需求是指为满足需要，某个产品、服务或结果必须达到的条件或具备的能力。无论是明确的需求还是隐含的需求，都可能源自干系人、合同、组织政策、标准或监管机构，也可能来自上述的组合。需求的满足程度在一定程度上反映质量的符合程度，收集的需求通常在工作说明书中得以体现。

质量与工作说明书的验收标准密切相关。这些标准应随着试运行的开展和优先级的确定而更新，并作为验收过程中的一部分进行确认。质量与生成项目可交付物的项目方法和活动有关。虽然项目团队会检查和测试评估可交付物的质量，但对项目活动和过程则是通过审查和审计进行评估的。在这两种情况下，质量活动都侧重于发现和预防错误和缺陷。

质量活动的目标是确保交付成果以最直接的方式达到客户和其他干系人的要求和期望，从而使资源浪费最小化，并最大限度地提高实现期望成果的概率。密切关注项目过程和可交付物的质量会产生积极成果，包括：

➤ 加快产品交付；

➤ 满足验收标准；

➤ 达到干系人期望和商业目标；

➢ 预防可交付物缺陷，避免或减少返工和报废；

➢ 节约成本；

➢ 减少客户投诉；

➢ 良好的供应链整合；

➢ 提高生产力；

➢ 提升服务能力；

➢ 提高团队士气；

➢ 持续改进决策；

➢ 持续改进过程。

无论是处理一系列预先明确定义的需求，还是一系列逐步详细制定、以增量方式交付的需求，贯穿项目全过程的质量活动和质量管理过程均有助于生成满足要求的可交付物，且符合组织和干系人所表达的期望、用途和验收标准，实现项目目标。

在一体化项目准备阶段，制定了质量跟踪规范，以交付为导向制定项目交付跟踪表，明确了各阶段交付物的交付主体、质量控制级别及对应的质量控制输出，确定了日常质量检查与阶段性质量检查相结合的检查机制。在项目实施过程中，按照项目交付跟踪表进行跟踪检查，包括交付物是否提交、评审记录是否齐全合规等。对于质量检查中发现的问题，进行闭环管理。

## 2.9　驾驭项目复杂性

项目是由相互作用的要素组成的系统。复杂性是指由于人类行为、系统行为和模糊性而难以管理的项目或其环境的特征。交互的性质和数量决定了项目的复杂程度。复杂性源于项目要素、项目要素之间的交互以及与其他系统和项目环境的交互。虽然复杂性无法控制，但项目团队可以对其活动做出调整，以应对复杂性造成的影响。

项目团队通常无法预见复杂性的出现，因为复杂性是风险、依赖性、事件或相互关系等多种因素交互作用的结果。另外，一些因素可能交汇在一起，产生复杂影响，因此很难分离出造成复杂性的特定原因。

项目复杂性是由项目和整个项目系统中的单个要素造成的。例如，项目的复杂性可能会随着更大数量和多样性的干系人（如监管机构、金融机构、供应商、分包商）而增加。这些干系人可以单独或共同对项目的复杂性产生重大影响。复杂性内容见表2-9。

表2-9　复杂性内容

| 复杂性 | |
| --- | --- |
| 不断评估和驾驭项目复杂性，以便这些方法和计划使项目团队能够成功驾驭项目生命周期 | ➢ 复杂性是由人的行为、系统行为、不确定性和模糊性及技术创新造成的<br>➢ 复杂性可能会出现在项目生命周期的任何时候<br>➢ 影响价值、范围、沟通、干系人、风险和技术创新的事件或情况可能会造成复杂性<br>➢ 在识别复杂性要素时，项目团队应保持警惕，并通过各种方法来降低复杂性的影响 |

一些常见的复杂性来源包括：

（1）人的行为

人的行为是人的举止、态度和经验相互作用的结果。主观因素的引入也可能会使人的行为的复杂性增加，如不同的时区、不同的语言、不同的文化和风俗。

（2）系统行为

系统行为是项目要素内部和项目要素之间动态相互依赖的结果。例如，不同技术系统的集成可能会导致风险，从而影响项目的成果和成功。项目系统各组件之间的交互可能导致相互关联的风险，造成新出现或不可预见的问题，并产生不清晰和不相称的因果关系。

（3）不确定性和模糊性

模糊性是一种不清晰、不知道会发生什么情况或如何理解某种情况的状态。

选项众多或不清楚哪个是最佳选项可能会导致模糊性。不清晰或误导性事件、新出现的问题或主观情况也可能会导致模糊性。

不确定性是指缺乏对问题、事件、要遵循的路径或要追求的解决方案的理解和认识。它涉及替代行动、反应和成果概率，其中包括未知和"黑天鹅"事件，它们是完全超出了现有的知识或经验的认知。

在复杂的环境中，不确定性和模糊性往往混合在一起，使因果关系模糊，以至于概率和影响定义不清。不确定性和模糊性很难降低到使因果关系可以很好定义并加以有效处理的程度。

（4）技术创新

技术创新可能导致产品、服务、工作方式、流程、工具、技术、程序等的颠覆。5G 和社交媒体的出现是技术创新的范例，它们从根本上改变了项目工作的执行方式。新技术及其使用方式存在的不确定性会增加复杂性。创新可能有助于项目产生解决方案，但若与其有关的不确定性未得到确定，则可能会导致项目混乱，从而使复杂性增加。

在一体化项目中，主要通过人和系统两个方面预判项目复杂性。

在人的方面，项目参建人数最高峰时达 4000 余人，且分布在多个地区。

通过开展应知应会、业务标准等竞赛方式，以赛促学，通过不断的学习与比赛解决人的复杂性问题。

在系统方面，整个项目相关联的系统达数十个，既有同步建设的系统，也有已上线应用的系统，基于知识和经验梳理各系统关键里程碑的依赖关系，进而细化分解形成各系统工作依赖关系跟踪表，包括标志解除、计划解除时间、实际进展等，通过对各系统间依赖关系的梳理与跟踪解决系统的复杂性问题。

复杂性可能会出现在任何领域和项目生命周期的任何时点，并使项目受到影响。通过持续关注整个项目，项目团队可以留意出现复杂性的迹象，从而识别贯穿整个项目的复杂性要素。如能了解复杂的自适应系统、借鉴过往项目工作的经验，项目团队就能增强驾驭复杂性的能力；如能预判出现复杂性的迹象，项目团队就能够调整自己的方法和计划，驾驭潜在的复杂性，以有效地交付项目。

# 2.10 优化风险应对措施

风险是指一旦发生即可能对一个或多个目标产生积极或消极影响的不确定事件或条件。在整个生命周期内，项目团队应努力识别和评估项目内部和外部的已知和新出现的风险。

项目团队应力求最大化地增加积极风险（机会），减少消极风险（威胁）。威胁可能导致诸多问题，如进度延迟、成本超支、技术故障、绩效下降、声誉受损等。机会可以带来诸多收益，如时间缩短、成本下降、绩效改进、市场份额增加、声誉提升等。具体的风险应对内容见表2-10。

表 2-10　风险应对内容

| 风险应对 | |
| --- | --- |
| 持续评估风险（包括机会和威胁），以最大化地发挥正面影响，并最小化对项目及其成果的负面影响 | ➢ 单个和整体风险可能会对项目产生影响<br>➢ 风险可能是积极的（机会），也可能是消极的（威胁）<br>➢ 项目团队应在整个项目进行期间不断应对各种风险<br>➢ 组织的风险态度、偏好和临界值会影响风险的应对方式<br>➢ 风险应对措施原则：<br>· 与风险的重要性相匹配<br>· 具有成本效益<br>· 在项目环境中切合实际<br>· 相关干系人达成共识<br>· 由一名责任人承担 |

项目团队还应监督整体项目风险。整体项目风险是指不确定性对项目整体的影响。整体风险源自所有不确定性，包括众多单个风险。整体项目风险管理旨在将项目风险保持在可接受的范围内。风险管理策略包括减少威胁的驱动因素、增加机会的驱动因素以及最大限度地提高实现总体项目目标的概率。

项目团队成员应争取相关干系人参与，了解他们的风险偏好和风险临界值。风险偏好表示为了预期的回报，组织或个人愿意承担不确定性的程度。风险临界值是围绕目标可接受的偏差范围的测量指标，反映了组织和干系人的风险偏好。由于风险临界值能够反映风险偏好，与成本目标 ±10% 的风险临界值相比，成本目标 ±5% 的风险临界值反映的风险偏好更低。风险偏好和风险临界值可让项目团队了解如何应对项目中的风险。

有效且适当的风险应对可以减少单个和整体项目威胁，并增加单个和整体项目机会。项目团队应始终如一地确定潜在风险的应对措施，这些应对措施具有以下特征：

> 适当性和及时性与风险的重要性相匹配；

> 具有成本效益；

> 在项目环境中切合实际；

> 相关干系人达成共识；

> 由一名责任人承担。

风险可能存在于组织、项目和产品中。项目可能是某一项目集的一个组成部分。在项目集中，风险可能会增加或减少收益，从而影响价值。项目可能是某一包含相关或不相关工作的项目组合的一个部分。在项目组合中，风险可能会增加或减少项目组合的总体价值。

在一体化项目规划阶段，通过头脑风暴、数据分析、专题会议等方式识别和分析项目风险。由于实施范围涵盖 1393 家单位，同时上线存在较大风险，采用分批上线的策略，将所有上线单位按照业务复杂度分为三个批次。采用分批上线策略的机遇是先上线的单位能够早应用、早创效，威胁是分批次上线对切换方案、组织方式均带来极大挑战。为了确保按时上线，项目组采用积极策略应对机遇，采用规避策略应对威胁，制订了详细的分批次上线计划，明确了每个批次的上线单位、上线模块以及切换计划。

为了降低威胁，首先，梳理各模块实施单位上线工作任务清单，包括配置开发、系统测试、角色权限、用户培训、数据转换、上线保障 6 个方面；其次，在各单位上线工作任务清单的基础上，以开发竞赛相关系统功能作为流程支撑，采用实施单位上线申请、子/分公司审查、对应中心组审核确认的方式完成进度及质量确认；最后，确认工作任务完成，系统根据设置的标准自动计算该单位总体进度，并实时更新上线单位动态排名。该实施单位所有上线工作任务均确认完成后，代表上线夺旗成功。

## 2.11　拥抱适应性和韧性

大多数项目在某个阶段都会遇到挑战或障碍。如果项目团队开展项目的方法同时具备适应性和韧性，则有助于项目适应各种影响并健康发展。

适应性是指应对不断变化的情形的能力。

韧性由两个具有互补性的特质组成：吸收冲击的能力和从挫折或失败中快速恢复的能力。

适应性和韧性是任何开展项目的人员应具备的有益特征。具体的适应性和韧性内容见表2-11。

表 2-11　适应性和韧性内容

| 适应性和韧性 | |
| --- | --- |
| 将适应性和韧性融入组织的项目管理方法，以帮助项目适应变革，从挫折中恢复过来并推进项目工作 | ➢ 适应性是指应对不断变化的情形的能力<br>➢ 韧性是指吸收冲击的能力和从挫折或失败中快速恢复的能力<br>➢ 聚焦于成果而非输出，有助于增强适应性 |

项目中的某些要素可能会导致失败或达不到预期，这就需要项目团队重新组合、重新思考和重新规划。例如：在基础设施项目中，法院在项目执行期间的裁决可能会导致设计和计划的变更；在技术项目中，虽然电脑化模型可能会显示各个组件能够正常协同工作，但它们在实际应用时却发生故障。在这两个案例中，项目团队都需要及时应对上述情形，以便推进项目。有一种观点认为，项目应严格遵守早期阶段的计划和承诺，即使在出现新的或不可预见的因素之后亦是如此。这种观点对包括客户和最终用户在内的干系人

是没有益处的，因为这束缚了产生价值的可能性。因此，应从整体的角度考虑适应性，例如，应采用适当的变更控制过程，以避免诸如范围蔓延等问题。在项目环境中，支持适应性和韧性的能力包括：

➤ 较短的反馈循环，以便快速适应；

➤ 持续学习和改进；

➤ 拥有宽泛技能组合的项目团队，同时还有在每个所需技能领域具有广博知识的个人；

➤ 定期检查和调整项目工作，以识别改进机会；

➤ 多样化的项目团队，以获得广泛的经验；

➤ 开放和透明的规划，让内部和外部干系人参与；

➤ 小规模的原型法和实验，以测试想法和尝试新方法；

➤ 充分运用新的思考方式和工作方式的能力；

➤ 平衡工作速度和需求稳定性的过程设计；

➤ 组织的开放式对话；

➤ 具有宽泛的技能组合、文化和经验的多样性项目团队，同时还有各个所需技能领域的主题专家；

➤ 对过去相同或类似工作中所获学习成果的理解力；

➤ 预测多种潜在情境，并为多种可能的情况做好准备的能力和意愿；

➤ 将决策推迟到最后责任时刻；

➤ 管理层支持；

➤ 平衡速度和稳定性的开放式设计。

预期的成果而非可交付物能够促成解决方案，进而可利用比原始计划更好的结果。例如，项目团队可找到替代解决方案，以提供比原始定义的可交付物更优的成果。虽然探寻替代方案通常属于商业论证的范畴，但技术和其他能力的演变非常快，以至于在商业论证完成和项目收尾之间的任何时候都可能会出现替代解决方案。项目期间可能会出现适应项目的机会，届时项目团队应向项目发起人、产品负责人或客户说明为何要抓住这一机会。根据合同类型，为适应项目而进行的某些变更可能需要客户批准。在项目发起人、产品负责人或客户的支持下，项目团队应为调整其计划和活动做好准备，以利用这一机会。

项目系统中的意外变更也可能会带来机会。为了优化价值交付，项目团队应针对变更和计划外事件运用问题解决和整体思维方法。发生计划外事件时，项目团队应寻找可能获得的潜在积极成果。例如，将后期可能发生的变更包含在项目进度计划中，有可能使项目提前交付，从而增加竞争优势。

在一体化项目中，面对新冠疫情的突发影响，项目组第一时间启动远程办公机制，下发疫情防控期间项目工作要求，制订了疫情期间详细工作计划，任务到天，责任到人，确保了各项工作统筹兼顾、协同推进。项目组充分利用信息化手段，强化工作方式和方法的创新，开启互联网＋办公新模式，包括利用在线会议和沟通工具建立项目团队，保障项目日常沟通和视频会议顺利开展；为项目组成员开通 VPN 权限，保障远程访问国家能源集团内网、系统测试工作顺畅进行；利用云文档工具，保障项目文档及时共享和在线多人协作编辑；研发在线学习平台，实现线上培训、线上考试，保障项目培训及考试工作创新开展。

在项目中保持适应性和韧性，可使项目团队在内部和外部因素发生变化时聚焦于期望成果，有助于项目团队从挫折中恢复过来。这些特征还有助于项目团队学习和改进，以便他们能够从失败或挫折中快速恢复，并继续在交付价值方面取得进展。

## 2.12　为实现组织目标引领变革

在当今的商业环境中，所有组织都需要保持与未来目标的一致性。为此，必须对变革做出快速响应，并担当变革推动者。

变革管理是一种综合的、周期性的和结构化的方法，可使个人、群体和组织从当前状态过渡到实现期望收益的未来状态。它不同于项目变更控制，后者是一个过程，通过该过程，项目团队可以识别和记录项目的文件、可交付物或基准的修改，然后批准或拒绝这些修改。变革内容见表2-12。

表 2-12　变革内容

| 变革 | |
| --- | --- |
| 使受影响者做好准备，以采用和维持新的和不同的行为和过程，即从当前状态过渡到项目成果所带来的预期未来状态所需的行为和过程 | ➢ 结构化的变革可帮助个人、群体和组织从当前状态过渡到未来的期望状态<br>➢ 变革可能源于内部影响或外部来源<br>➢ 促成变革可能具有挑战性，因为并非所有干系人都接受变革<br>➢ 在短时间内尝试进行过多变革可能会导致变革疲劳和/或受到抵制<br>➢ 干系人参与和激励的方法有助于变革顺利进行 |

组织中的变革可能源自内部，如需要新的能力或应对绩效差距。变革也可能源自外部，如技术进步、人口结构变化或社会经济压力。任何类型的变革都涉及经历变革的群体以及与其互动的行业某种程度的适应或接受。

变革可能由干系人实施并对其产生影响。推动干系人变革是促进项目提供所需可交付物和预期成果的一部分。

在组织中推动变革可能充满挑战，这有多种原因，如有些人可能天生就抵制变革或厌恶风险，又如所处环境可能表现出保守的文化。有效的变革管理应采用激励型策略，而不是强制型策略。参与和双向沟通可营造出这样一种环境，即变革会得到采用和接受，或者从抵制变革的用户那里识别出一些需要解决的有效问题。

项目团队成员和项目经理可与有关干系人共同合作，解决抵制、疲劳和变革吸收的问题，以提高客户或项目可交付物接收者成功采纳或接受变革的可能性。这包括在项目早期沟通与变革相关的愿景和目的，以争取各方对变革的认同。在整个项目期间，应向组织内所有层级的人员说明变革的收益和对工作过程的影响。

同样重要的是，使变革的速度适应干系人和环境接受变革的意愿、成本和能力。如果试图在太短的时间内进行过多的变革，则可能会因变革饱和而受到抵制。即使干系人一致认为变革将产生更多价值或增强成果，他们往往难以采取能够交付更高收益的行动。为了促进收益实现，项目还可能会开展一些活动，以便在变革实施后使其得到强化，从而避免回到初始的状态。

认识并解决干系人在整个项目生命周期内接受变革的需要，有助于将由此产生的变革融入项目工作，以促进项目团队成功取得项目成果。

伴随一体化系统应用深度的持续提升，实现了集团层面统一的财务-业务一体化信息管理和协同，实现了"业务流、信息流、资金流、价值流"的四流合一。一体化系统在集团战略落地、企业管控、资源整合、集约化管理、一体化运营、产业链协同和决策支持等方面发挥了重要作用。一体化系统为组织目标引领变革主要表现在以下几个方面：

1）高效支撑机构改革。一体化项目对全集团各级次通用性业务进行规范和统一，保障集团公司重组整合等改革举措的高效落地。

2）进一步提升实施效率。一体化项目调整实施方法，创新项目管理措施，优化组织方式，使各单位能在 7 天内容完成系统上线，极大地提升了实施效率。

3）提升财务月结效率。一体化项目改变了过去"以表制表""以表汇表"的业务模式，实现全集团"一本账、一套表"。实现了集团 2300 余家单体单位，约 17 万份财务报表在统一平台出具。

4）夯实数字化转型基础。集团于 2022 年举办数字化转型创新创效大赛，传递数字化转型新理念，营造企业创新创效文化氛围，全面提升全员数据思维、数字化管理能力，加快推进"一网三平台"建设，助力集团数字化转型。

5）经营管理数据价值进一步体现。一体化系统汇聚了集团各级经营管理数据，基于这些数据的穿透式管理，实现了集团管理透明化，有力保障了集团各项业务的有序开展，有效支撑了集团总部"战略＋运营"的管控模式，助力集团智慧管理、运营协同。

# 第3章　数字化转型项目实施方法论

## 3.1　数字化转型项目实施方法论背景

近年来，云计算、大数据、人工智能、区块链、物联网等新兴技术蓬勃发展，数字技术已渗透到各个行业，促使全球技术要素和市场要素的配置方式发生巨大变化。

随着市场环境的不断变化，数字化产品、服务和解决方案呈指数级增长，人工智能等新的商业模式对创新和工作方式的驱动促使组织模式的转型，产生出新的项目工作和团队结构，如虚拟团队、网状团队、自组织的广泛应用等。

技术进步带动了各类组织在管理中的演进，数字化转型已经成为一种潮流与趋势。数字化技术对项目管理的影响是多角度、全方位的，并为项目管理赋予了丰富的新内涵。数字化时代也对项目管理良好实践提出了更高的要求，为此，组织需要创新项目实施方法论，实现对数字化转型项目的有效管理。

方法是获得成果、输出、结果或项目可交付物的方式。

方法论是由专业人员所采用的实践、技术、程序和规则所组成的体系。

"万物皆产品，万事皆项目"中的每个"物"都可以被理解为产品，每件"事"都可以被理解为项目。世间每种"事"都有自己的处理方法，放到工作层面，就可以理解为各类项目都有各类项目的项目实施方法，如工程类项目与研发类项目不同、瀑布类项目与敏捷类项目不同等。针对细分类别，不同行业采用不同的项目实施方法。

# 3.2 传统数字化项目实施方法论

企业经营管理系统的价值在于通过系统的计划和控制等功能，结合企业的流程优化，有效地配制各项资源，以加快对市场的响应，降低成本，提高效率和效益，从而提升企业的竞争力。企业经营管理系统是企业内部所有业务部门之间以及企业内外部合作伙伴之间交换和分享信息的系统。作为大型企业管理系统，企业经营管理系统的复杂性决定了其实施过程中的高风险性。传统的数字化项目实施方法论包括项目准备阶段、需求调研阶段、蓝图设计阶段、系统实现阶段、上线准备阶段、上线支持阶段。

## 3.2.1 项目准备阶段

该阶段主要目标：明确甲方（客户方）和乙方（实施方）的项目经理人选，组建双方实施小组；双方项目组成员清楚和理解项目实施的目标和方法；双方项目组共同拟订项目实施主计划，规划整个项目的实施进程；组织信息化建设相关知识和理念的培训；召开项目启动大会。

双方确认的成果：项目组织/通信录、工作任务书、项目章程、项目实施主计划/资源需求计划、项目预算计划、质量保证计划等。

该阶段里程碑：召开项目启动会。

### 3.2.2　需求调研阶段

该阶段主要目标：开展业务需求调研，针对用户要求和需要进行分析与整理；准确理解用户和项目的功能、性能、可靠性等具体要求，将用户需求表述转化为完整、清晰和规范的需求定义；进行方案差异化分析，准备需求分析报告。

双方确认的成果：调研访谈问卷、调研会议纪要、需求分析报告等。

该阶段里程碑：需求分析报告确认。

### 3.2.3　蓝图设计阶段

该阶段主要目标：让客户了解软件系统的功能、管理思想以及应用流程；了解客户业务和需求，分清主次；进一步界定细节需求边界；在业务调研的基础上确定现存的主要问题，分析问题原因，编制业务规划；评估产品需求匹配性，确定需求差异，进行特殊业务处理的二次开发准备；编写业务蓝图和解决方案。

双方确认的成果：业务蓝图和解决方案、个性化开发方案、系统编码方案、系统参数配置方案、接口方案。

该阶段里程碑：业务蓝图和解决方案确认。

### 3.2.4　系统实现阶段

该阶段主要目标：培训及知识转移；测试业务蓝图设计方案的可行性和有效性；将蓝图设计转换成为实际操作流程，进行解决方案的优化与验收。

双方确认的成果：系统测试计划/方案、培训总结报告、静态数据准备方案及表单、系统测试报告。

该阶段里程碑：系统测试报告确认。

### 3.2.5 上线准备阶段

该阶段主要目标：完成上线前的相关准备工作，保证动态数据按质按量完成；系统正式上线；完成新旧系统的替换工作；新系统可以处理企业的日常业务。

双方确认的成果：客户内部支持体系、系统权限配置方案、最终用户培训总结、用户标准操作手册、上线切换方案、上线申请、上线切换报告。

该阶段里程碑：上线切换报告确认。

### 3.2.6 上线支持阶段

该阶段主要目标：系统正式上线后的技术支持，保证客户可以正常使用系统进行日常业务处理；人员的有序撤离/更换，引入运维，保证服务的长期性；做好项目总结，完成项目的整体验收工作。

双方确认的成果：日常维护策略、用户系统管理制度、系统运行问题记录单、项目总结报告（质量报告）、系统验收报告、内部评审报告、项目交接记录单、项目维护合同。

该阶段里程碑：项目验收通过。

传统的数字化建设项目管理方法论存在的主要问题是：需求必须非常清楚，否则项目估算不准；技术必须成熟，否则无法保证质量；项目资源必须得到保障，否则无法保证项目工期；风险预判必须比较全面，否则计划操作性和指导性较差。此外，在传统的数字化项目管理中，还伴随着变更频繁、资源冲突、重复开发、文档不完整、成本超支、进度延误、返工不断等问题。

## 3.3　一体化项目实施方法论创新

按照国家能源集团信息化"六统一、大集中"的建设原则，借鉴国家能源集团前期系统建设经验，结合一体化项目目标，创新实施方法，采用"集中设计、统一标准、标准化实施"的方式开展项目工作，确保项目实施进度及质量。一体化项目实施方法创新分为5个阶段，即项目准备阶段、集中设计阶段、系统实现及部署阶段、上线准备阶段、上线支持阶段。

1）项目准备阶段。通过确定项目章程，制订项目主计划，分配项目资源，确保人员到位，并召开项目启动会，标志项目实施工作正式启动。

2）集中设计阶段。采取集中办公方式，按照各业务领域及涉及产业板块制定业务标准，涵盖数据标准、业务规范、管控流程、系统实现、接口标准等内容，经内外部专家、业务专家共同评审通过后正式发布，作为指导后续系统实现的基准。

3）系统实现及部署阶段。坚持标准化实施，严格按照集中设计阶段发布的业务标准进行系统固化，并通过组织集中性测试保障系统的可用性。选取各子/分公司业务骨干参与用户接受测试，通过集中式、封闭式培训培养本单位内部用户讲师，为系统后续上线提供支持。

4）上线准备阶段。最终用户培训及考试充分利用互联网等形式，各子/分公司业务专家作为用户讲师加强辅导，共同保障培训效果。上线切换数据收集按照子/分公司为单位组织收集、确认，各子/分公司业务专家负责本单位范围内所有数据收集工作，并通过信息化数据收集平台提交、审核及确认，保障收集进度和质量。

5）上线支持阶段。建立两层支持体系，保障业务顺畅开展，系统平稳运行。各子/分公司按照国家能源集团统建系统支持体系要求建立本单位的支持体系，负责本单位范围内用户及权限、问题变更、信息安全等管理工作，各单位业务专家作为现场支持关键力量。各中心组采取远程集中支持为主、巡回现场支持为辅的方式开展系统支持，接收和解决各子/分公司上报的问题，并及时总结共性需求及问题，进行系统持续优化。

综上所述，在项目准备阶段采用迭代方式做好项目计划，在集中设计阶段采用预测型生命周期建立系统设计基准，在系统实现及部署阶段采用增量方式分批、分业务领域实现系统功能，在上线准备阶段采用增量方式分批次培养业务专家，在上线支持阶段采用预测型生命周期。由此可见，数字化转型项目创新性地采用复合型生命周期开展项目的实施与管理。

# 第4章　数字化转型项目管理的八大绩效域

项目管理绩效域是所有影响项目绩效活动的集合。项目管理绩效域主要包括项目不确定性管理、项目干系人管理、项目团队管理、项目开发方法和项目生命周期管理、项目规划管理、项目工作管理、项目测量管理以及项目交付管理。

项目管理绩效域以项目价值交付为出发点，重点关注项目交付成果、项目团队、相关方以及三者之间的关系和影响，同时考虑影响项目规划、交付、项目绩效度量及其他项目工作的因素，即为实现项目目标，需要着眼于八大绩效域管理。项目管理绩效域作为一个结构化框架，在整个项目生命周期中相互依存、相互重叠、相互影响，为项目决策提供支撑。在项目管理原则指导下，应充分发挥项目团队创造力和内驱力，创造项目绩效价值。

数字化转型项目管理绩效域可分为环境管理域、人员管理域和过程管理域三大类。

1）环境管理域。项目是在内外部环境中开展工作的，项目管理者需要充分了解项目的实施和运行环境，识别、评估不确定性。因此，排在八大绩效之首的是不确定性绩效域。

2）人员管理域。项目管理者需要充分识别项目为谁而做，由谁来做，谁将影响项目目标，项目成果将影响谁。因此，需考虑干系人绩效域和团队绩效域。做事先做人，管事先理人。

3）过程管理域。项目管理的启动、规划、执行、监控、收尾五大过程组对应的绩效域分别是开发方法绩效域、规划绩效域、项目工作绩效域、测量绩效域、交付绩效域。

# 4.1 数字化转型项目不确定性绩效域

不确定性是一种不可知或不可预测的状态。

不确定性绩效域涉及与风险和不确定性相关的活动和功能。

项目存在于具有不同程度不确定性的环境中。不确定性表现为威胁和机会，项目团队可以探索、评估并决定如何处理威胁和机会。具体而言，不确定性绩效域主要包括了解项目运行环境、积极探索和应对不确定性、了解项目中多个变量之间的相互依赖性、能够预测威胁和机会并了解问题的后果、减少项目交付受不可预见事件或情况的负面影响、利用机会改进项目的绩效和成果、有效利用成本和进度储备，从而与项目目标保持一致。

## 4.1.1 不确定性绩效域

项目之所以难以管理，是因为项目本身及其所处的环境具有各种不确定性和模糊性。这种不确定和模糊性可以用"VUCA"来概括，即：

1）易变性（Volatility）。发生快速且不可预测的变化的可能性。

2）不确定性（Uncertainty）。缺乏对问题、事件、要遵循的路径或要追求的解决方案的理解和认识。

3）复杂性（Complexity）。由于人类行为、系统行为和模糊性而难以管理的项目集、项目或其环境的特征。

4）模糊性（Ambiguity）。不清晰的状态、难以识别事件的起因或有多个可做选择的选项。

有效地驾驭易变性、不确定性、复杂性和模糊性可提高对形势的预测、做出明智决策、规划和解决问题的能力。

在一体化项目中，以交付目标为导向，在项目规划阶段明确了问题风险管理规范，利用问题风险管理平台进行线上管理，实现闭环管理。同时，对于项目面临的机会与威胁，利用专家判断、头脑风暴等方法进行识别，并制订应对方案。在项目实施过程中，对于不确定性、模糊性、复杂性的机会与威胁，采用渐进明细的方法，通过迭代的方式优化与完善应对方案。

## 1. 易变性

易变性存在于不可预测的变化的环境中。近年来，云计算、大数据、人工智能、区块链、物联网、移动互联等新技术蓬勃发展，可用的技术组合持续变动，由此产生易变性。易变性通常会影响项目成本和进度。备选方案分析和成本或进度储备可解决易变性问题。

1）备选方案分析。确定评估不同选项时需要考虑的变量，并明确每个变量的权重。

2）成本或进度储备。可以采用成本储备应对预算超支，也可以采用进度储备应对资源波动而造成的延迟。

## 2. 不确定性

广义的不确定性是一种不可知或不可预测的状态。不确定性有许多细微差别，例如：与不可知未来事件相关的风险；与不了解当前或未来状况相关的模糊性；与具有不可预测结果的动态系统相关的复杂性。

成功驾驭不确定性首先要了解项目运行的大环境。造成项目不确定性的环境因素主要包括：

1）经济因素。如价格波动、资源可用性、通货膨胀/通货紧缩。

2）技术因素。如新技术、与系统相关的复杂性等。

3）环境因素。与安全、天气、工作条件相关的物理环境；与当前或未来条件相关的模糊性；组织外部或内部的政治影响。

不确定性绩效域主要关注问题和风险管理，强调机会的把握与威胁的应对。应对不确定性的方案主要包括：

1）收集信息。通过研究、争取专家参与或进行市场分析的方式收集和分析不确定性信息，以减少不确定性。

2）为多种结果做好准备。不确定性因素影响可能导致多种结果。对于存在大量潜在结果的情况，项目团队需要对潜在原因进行分类和评估，确定最可能的潜在结果并制订解决方案。

3）基于整合的设计。在项目早期研究多种设计或备选方案，以减少不确定性。这需要项目团队考虑权衡因素，如进度与成本、质量与成本、风险与进度、进度与质量等。通过权衡各种选项，项目团队才能从各种备选方案中有所收获。

4）增加韧性。韧性既适用于项目团队成员，也适用于组织过程。例如，在项目实施过程中，由于变更需要使用新产品或新技术，项目团队和组织应能够快速学习、适应并应对。

### 3. 复杂性

复杂性是人类行为、系统行为和模糊性难以管理而导致的项目或其环境所具有的特征。当许多相互关联的影响以不同方式表现并相互作用时，就会产生复杂性。在复杂的环境中，单个要素的累积最终导致无法预见或意外的结果，这种情况并不少见。复杂性可能导致人们无法准确预测任何潜在结果，甚至无法知道可能会出现什么样的结果。

处理复杂性可以采用基于系统、重新构建、基于过程等多种方法。

1）基于系统。例如：解耦方法，简化并减少系统之间的关联，确定其中一部分工作状况以聚焦风险问题；模拟方法，寻找类似情景获得所需要的信息。

2）重新构建。例如：多样性方法，从不同角度分析复杂系统，如头脑风暴法、德尔菲法；平衡方法，从多角度、多方位获取数据类型并分析。

3）基于过程。例如：采用迭代的方式构建过程；创造机会争取干系人参与，降低干系人对项目的影响；故障保护，针对关键要素增加冗余，以降低风险损失。

### 4. 模糊性

模糊性有两类：概念模糊性和情境模糊性。当人们以不同的方式使用类似的术语或论点时，就会出现概念模糊性，即缺乏有效的理解。例如，对于何谓"处于正轨"，不同的人可能有不同的理解。关心进度的人可能认为是进度处于正轨，关心成本的人则认为是成本可控，也可能是这两方面的因素或更多的要素包含其中。对于类似问题只有通过正式确立共同的规则并定义术语才能减少模糊性。

当可能出现多个结果时，就会出现情境模糊性。一个问题有多个类似选项是情境模糊性的典型形式。

模糊性的解决方案包括渐进明细、实验和原型法。

1）渐进明细。随着信息越来越多、估算越来越准确，能够不断提高项目管理计划的详细程度。

2）实验。实验有助于识别因果关系，或者至少可以减少模糊性问题的数量。

3）原型法。可以测试出不同解决方案所产生的不同结果。

## 4.1.2 一体化项目风险

所有项目必然存在不确定性。因此，任何活动的影响都无法准确预测，且可能产生一系列的结果。对项目目标有益的潜在结果称为机会；对项目目标产生负面影响的潜在结果称为威胁。这些机会和威胁共同构成了项目风险。

风险是不确定性的一个方面。项目风险管理包括风险规划、风险识别、风险评估和风险应对。

数字化项目管理是一项系统工程，不仅需要一定的组织、决策、沟通、业务、技术能力，而且需要运用多种手段对项目的范围、时间、成本、质量和风险进行严格控制。通过风险控制，减少项目实施过程中的不确定性因素，提高信息化项目实施的成功率。

一体化项目风险管理可以用"建章立制，严密跟踪" 8 个字概括。首先，在项目启动之初，制定《国家能源集团一体化集中管控系统建设项目实施管理办法》（以下简称《实施管理办法》），规划项目风险管理机制，包括设定各层级组织单位的风险责任人、指定问题风险上报平台、明确问题风险的上报与跟踪机制等内容；其次，在项目实施过程中，严格按照《实施管理办法》开展规范化管理，针对不同风险评估风险等级，确定应对措施，把风险发生概率降到最低。

### 1. 风险管理原则

一体化项目风险管理遵循以下三项原则。

（1）分级分类管理

项目推进小组负责管理项目重大风险，项目总协调、项目管理办公室负责项目风险整体把控和具体管理，项目管理办公室计划质量组负责项目风险收集、上报、监控和跟踪。

（2）各中心组与现场项目组相结合

中心组组长、各现场项目经理、项目管理办公室及项目组成员都把项目风险管理作为主要责任。

（3）可知、可控、可承受

中心组组长、各现场项目经理、项目管理办公室对项目风险进行事前预测，做到风险可知，通过分析、评估并制定切实可行的风险管理策略和措施加以防范控制，将风险影响降至可承受范围。

### 2. 组织与职责

1）项目推进小组对重大风险事项进行决策。

2）项目总协调负责召集项目会议，听取各中心组以及实施单位项目汇报并进行指导。

3）项目管理办公室下设计划质量组，设置问题风险专员，负责收集汇总项目各类问题与风险，并跟踪问题风险解决情况。

4）各中心组负责本业务领域实施过程中问题和风险的收集、上报、分析和解决。

5）各子/分公司现场项目组定期召开本单位项目例会，听取汇报，负责本单位项目问题和风险的跟踪和解决。

### 3. 风险过程管理

一体化项目制定了"多种渠道全面收集、及时沟通协同处置、由下至上逐级解决"的总体原则，用以收集和处理项目实施过程中的各种问题及风险。

对于单业务领域问题，各实施单位专业组上报国家能源集团对应项目中心组解决；对于跨业务领域问题，各实施单位项目管理办公室上报国家能源集团项目管理办公室解决；对于未能解决的问题，应逐级上报、沟通协调、决策直至解决关闭。

项目实施过程中的各类问题与风险，通过国家能源集团问题风险报送平台进行集中管理，由各级风险管理提出人在平台中录入风险问题。项目管理办公室计划质量组问题风险专员负责项目问题风险汇总并跟踪验证，通过各类会议确定风险应对方案、风险责任人并执行风险应对策略。同时，对风险应对效果进行确认和反馈，并在系统中跟踪执行结果，直至问题与风险关闭或消除。

项目管理办公室、各中心组采取定期阶段性检查、不定期抽查、现场督导等措施对各实施单位问题风险进行监督与检查，确保项目问题与风险得到解决。各现场实施单位结合自身情况，开展对下属基层单位的监督与跟踪，保证项目执行无偏差。

### 4. 风险管理流程

（1）问题和风险识别

针对一体化项目实施过程中的各类问题和风险，通过不同的渠道进行识别与报送，主要包括：

1）业务类问题风险识别由各子/分公司项目组专业组组长负责。

2）技术类问题风险识别由各子/分公司项目组技术组组长负责。

3）各子/分公司项目管理类问题风险识别由各子/分公司项目组项目管理办公室负责。

4）跨业务问题风险识别由各中心组、各子/分公司项目组按照一体化项目《实施管理办法》进行规范，同时采取闭环方式进行记录和跟踪。

（2）问题和风险跟踪

各中心组对接人在一体化项目问题和风险上报平台进行上报，每天更新项目问题风险跟踪表,并于每周四中午 12 点前在项目文档管理库更新项目问题风险跟踪表。系统自动发送邮件至项目管理办公室审核人,审核人对问题或风险有效性进行确认。确认后的问题或风险视为有效。一体化项目问题和风险上报平台界面如图 4-1 所示。

图 4-1　一体化项目问题和风险上报平台界面(截图)

(3)问题和风险评估

首先,项目管理办公室问题风险专员对问题与风险进行初步评估,并对风险进行分类;其次,问题风险专员组织各中心组组长、现场项目经理按照极高、高、中、低 4 个风险级别评估风险等级;最后,问题风险专员组织各中心组组长、项目经理评估风险发生概率。风险发生概率分为极高、高、中、较低、低 5 个级别。通过对项目风险等级和发生概率的评估,生成项目风险评估矩阵,以确定项目风险应对方案。一体化项目风险评估矩阵如图 4-2 所示。

对于单一业务领域问题风险,各业务中心组负责评估,并与提出问题的子/分公司进行沟通协调,必要时由中心组组织专题会议,形成问题风险应

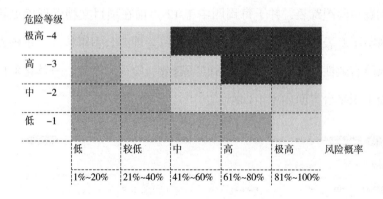

图 4-2　一体化项目风险评估矩阵

对策略与方案，并报中心组长审批执行。

对于技术问题风险，技术中心组负责评估，并与提出问题的子/分公司进行沟通协调，必要时由技术中心组组织专题会议，形成问题风险应对策略与方案，并报技术组长审批执行。

对于跨业务领域问题风险，项目管理办公室负责评估，并与相应中心组、子/分公司项目组协调沟通，必要时由项目管理办公室组织专题会议，形成风险应对策略与方案，并报项目总协调审批执行。

（4）问题与风险报告

在项目风险管理的整个生命周期中，项目管理团队与项目外部利益相关方之间建立及时、有效的沟通机制至关重要。常见的沟通方式包括但不限于定期的风险管理会议、定期更新的风险状态邮件、关键利益相关方的汇报和沟通等。

（5）问题和风险跟踪

项目管理办公室计划质量组通过一体化项目问题和风险上报平台跟踪问题和风险的解决过程及结果，系统自动发送邮件给项目管理办公室审核人，审核人对问题和风险进行关闭或驳回继续跟踪处理。一体化项目问题和风险跟踪系统界面如图 4-3 所示。

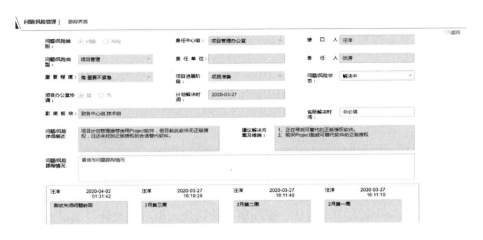

图 4-3 一体化项目问题和风险跟踪系统界面（截图）

（6）问题和风险公示

计划质量组对项目问题和风险进行跟踪，将问题和风险分级汇总报送至项目管理办公室。项目管理办公室在项目例会公示问题和风险处理结果。

（7）问题和风险考核

针对子/分公司的问题和风险，通过建立考核指标的方式保证问题和风险得到及时解决。

## 4.2 数字化转型项目干系人绩效域

人是项目管理中的核心要素。

干系人是指可能影响项目决策、活动或结果的个人、群体或组织，以及会受或自认为会受项目决策、活动或结果影响的个人、群体或组织。

项目干系人可能是来自项目内部的组织或个人，也可能是来自项目外部与项目相关联的组织或个人；可能是主动参与项目，也可能是被动参与项目，甚至可能是完全不了解项目的组织或个人。干系人对项目的影响可能是积极的，也可能是消极的，且对项目的影响程度存在差异。有些干系人影响项目工作或成果的能力有限，而有些干系人可能对项目及成果有重大影响。因此，在整个项目期间积极识别干系人的需求及期望，与干系人建立有效的工作关系，合理引导干系人参与至关重要。

一体化项目作为大型数字化转型项目，项目结构复杂，干系人众多，且干系人对项目具有较高期望。因此，一体化项目推进小组明确提出，企业数字化转型是一个过程，不可能一蹴而就。特别是大型数字化转型项目，应经历从实施、应用、改进深化到逐步完善的过程。上述观点最大限度地消除了多数项目干系人对数字化转型建设"毕其功于一役"的认知误差，有效降低了干系人的期望。

## 4.2.1　干系人识别

有效的干系人管理始于干系人识别。项目团队组建之初，就应开始识别组织内外部干系人，分析和记录干系人的利益、参与度、相互依赖性、影响力以及对项目成功的潜在影响。干系人识别的主要作用是使项目团队能够建立对每个干系人或干系人群体的适度关注。

随着组织内外部环境的变化，以及在项目的不同阶段，项目干系人发生的阶段性变化，识别干系人和引导干系人参与是一个持续迭代优化的过程，需要根据项目环境动态开展干系人识别、优先级排序等活动。

在一体化项目建设过程中，项目团队通过以下方法动态识别项目干系人，形成包括干系人身份信息、评估信息，以及分类信息等内容的干系人登记册。

1）专家判断。项目团队调研了国家能源集团各业务领域管理部门的领导及业务专家，借助专家的力量识别出项目干系人，并编制干系人登记册。

2）数据收集。项目管理办公室组织协调各子/分公司完善一体化项目建设组织机构，明确子/分公司的一体化项目负责人，收集分析项目干系人信息，维护干系人登记册。

3）数据分析。项目团队组织分析干系人信息，明确各干系人在组织内的位置、在项目中的角色、与项目的利害关系、对项目的期望和态度等，不断完善干系人登记册。

4）会议。项目组通过会议、头脑风暴等方式不断识别新的干系人，分析现有干系人的期望及影响，更新干系人登记册。

一体化项目实施范围涉及国家能源集团所属 1393 家单位，实施团队总人数峰值达 4000 余人。根据干系人识别方法，识别出一体化项目的主要干系人包括但不限于项目推进小组、项目管理办公室、项目实施团队、业务专家团队、内训师团队、各子/分公司支持小组、最终用户等。项目团队通过整理和分析干系人信息，结合干系人的需求和能力，正确引导并争取干系人协作，共同完成各项目阶段的工作内容。

一体化项目启动后不久，受新冠疫情影响远程办公和沟通对干系人识别与管理工作带来极大挑战。在项目建设过程中，国家能源集团组织架构出现较大调整，多个专业的产业营运管理中心按照板块整合成为产业管理部，使得项目重要干系人发生重大变化和调整，需要对干系人重新进行优先级排序，导致平衡相关方需求及降低干系人期望等工作难度加大。因此，一体化项目在启动初期就梳理并识别了主要干系人，并在项目实施过程中基于变化进行动态梳理更新，对干系人按照优先级进行排序，明确干系人参与项目的重要程度，分析干系人关注的项目收益。在项目实施过程中，通过视频交流、征求意见、面对面沟通等方式了解干系人诉求。采用召开动员会、督办会、推进会等措施，消除抵触情绪，统一思想，达成共识，争取干系人的认同与支持。

### 4.2.2 干系人分类

根据干系人对项目工作或项目团队的影响方向，干系人分为向上、向下、向外、横向 4 个维度。向上的干系人包括项目发起人、项目指导委员会、高层管理者、客户组织等；向下的干系人包括项目团队、为项目提供指导的专家顾问等；向外的干系人是指项目团队以外的干系人，如供应商、政府部门、公众、监管部门等；横向的干系人是指与项目经理同级别的人员，如其他项目的项目经理、职能经理等，他们与项目经理存在竞争组织稀缺资源或与项目经理合作共享组织资源和信息的关系。

在一体化项目实施过程中，项目成员大部分来自国家能源集团。为便于管理，项目团队将干系人分为内部（横向）和外部（向外）两大类。一体化项目内部和外部干系人分类见表4-1。

表4-1　一体化项目内部和外部干系人分类

| 干系人分类 | 党支部、党小组 | 项目发起人 | 项目推进小组 | 项目管理办公室 | 项目中心组 | 集团业务部门 | 子/分公司项目负责人 | 内训师团队 | 最终用户 | SAP保障服务团队 | 其他厂商 | 其他项目组 |
|---|---|---|---|---|---|---|---|---|---|---|---|---|
| 内部 | √ | √ | √ | √ | √ | √ | √ | √ | √ | | | |
| 外部 | | | | | | | | | | √ | √ | √ |

#### 1. 内部干系人

（1）党支部、党小组

一体化项目启动后，第一时间成立了项目临时党支部和6个中心组的党小组，实现了项目建设全领域党建工作全覆盖。在项目建设过程中，用党建引领建设、用宣传创造价值、用文化凝聚人心，实现了党建工作与项目建设深度融合。

（2）项目发起人

国家能源集团党组以国家能源集团决策、管控以及业务经营管理需求为出发点，进一步深化人力资源、财务、物资、燃料及销售、设备和项目等核心业务的集中管控，强化智慧企业建设，推进集团一体化集中管控系统建设，实现业务互连、数据互通、数据共享，形成国家能源集团统一的信息化工作平台，为国家能源集团发展提供更为有力支撑。因此，国家能源集团公司党组是一体化项目的直接发起人。

（3）项目推进小组

项目推进小组是一体化项目的最高决策机构，组长由国家能源集团时任党组副书记、总经理担任，成员由国家能源集团总部部门主要负责人担任。项目推进小组负责贯彻执行国家能源集团党组对项目的相关指示和要求，对项目整体进行把控，对项目重大事项进行决策，总体负责项目推进。

（4）项目管理办公室

项目管理办公室是项目日常管理机构，负责辅助项目推进小组和项目总协调人执行项目日常管理工作，下设 5 个小组，分别是党建宣传组、统筹协调组、计划质量组、培训竞赛组、方案专家组，成员由国家能源集团总部部门、子/分公司、实施方组成。各项目中心组必须在项目管理办公室的统一领导下开展工作。

（5）项目中心组

项目中心组接受项目管理办公室的日常管理，由国家能源集团业务部门、业务专家成员、一体化项目实施团队组成。项目中心组成员既影响项目实施，又受项目影响。一体化项目下设人资中心组、财务中心组、煤炭中心组、电力中心组（包含火电、水电、新能源三个专业组）、物资中心组、技术中心组。

（6）**集团业务部门**

国家能源集团业务部门是一体化项目的客户方代表，负责项目的实施目标和建设标准，以及全过程的监督、协调、验收。随着国家能源集团组织结构调整，项目所对应的国家能源集团业务部门关联方也随之改变。

（7）**子/分公司项目负责人**

一体化项目实施范围涉及 80 家子/分公司和 1393 家实施单位，通过建立子/分公司项目负责人机制，贯彻落实项目管理办公室的实施要求，执行项目相关的重大决策，协调本单位的重要资源，把控本单位的项目进度和质量。

（8）**内训师团队**

为加强一体化项目人才队伍建设，保证系统长期稳定运行，在系统建设阶段及运维阶段发掘人才、培养人才、储备人才，建立了一支业务精通、技术过硬的复合型专家人才队伍。内训师在实施顾问和最终用户之间发挥了承上启下的作用，保证了一体化项目建设成果得以传承和发展。

（9）**最终用户**

最终用户是一体化管控系统在所属单位各业务专业岗位的直接应用者，最终用户接受内训师团队的培训。

**2. 外部干系人**

（1）**SAP 保障服务团队**

为保证一体化项目按时上线，妥善处理潜在的问题和风险，一体化项目购买了 SAP 套装软件与保驾护航服务包，与 SAP 团队紧密合作。SAP 团队可以随时提供配套的保障服务，确保 SAP 套装软件项目的顺利实施并投入生产，从而为一体化项目团队或合作伙伴团队提供支持。

（2）其他厂商（远程会议软件服务商、云平台服务商）

在新冠疫情防控期间，各中心组适时启用了远程办公方式。项目组通过钉钉、WeLink、腾讯会议、会畅云视、小鱼易连等多种方式打通多终端、多地域、多场景参会入口，保证线上沟通不受地理、时间、空间、设备所限。其他厂商与一体化项目之间属于服务与被服务的关系，同时各厂商之间存在竞争关系，因此，一体化项目需要借助外部厂商的平台或软件提高自身工作能力，同时利用好各厂商之间的竞争关系获取最优的成本收益。

（3）其他项目组（智能化系统项目组、基石系统项目组）

一体化项目涉及电厂级燃料智能化系统、基石系统等多个外围统建系统和非统建系统的交互设计，各外围系统的相关集成工作由对应项目组与一体化项目组协作完成，受相应的业务管理部门或子/分公司协调。外围系统项目组和一体化项目组互相影响，双方进度受彼此项目进度影响，在一定程度上是利益共同体。

### 4.2.3　干系人评估

干系人对项目的期望及目标包括多个方面，既有对项目成果特性的要求，又有情感等方面的要求。简单说来，干系人的期望可以分为三类：一类是"Musts"，这一特性决定如果无法达成期望值，就不能满足其基本需要；第二类是"Wants"，即干系人希望获得能够丰富其需要的结果；第三类是"Nice-to-haves"，即对干系人而言，使其满意的结果多多益善。

从理性上看，这三类需求对干系人的重要性是递减的。然而，在项目的生命周期中，干系人表达这些需求的频率却常常是递增的，这往往导致项目范围蔓延、项目变更、项目冲突甚至项目失败。因此，一旦识别出干系人，项目团队就应努力了解干系人的情感、情绪、信念和价值观，因为这些因素可能会导致项目成果面临更多机会或威胁。

在干系人评估分析中，项目团队通常会聚焦于权力和利益最大的干系人。随着项目的推进，项目团队需要根据干系人或干系人环境变化重新进行评估分析。评估分析因素通常包含干系人在组织中的位置、在项目中的角色、与项目的利害关系、期望、目标、态度（对项目的支持程度），以及对项目信息的兴趣等因素的组合。同时，项目团队也可采用文件分析方法，通过评估现有项目文件或以往项目经验教训评估干系人对项目的影响。

为有效管理项目干系人，项目团队应建立干系人评估分析模型对干系人进行分析。一体化项目干系人分析侧重于需求、期望和利益分析。在项目干系人管理中，干系人需求、期望和利益分析往往不是孤立的，通常与干系人参与项目的程度和干系人的权力、影响交织在一起，所以有必要对项目干系人进行整合分析，从参与度、权力/影响两个维度按高、中、低三个等级分别对干系人需求、期望和利益关系进行评估，并用以下形式展示项目干系人整合分析结果。一体化项目干系人评估结果见表4-2。

表4-2　一体化项目干系人评估结果

| 干系人 | 需求、期望和利益 | 参与度 | 权力/影响 |
|---|---|---|---|
| 党支部、党小组 | 将党建工作融入项目工作，引领项目中的党员发挥先锋模范作用<br>强化宣传队伍，开展对标宣传，强化使命荣誉 | 高 | 高 |
| 项目发起人 | 建设一体化集中管控系统，实现核心业务集中、集成<br>打造国家能源集团新核心竞争力 | 高 | 高 |

（续）

| 干系人 | 需求、期望和利益 | 参与度 | 权力/影响 |
|---|---|---|---|
| 项目推进小组 | 确保贯彻执行国家能源集团党组对一体化项目的相关指示和要求<br>在既定的建设目标、发展方向及规划下，项目的范围、进度、费用能够稳步、有序管控 | 高 | 高 |
| 项目管理办公室 | 搭建项目推进小组与各中心组之间沟通协调的桥梁<br>确保一体化项目实施计划及各项工作顺利开展<br>与项目临时党支部一起将党的建设与项目推进紧密结合，凝聚共识、引领项目 | 高 | 低 |
| 项目中心组 | 需遵循集团信息化规划和项目管理办公室的指导要求，完成本业务领域不同实施阶段的实施工作，保证交付质量<br>能不同程度地满足内外部其他重要干系人的要求，获取其他干系人的支持 | 中 | 高 |
| 集团业务部门 | 通过建设一体化项目，带来业务管理能力的提升 | 中 | 低 |
| 子/分公司项目责任人 | 落实项目管理办公室实施要求，总体负责协调本单位资源，把控本单位项目进度和质量，配合完成项目实施各阶段交付物的编制<br>借助一体化项目，带来业务管理能力的提升，同时结合本单位的业务向集团业务部门反馈新的需求 | 中 | 中 |
| 内训师团队 | 接收并传递项目成果<br>在项目结束后持续作为运维支持的补充力量 | 中 | 低 |
| 最终用户 | 期望一体化项目成果能够带来新的生产力工具，以提高信息化处理效率，减少人员工作量 | 中 | 低 |

（续）

| 干系人 | 需求、期望和利益 | 参与度 | 权力/影响 |
|---|---|---|---|
| SAP 保障服务团队 | 寻求进一步的合作机会，同时为项目运行保驾护航 | 低 | 低 |
| 其他厂商 | 在不同阶段，为项目组无偿、有偿或以组合形式提供考勤、会议、培训等服务，助力一体化项目实施过程中提高效率和降低成本 | 低 | 低 |
| 其他项目组 | 在一体化项目建设的同时，与部分外围系统的建设项目组相互影响，或彼此希望借助对方项目的现有建设成果，或存在竞争关系，在实施过程中需要把控双方的利益交叉和冲突，谋求合作共赢 | 低 | 低 |

　　平衡项目干系人需求及预期，依赖于干系人优先级排序及需求和预期与项目建设目标的契合度。在复杂的干系人结构下，为了最大限度地达成项目建设目标，一体化项目团队在干系人评估分析模型的基础上，以干系人的需求、期望及目标与一体化项目建设目标契合度为导向，结合干系人的需求、期望及目标，干系人的项目角色，干系人对项目的影响，干系人对项目的态度4个因素综合进行评估。每项评分满分为10分，评估权重分别为：干系人的需求、期望及目标权重为35%；干系人的项目角色权重为25%；干系人对项目的影响权重为25%；干系人对项目的态度权重为15%。项目团队对干系人的各个因素进行评分，按照权重进行汇总后确定一体化项目干系人优先级排序。一体化项目干系人优先级排序见表4-3。

表4-3　一体化项目干系人优先级排序

| 干系人 | 需求、期望及目标评分（35%） | 项目角色评分（25%） | 对项目的影响评分（25%） | 对项目的态度评分（15%） | 最终评分 |
|---|---|---|---|---|---|
| 项目发起人 | 10 | 10 | 10 | 10 | 10 |

（续）

| 干系人 | 需求、期望及目标评分（35%） | 项目角色评分（25%） | 对项目的影响评分（25%） | 对项目的态度评分（15%） | 最终评分 |
|---|---|---|---|---|---|
| 项目管理办公室 | 10 | 10 | 10 | 10 | 10 |
| 党支部、党小组 | 10 | 10 | 10 | 10 | 10 |
| 集团业务部门 | 10 | 8 | 8 | 8 | 8.7 |
| 项目中心组 | 8 | 7 | 8 | 10 | 8.05 |
| 项目推进小组 | 8 | 6 | 7 | 9 | 7.4 |
| 内训师团队 | 9 | 4 | 8 | 7 | 7.2 |
| 最终用户 | 7 | 5 | 5 | 7 | 6 |
| 子/分公司项目负责人 | 6 | 5 | 5 | 7 | 5.65 |
| SAP 保障服务团队 | 7 | 5 | 4 | 5 | 5.45 |
| 其他项目组 | 6 | 4 | 4 | 4 | 4.7 |
| 其他厂商 | 5 | 5 | 4 | 4 | 4.6 |

### 4.2.4　干系人管理策略

项目价值源于干系人需求，终于干系人满意。

干系人管理策略就是要争取积极干系人的支持和参与，并通过积极干系人影响消极干系人，最终将积极干系人参与效果最大化，将消极干系人影响最小化。在实现项目目标的同时，提升干系人满意度。

有效的干系人管理应根据干系人的需求、期望、利益和对项目的潜在影响，制定干系人管理策略，提供与干系人进行有效互动的可行计划，让每个干系人积极参与项目，创建并维护项目团队和干系人之间的关系。

（1）制订干系人管理计划

干系人管理计划是项目管理计划的组成部分，目的在于有效调动干系人参与积极性。为满足项目干系人多样化的信息需求，项目团队应在识别干系人的初期即制订有效的干系人管理计划，并随干系人的变化定期审查和更新。

干系人管理计划除包含干系人登记册中的信息，还应明确说明干系人变更的范围和对项目的影响；干系人之间的相互关系和潜在影响；项目现阶段干系人的沟通需求和沟通方式；干系人所需信息的内容、详细程度、分发时限和频率，以及分发信息可能对干系人参与产生的影响等。

项目团队制订干系人参与计划时，可以通过审核项目管理计划和项目文件管理干系人参与，如依据项目章程中确定的项目目的、目标等信息规划如何引导干系人参与。通过审查项目管理计划，了解项目的生命周期、项目工作如何开展、项目资源需求如何得到满足、项目如何进行监控等，这将有助于明确与干系人沟通的信息。审核干系人登记册，了解与干系人沟通所需要的信息。借鉴以往项目经验和历史数据，了解类似项目干系人参与计划及其有效性。在这一过程中，可以使用专家判断工具决定干系人在项目阶段所需参与的程度，使用干系人参与度评估矩阵对干系人的参与程度进行分类，最终形成干系人管理计划。

（2）建立干系人参与度评估矩阵

干系人参与度评估矩阵用于比较干系人当前参与水平与期望参与水平，可对干系人参与水平进行分类。通常将干系人参与度分为5级：

1）不知晓。干系人不清楚项目，也不清楚项目存在的潜在影响。

2）抵制。干系人清楚项目及其存在的潜在影响，但抵制项目工作或结果可能引发的任何变化。

3）中立。干系人对项目及其影响持中立态度，既不支持，也不反对。

4）支持。干系人知晓项目及其影响，支持项目工作及其结果。

5）领导。干系人知晓项目及其影响，积极致力于保证项目成功。

干系人参与度评估矩阵以字母 C 代表干系人当前参与水平，以字母 D 代表项目团队评估的参与水平，即为确保项目成功而必不可少的参与水平（期望的）。

基于一体化项目过程中识别出的项目干系人，建立干系人参与度评估矩阵，有助于项目团队清楚地了解干系人对项目支持的状态。一体化项目干系人参与度评估矩阵见表 4-4。

**表 4-4　一体化项目干系人参与度评估矩阵**

| 干系人 | 内/外部 | 不知晓 | 抵制 | 中立 | 支持 | 领导 |
|---|---|---|---|---|---|---|
| 党支部、党小组 | 内部 | | | | C、D | |
| 项目发起人 | 内部 | | | | | C、D |
| 项目推进小组 | 内部 | | | | | C、D |
| 项目管理办公室 | 内部 | | | | | C、D |
| 项目中心组 | 内部 | | | | C、D | |
| 集团业务部门 | 内部 | | | | C、D | |
| 子/分公司项目负责人 | 内部 | | | C | D | |
| 内训师团队 | 内部 | C | | D | | |
| 最终用户 | 内部 | C | | D | | |
| SAP 保障服务团队 | 外部 | | | | C、D | |
| 其他厂商 | 外部 | | | C | D | |
| 其他项目组 | 内部 | | | C | D | |

由表 4-4 可见，内部干系人的当前参与水平与期望参与水平基本保持一致，而外部干系人的实际参与水平略有不足，需要在项目实施过程中根据每个干系人当前参与水平与期望参与水平的差距开展必要的沟通，有效引导干系人参与项目，弥补当前参与水平与期望参与水平的差距。

（3）实施干系人管理策略

一个项目成功与否，取决于关键干系人的支持程度。项目经理在项目开始阶段需要投入相当的精力与关键的干系人沟通，了解关键干系人的想法，并争取更多的资源支持。在一体化项目中，国家能源集团通过会议集体决策，以文件形式指导各子/分公司成立一体化项目工作组，明确职责，定期汇报，保证项目实施落实到底。具体的干系人管理策略如下：

1）针对重要干系人采用令其满意策略。主动加强与重要干系人的关系维护和非工作、非正式沟通；遇到项目决策事宜，尽可能事前先征求关键干系人意见，以便获得关键干系人的支持或中立。

2）针对分管领导采用定期汇报策略。除了每周/每月定期提供项目绩效报告，还每两天以信息形式单独汇报项目绩效情况；如果出现变更、问题解决或外部环境变化影响，将第一时间向分管领导汇报；与分管领导身边的工作人员保持良好关系，以便充分利用分管领导的时间，进而争取分管领导对项目工作的参与、支持和指导。

3）针对项目实施人员采用及时沟通策略。针对实施人员的干系人管理策略主要是加强非正式沟通的频率，如每周茶歇、午餐会、团队建设活动，以及现场慰问探望等；除了加大沟通频率，还应发挥人文关怀作用，从而极大调动实施人员的工作积极性，有效排除实施人员面临的障碍，确保项目实施效率和效果。

4）针对其他配合部门采用日常关注策略。由于一体化项目成员来自全国各地，办公地点也是分布在多个城市，在疫情影响下，虚拟办公成为常态。为了促进部门的协同、配合和支持，针对其他部门配合人员的管理策略包括：在特定时间点（生日、结婚、生子等），项目组发送祝福信息、贺卡给相关部门的配合人员；在项目阶段结束或配合工作完成时，项目组为配合人员寄送感谢信。这种管理策略获得了广大配合人员的赞誉和认同，从原来的被动配合慢慢转变为口碑式的主动协同，从外部驱动转变为配合人员的内驱合作。

# 4.3　数字化转型项目团队绩效域

团队绩效域管理涉及项目团队成员为实现项目目标、达成业务成果所做的努力。团队绩效域管理需要创建项目团队文化和环境，使团队成员能够转变为高绩效的项目团队，其职责包括识别促进项目团队发展所需的活动，并鼓励所有项目团队成员实施领导力行为。

## 4.3.1　项目团队管理

项目团队由承担特定角色和职责的个人组成，为实现共同目标而努力。因此，项目经理应组织相关干系人评估团队技能、评估资源需求，并在维护项目团队方面投入适当精力。

### 1. 评估团队技能

评估团队技能有助于全面识别团队优缺点，评估改进机会，沟通成员相互间的信息。评估团队技能应根据项目范围基准和项目活动，定义相应团队角色职责，评估团队所需技能、类别和等级（如高级业务顾问、中级开发工程师、测试工程师等），以及相关项目经验、专业知识、工作态度等，确保团队成员能积极地与他人协同工作，以形成具有凝聚力的项目团队。

根据一体化项目建设范围，各中心组根据项目管理要求，明确业务顾问、业务专家、技术顾问、项目管理专员等团队成员的职责以及所需的技能，编制一体化项目团队技能评估表，见表4-5。

**表4-5 一体化项目团队技能评估表**

| 中心组 | 职责与技能 | 业务顾问 | 业务专家 | 技术顾问 | 项目管理专员 | …… |
|--------|-----------|----------|----------|----------|-------------|-----|
| 煤炭中心组 | 职责 | 制定业务标准，收集、受理业务需求 | | | | |
| | 技能要求 | | | | | |
| 电力中心组 | 职责 | | | | | |
| | 技能要求 | | | | | |
| …… | | | | | | |

## 2. 评估资源需求

评估资源是指估算项目所需的团队资源，以及材料、设备和用品等实物资源。评估资源需求应在整个项目期间定期开展。除此之外，还应评估资源的可用性，确认相关资源在项目所需时段能否为项目所用；确认增加资源的成本是否在预算范围内。

根据一体化项目范围和团队技能评估结果，采用专家判断、类比估算、自下而上、参数估算、三点估算等方法评估项目活动的资源需求。一体化项目资源需求表见表4-6。同时，编制一体化项目团队章程，见表4-7。

**表4-6 一体化项目资源需求表**

| 中心组 | 业务顾问 | | | 项目管理专员 | | | …… |
|--------|----------|------|------|-------------|------|------|-----|
| | 数量 | 单价 | 成本 | 数量 | 单价 | 成本 | |
| 煤炭 | | | | | | | |
| 电力 | | | | | | | |
| 人力 | | | | | | | |
| 财务 | | | | | | | |
| …… | | | | | | | |

表 4-7　一体化项目团队章程

| 项目名称 | | 制表日期 | |
|---|---|---|---|
| 团队价值观 | | | |
| 会议指南 | | | |
| 沟通指南 | | | |
| 决策过程 | | | |
| 团队共识 | | | |
| 冲突解决过程 | | | |
| 团队签字 | | | |

### 3. 维护项目团队

通过建立项目团队章程，打造项目文化，改进团队协作，提升人际关系技能，减少摩擦，降低冲突，增加信任，促进沟通，开展团队建设、培训、绩效评估等活动，提升整体项目绩效。

需要强调的是，在维护项目团队时应注意下列事项：

1）项目经理或项目团队应进行有效谈判，并影响那些能为项目提供所需资源的干系人。

2）如果不能及时组建项目团队并获取项目所需资源，会影响项目进度、预算、客户满意度、质量和风险；评估团队技能不足，会降低项目成功概率，甚至导致项目失败。

3）如因制约因素（经济因素或其他项目对资源的占用）而无法获得组建团队的资源，项目管理团队需要考虑可能的替代资源。

4）在项目整个生命周期中，应对上述因素加以考虑并做出适当安排。项目管理团队应在规划和管理进度、资源和预算、风险、质量，以及项目团队培训计划中，明确无法组建团队或缺少所需资源给项目造成的影响和后果。

在一体化项目建设过程中，在项目推进小组的领导下，通过总协调的合理规划，结合项目实际情况，组建一体化项目团队。

在维护项目团队建设中，一体化项目组通过制订合理的培训计划，帮助团队成员提升技能、快速成长。主要包括组织结构和职责培训、需求调查培训、计划制订培训、计划执行和监控培训、效果调查和总结培训等。一体化项目团队培训计划示例见表4-8。

表 4-8　一体化项目团队培训计划示例

| 活动名称 | 责任人 | 频率 | 参与人 | 参与规定 | 其他 |
|---|---|---|---|---|---|
|  |  |  |  |  |  |
|  |  |  |  |  |  |
|  |  |  |  |  |  |
|  |  |  |  |  |  |
|  |  |  |  |  |  |
|  |  |  |  |  |  |
|  |  |  |  |  |  |

综上所述，经过充分评估团队技能，推断资源需求，为实施单位资源投入提供决策依据；采用线上培训、会议、党建融合等形式，有序开展团队建设活动，极大地提升了项目整体绩效，为项目提前上线提供了资源保障。项目团队采用分布式团队管理方式，在北京、天津、秦皇岛、邯郸、南通、宁波、成都7个城市分别开展集中办公。采用党建引领的创新方式管理项目团队，成立临时党支部和党员突击队，充分发挥党员先锋模范作用和战斗堡垒作用。打造"舍我其谁、开拓创新、精诚协作、不求回报、攻坚克难、追求卓越"的项目精神，形成浓厚的团队文化，提升团队凝聚力和战斗力。通过

现场交流座谈、定期召开推进会、举行授旗仪式等方式解决团队管理中的冲突和问题。

### 4.3.2　项目团队基本规则

每个项目团队都会形成特色的团队文化。项目团队可以通过制定团队规则有意识地形成项目团队文化，也可以通过团队成员的行为和行动形成非正式的团队文化。

#### 1. 项目团队基本规则

为确保项目团队文化适应项目管理目标，可通过制定基本规则形成项目团队文化，对项目团队成员行为做出明确规定。尽早制定并遵守明确的规则有助于减少误解，提高生产力。对诸如行为规范、沟通方式、工作协同、会议礼仪等基本规则进行讨论，有利于团队成员相互了解彼此的价值观。基本规则一旦建立，全体项目成员必须遵守。

（1）定义和创建相互依赖的关系

定义和明确团队成员的角色。在项目成员加入项目团队时，项目经理应明确每名成员的角色和职责，同时，团队成员也应清楚了解其在项目中的位置和职责，并根据所处的位置和角色，明确自身角色工作前置任务和紧后关系，从而清晰团队成员之间的依赖关系，定义相互之间的协同工作内容。当所有团队成员都能认知自己的工作价值时，才能充分发挥团队作用，确保实现项目目标。

（2）建立目标

团队需要关注共同的目标和结果。对这一目标的承诺是项目成功的关键，在理想情况下，团队目标应能够引导和帮助团队成员实现个人目标。

（3）确定团队决策程序

无论决策是由领导做出的，还是由团队成员协商做出的，团队成员都需要事先了解决策程序。当需要做出决策时，应按照决策程序执行，减少团队内部的冲突。

在一体化项目中，制定了"多种渠道全面收集、及时沟通协同处置、由下至上逐级解决"的总体原则，收集和处理项目实施过程中的各种问题。例如，一体化项目管理范围遵照项目工作任务书约定，涉及项目范围和边界的事宜由项目推进小组最终裁定，各方按照裁定结果坚决执行，项目团队严格按照审批后的项目主计划执行，实施各方通过协作，确保项目按计划节点的要求稳步推进。

（4）提供清晰和持续的反馈

团队需要知道自身的工作绩效，以保持积极性。在理想情况下，团队成员在工作时应不断地收到反馈。

一体化项目推进小组向项目总协调和项目管理办公室布置工作，并听取工作汇报。项目总协调向项目管理办公室和各中心组布置工作，并听取工作汇报。各业务中心组和各中心组组长向本组成员及实施经理布置工作，并听取工作汇报。技术中心组组长向本组成员、实施经理布置工作，并听取工作汇报。各子/分公司项目负责人向集团项目管理办公室汇报工作。子/分公司项目推进小组组长、项目经理向本单位各专业组布置工作，并听取工作汇报。子/分公司项目组各专业组长向对应集团各中心组及本单位项目管理办公室汇报工作。

（5）保持团队成员的稳定性

在复杂的项目任务中，团队成员需要花费大量的时间来学习如何保持最佳的工作水平。团队成员的稳定性将影响项目目标的实现。

（6）允许团队成员挑战现状

如果创新是重要的，那么应允许团队成员挑战现状，这一点至关重要。

为了鼓励创新，项目团队需要开放性地思考和建设性地批判思维与实践模式，以有效解决项目问题。

一体化项目所属单位项目组负责收集与提交针对项目实施的各类问题，并及时跟踪处理。各类问题的沟通研讨、审批工作机制如下：

1）单一业务领域的问题由各业务中心组负责受理，并与提出问题的子/分公司项目组沟通协调，必要时，由业务中心组组织专题会议讨论。业务中心组负责组织制订解决方案，并报本组组长审批。

2）技术问题由技术中心组负责受理，并与提出问题的子/分公司项目组沟通协调，必要时，由技术中心组组织专题会议讨论。技术中心组负责组织制订解决方案，并报本组组长审批。

3）跨业务领域问题由项目管理办公室受理。项目管理办公室负责组织相应的各中心组、子/分公司项目组沟通协调。必要时，由项目管理办公室组织专题会议，召集业务专家、相应的各中心组、子/分公司项目组进行讨论，并制订解决方案，报项目推进小组审批。

（7）**创造一个学习环境**

强调团队的发展，尤其是从失败中学习。一个具有持续改进文化的团队，其成员往往被鼓励去提升他们的技能和知识。

（8）**专注于集体的使命**

项目团队的信仰、经营哲学、经营目的、商业准则或信念是集体使命的组成部分。专注于集体使命的团队，将更聚焦组织精力与资源，团队能够将项目任务感变为使命感，从外驱力转变为内驱力。团队共同致力于项目目标，能够增强获得感和成就感。

上述规则适用于具有正式团队领导者的项目团队，关键在于团队领导者需要投入时间和精力去贯彻团队基本规则。

## 2. 一体化项目会议制度

一体化项目会议形式包括决策级会议、日常性会议和其他会议。决策级会议包括项目推进小组会和项目专题会议，负责项目事项的决策；日常性会议包括项目例会、中心组例会和里程碑汇报会。

### （1）决策级会议

1）项目推进小组会。负责项目重大事项的决策。定期召开，一般是每月一次。由项目推进小组组长召集，项目推进小组成员参加。由项目总协调汇报项目管理相关重大事项，各业务中心组组长汇报业务相关重大事项，技术中心组组长汇报技术相关重大事项。项目管理办公室统筹协调组负责会务安排和会议记录。

2）项目专题会。负责项目非重大事项的决策，按需召开。由各中心组或项目管理办公室负责组织，相关中心组及子/分公司项目组（按需）参加，对本业务领域或跨业务领域问题进行讨论及决策。会议集中讨论专题问题，达成一致意见的，交相关组织执行；未达成一致意见的，上报项目推进小组。会议组织者负责会务安排和会议记录。

### （2）日常性会议

1）项目例会。沟通解决项目进度、质量等问题，每周召开一次，由项目总协调召集，各中心组组长、实施经理等参加，各子/分公司项目经理及各专业组长（按需）以视频形式参加。由项目管理办公室负责人通报项目过程评价指标及项目实施中的问题与风险，各中心组组长按照项目计划汇报本业务领域项目工作进展及存在的问题和风险，子/分公司汇报本单位工作进展及需要协调解决的问题，项目管理办公室、各中心组负责解答问题并提出工作要求。项目管理办公室统筹协调组负责会务安排和会议记录。一体化项目周例会具体安排示例见表4-9。

表 4-9　一体化项目周例会具体安排示例

| 周例会 | 具体安排 |
|---|---|
| 时间 | 每周五 14：30 ~ 16：30 |
| 形式 | 现场 + 视频 |
| 参会组织 | 项目总协调、项目管理办公室、各中心组组长、现场中心组代表（至少一名）、实施经理、子/分公司（按需） |
| 汇报内容 | 1. 实施经理汇报项目进展、问题及风险以及下周工作计划<br>2. 各中心组组长提出可能存在的业务问题及风险<br>3. 项目管理办公室通报项目过程评价指标及要求<br>4. 子/分公司项目经理汇报本单位项目工作进展、问题及风险<br>5. 项目经理安排部署整体工作 |

2）中心组例会。负责解决本中心组的业务或技术问题，每周召开一次。由各中心组组长召集，中心组业务专家、实施经理和组内主要人员参加，项目管理办公室派人参加，各子/分公司项目组对应专业组组长（按需）以视频形式参加并汇报工作，各中心组负责会务安排和会议记录。

3）里程碑汇报会。按照项目实施计划，完成项目阶段性里程碑工作任务后应召开工作总结汇报会议。里程碑汇报会议按里程碑完成节点召开。由项目总协调召集，项目推进小组、各中心组、各子/分公司项目组及主要人员参加。项目推进小组领导听取阶段里程碑工作完成情况成果汇报，并安排下一阶段工作。项目管理办公室统筹协调组负责会务安排和会议记录。

上述各类会议时间安排示例见表 4-10。

表 4-10　各类会议时间安排示例

| 序号 | 会议名称 | 会议时间 | 召集人 | 参加人员 | 备注 |
|---|---|---|---|---|---|
| 1 | 项目推进小组会 | 每月定期 | ××× | | 现场 + 视频会议 |
| 2 | 项目专题会 | 按需确定 | ××× | | 现场会议 |

（续）

| 序号 | 会议名称 | 会议时间 | 召集人 | 参加人员 | 备注 |
|------|----------|----------|--------|----------|------|
| 3 | 项目周例会 | 每周五下午 | ××× | | 现场 + 视频会议 |
| 4 | 中心组例会 | 每周定期 | ××× | | 现场 + 视频会议 |
| 4.1 | 煤炭板块中心组 | 周四上午 | ××× | ××× | 现场 + 视频会议 |
| 4.2 | 电力板块中心组 | 周四下午 | ××× | ××× | 现场 + 视频会议 |
| … | … | 周四下午 | ××× | ××× | 现场 + 视频会议 |
| 5 | 里程碑汇报会 | 里程碑节点完成 | ××× | | 现场 + 视频会议 |

（3）其他会议

其他会议包括组内沟通会、专项问题讨论会、协调推进会等，由各中心组和子/分公司项目组按需自行安排。

### 3. 项目授权机制

项目授权是指按规定顺序在规定时间完成规定工作任务。工作授权是预防项目镀金的有效措施。

为强化项目统一管理，规范和完善项目管理结构，达到集中决策和适当分权的合理平衡，满足项目高效管理，保障项目有效执行的需要，依据国家能源集团相关发文及项目管理规范，结合项目实际情况进行项目授权。

一体化项目工作授权原则主要包括：

1）权力与责任相称。

2）指示清楚和完整。

3）分层次分派工作。

4）给予适当的支援。

5）逆授权。

6）对后果负责。

7）分派要一致。

项目授权责任划分采用职责分配矩阵（RAM）的方式。授权人通过责任划分定义被授权项目管理单元工作任务分解事项，明确各授权事项人员构成及职责划分，明确被授权项目管理单元之间的责任及工作联系；被授权项目管理单元负责人采用 RAM 矩阵法进行组内授权责任划分，包括授权事项及活动角色分配、明确职责、明确授权层级（如决策、参与决策、执行决策等）。

一体化项目组织机构由国家能源集团领导、总部部门、实施单位、实施方人员联合组成，在统一管理下，层层授权，确定实施计划和各项工作。一体化项目授权组织及职责见表 4-11。

**表 4-11　一体化项目授权组织及职责**

| 授权组织 | 被授权组织 | 人员构成和职责 |
| --- | --- | --- |
| 国家能源集团党组 | 项目推进小组 | 参见 4.5.3 节的描述 |
| 项目推进小组 | 项目总协调、中心组、各子/分公司、各子/分公司项目组 | |

### 4.3.3　高绩效项目团队

高绩效项目团队通常拥有共同目标、共同方法、共同责任，通过许多阶段和过程成长和发展。团队负责人与职能部门负责人合作，确保团队成员具备与项目工作规模和范围相适应的技能。当团队氛围能够保证关键领域的战略一致性、参与度和授权时，高绩效项目团队就会成功。

#### 1. 制定清晰的项目愿景、使命和项目文化

愿景造就动力，项目愿景能够使团队充满活力。项目愿景应具有清晰的目标性，通过有效的沟通方式，与关键干系人共同制定项目愿景。项目经理首要任务是确保项目发起人的项目愿景是清晰的，所有项目团队成员对项目愿景的理解是一致的。项目的目的与组织的总体目标一致，并有助于实现组织的总体目标，是高绩效项目团队关键任务之一。

一体化项目愿景是建设智慧国家能源，打造世界一流企业。一体化项目使命是数字驱动转型发展，智慧引领国家能源。

项目文化是企业文化的重要内容，是企业核心价值体系的具体体现。项目文化是以品牌形象为外在表现，以企业理念为内在要求，以项目团队建设为重点对象的阵地文化，是项目管理理念、管理制度和员工行为方式的集中表现。一体化项目旨在打造专业、敬业、乐业、共创、共享、共赢的项目文化。

党建赋能，引领国家能源集团一体化项目建设。国家能源集团党委将支部建在项目上，项目临时党支部以先进理论指导实践，用特色实践丰富理论，持续强化党建引领力、宣传影响力和文化凝聚力，淬炼出"数字驱动转型发展，智慧引领国家能源"的项目口号，锻造出项目精神。一体化项目组以项目口号和项目精神为核心打造沉浸式项目文化氛围，通过设计项目文创品、举办《这是我们的船》读书大讨论、营造现场文化氛围等一系列活动，推进线上＋线下文化活动的开展，多渠道、多形式建设可借鉴、可推广、有价值的先进项目文化。

## 2. 项目赋能

当前，各大企业都在强调赋能的作用，那么究竟何为赋能？据资料显示，"赋能"一词源于"Empowerment"，即持续地为组织及个人注入能量的行为。由"持续"两字可以看出，赋能的核心在于构建组织生态环境。

对于项目来说，由于项目特有的属性，项目涉及的关键要素很多。如何在项目结束后成功交付项目成果，并构建永续的组织生态环境，持续地为组织/个人创建价值，成为当前企业关注的焦点。

国家能源集团一体化项目作为大型数字化转型项目，结合项目管理发展趋势，赋能企业变革，为推动企业转型发展提供有力支撑。项目为何需要赋能，如何赋能，基于此，本节主要从所需能力要素、确定资源和效果评价三个方面进行阐释。

在项目管理中，最重要的资源是人。项目对人员的能力要求是动态变化的，需要通过一定的方法和手段提升干系人的能力，以实现项目目标。

项目赋能包括项目团队和项目干系人。下面从项目实际出发，围绕人这一要素，探讨所需能力要素（资源能力和培训要素）。

（1）能力定义

个体所拥有的知识、技能、态度和资源在特定的活动或情境中进行整合而形成的与特定任务/职责匹配的能力。

（2）能力要素定义

为满足或达到特定工作所需的能力，对相关责任人进行评价的要素或考核的核心点，称为人的能力要素。

（3）项目目标

一体化项目作为信息化架构中最基础、最核心的系统，是国家能源集团顶层设计和战略目标实现的重要支撑和管控手段。该项目既是保证国家能源集团管理水平提升的基础性、系统性工程，也是尊重科学管理，实现透明化管理，践行知行合一的工程，更是关系国家能源集团整体业务管理提升、全局资源整合的重要项目，对于推动数字化转型，发力新基建，培育新动能，实现高质量发展具有重要意义。

（4）项目范围

一体化项目覆盖国家能源集团六大业务板块所属的 80 家子/分公司，共计 1393 家实施单位。项目涉及人力资源管理、财务管理、物资管理、销售（燃料）管理、设备管理、项目管理六大业务领域。

（5）项目难点/挑战

一体化项目组织范围大、涉及业务广、管理要求高，聚焦国家能源集团业务管控需求，旨在推动国家能源集团数字化转型，实现企业治理能力现代化，为建设具有全球影响力的世界一流能源企业赋能。技术路线新，国内首个大型集团实施 S/4 HANA；实施时间紧，建设周期仅为 9 个月，比同类型、同规模的项目建设周期缩短了 1~2 年；工作任务重，一体化项目涉及数千万台设备、近 6 万名最终用户，数据收集、用户培训等工作量巨大。

（6）创新模式

面对业务板块多、模块全、范围大、周期短等诸多困难，国家能源集团创新项目实施方法，采用"业务引领、标准化建设、快速化实施"的方式开展项目实施工作。

（7）能力要素分析

基于创新型项目实施策略，全面梳理一体化项目重要干系人并分析相关干系人能力要求。一体化项目赋能干系人列表见表4-12。

**表4-12 一体化项目赋能干系人列表**

| 创新方法 | 主要实施组织 | 主要人员/角色 |
|---|---|---|
| 坚持"党建引领、文化聚力" | 项目临时党组织 | 领导小组、项目经理、实施顾问、项目管理办公室成员、业务专家 |
| 坚持"建章立制、统筹协调" | 项目管理办公室、项目推进小组、项目总协调、综合计划组、各中心组 | 领导小组、项目经理、项目管理办公室成员 |
| 坚持"业务驱动、标准先行" | 国家能源集团总部业务主管部门及各参建单位 | 业务专家 |
| 坚持"集中设计、集中实现" | 各中心组 | 领导小组、项目经理、实施顾问、业务专家 |
| 坚持"数据收集、专项推进" | 专项工作组 | 领导小组、项目经理、实施顾问、业务专家 |

（续）

| 创新方法 | 主要实施组织 | 主要人员/角色 |
|---|---|---|
| 坚持"线上培训、全员参与" | 实施单位、主管单位、参建单位、第三方 | 领导小组、项目经理、实施顾问、项目管理办公室成员、业务专家、内训师、第三方人员 |
| 坚持"绩效导向、夺旗争先" | 实施单位、主管单位、参建单位 | 领导小组、项目经理、实施顾问、项目管理办公室成员、业务专家、内训师 |

信息技术产业是一门具有高科技性质的服务型产业，以知识、产品、服务所产生的经济性和社会性价值为目标，具有连续性和创造性强等特点。基于这样的特点，一般要求专业人员应具有较强的创新精神、较强的团队合作能力、扎实的专业理论基础，并且要不断学习新知识、了解新领域，具备较强的进取心、责任心和事业心。此外，应具备预测和决策能力、组织协调力，领导力和应变能力等。基于此，结合一体化项目实际情况，根据项目功能模块，中心组对干系人所需的能力要素进行评估，具体结果见表4-13。

表4-13　一体化项目干系人能力要素评估结果

| | 能力要素 | 项目经理 | 实施顾问 | 项目管理办公室成员 | 业务专家 | 内训师 | 使用方 | 第三方 |
|---|---|---|---|---|---|---|---|---|
| 素质结构 | 事业心 | ★★★★★ | ★★★ | ★★★ | ★★★ | ★★★ | ★★ | |
| | 进取心 | ★★★★★ | ★★★★★ | ★★★ | ★★★ | ★★★★ | ★★★ | |
| | 团队合作能力 | ★★★★★ | ★★★★★ | ★★★★ | ★★★★ | ★★★★ | ★★★ | ★★★ |
| | 工作态度 | ★★★ | ★★★ | ★★ | ★★★ | ★★★ | ★★★★ | |
| | 战略观念 | ★★★★★ | ★★ | ★★★ | ★★★★ | ★★ | ★★ | |
| | 开拓性 | ★★★★★ | ★★★ | ★★★ | ★★★★ | ★★★★ | ★★ | |
| | 服务意识 | ★★★ | ★★★★★ | ★★★ | ★★★ | ★★★★ | ★★★ | ★★★★★ |
| | 主动性 | ★★★ | ★★★★★ | ★★★ | ★★★ | ★★★★ | ★★★ | |

（续）

| 能力要素 | | 项目经理 | 实施顾问 | 项目管理办公室成员 | 业务专家 | 内训师 | 使用方 | 第三方 |
|---|---|---|---|---|---|---|---|---|
| 智力结构 | 专业知识（根据各个模块需求进行评价） | ★★★ | ★★★★★ | ★★★ | ★★★★★ | ★★★★ | ★★★ | |
| | 基础理论（根据各个模块需求进行评价） | ★★★ | ★★★★★ | ★★★ | ★★★★★ | ★★★★ | ★★★ | |
| | 知识面（知识的广度和深度） | ★★★★★ | ★★★ | ★★★ | ★★★★ | ★★★ | ★★ | |
| | 思维力（逻辑严谨性） | ★★★★★ | ★★★★ | ★★★ | ★★★★ | ★★★ | ★★ | |
| | 判断力（综合分析判断） | ★★★★★ | ★★★★ | ★★★★ | ★★★ | ★★ | ★★ | ★★★★★ |
| | 工作经验（本领域经验深厚） | ★★★★★ | ★★★★ | ★★★ | ★★★★ | ★★★ | ★★★ | ★★★ |
| | 观察力（细致、准确、识人、识物、识风险） | ★★★★★ | ★★★★ | ★★★★★ | ★★★★ | ★★★ | ★★ | |
| 能力结构 | 定向能力 | ★★★★★ | ★★★ | ★★★★ | ★★★ | ★★ | ★★ | |
| | 创新能力 | ★★★★★ | ★★★★ | ★★★ | ★★★★ | ★★★ | ★★ | ★★★ |
| | 表达能力 | ★★★★★ | ★★★ | ★★★ | ★★★ | ★★★★ | | |
| | 发现问题的能力 | ★★★★★ | ★★★★ | ★★★ | ★★ | ★★ | ★ | |
| | 甄别能力 | ★★★★★ | ★★★★ | ★★★ | ★★ | ★★ | ★ | |
| | 获取信息的能力 | ★★★★★ | ★★★ | ★★★★ | ★★★★ | ★★★ | ★★ | |
| | 解决问题的能力 | ★★★ | ★★★★ | ★★★ | ★★★ | ★★ | | |
| | 创造能力 | ★★★ | ★★★ | ★★ | ★★★ | ★★ | | |
| | 组织能力 | ★★★★★ | ★ | ★★★ | | ★★★ | | |
| | 实践能力 | ★★★ | ★★★ | ★★ | ★★★ | ★★★ | ★★★★ | ★★★★★ |

注："★"号表示干系人与能力的关联，"★"号的数量代表能力水平，如项目经理应具备全部能力，且各方面的能力水平要求高（5颗★）或较高（3颗★）；空白表示干系人可不必具备这方面的能力。

120

### 3. 赋能实施过程

为了强化和持续提升相关人员能力，需进行综合性评估以确定提升内容及所需资源。

在一体化项目中，根据项目范围、项目目标、项目实施策略，分析项目对相关角色的能力要求。由于资源的可变性，项目之初可能受限于资源的选择，进入项目组的资源并不是最好的资源；即使适合的资源进入项目组，随着项目的推进，资源需求也会发生动态变化。因此，通过明确资源的重要性和要求，确定培训内容和培训方式，在项目实施过程中不断培养项目成员，以满足项目所需。

培训包括旨在提高项目团队成员能力的全部活动。培训需求应在项目早期确定，以便考虑培训的投入、内容、方式等。在实际工作中，培训可以是正式或非正式的，也可以是项目工作的一部分，还可以在项目推进过程中根据实际情况开展计划外培训。如果培训的收益不仅针对当前项目，还包含后续项目，那么应建立长期的培训保障机制。通常，培训都有固定的主题、时间、地点、人数等，存在过于僵化、不机动灵活的问题。随着网络教学的兴起，在一定程度上解决了上述问题，但仍有不足，如针对性不强、培训主题缺乏延续性、对员工激发力度不够等。

为贯彻落实项目总体目标，确保项目质量不减、计划不变、工期不延，一体化项目全过程采用线上比武形式，营造比学赶超的氛围，实现"促进度、保质量、长技能"的培训目标，通过阶梯式激励手段完成上线目标。

（1）开发培训课程

基于项目目标和任务，按照"实施过程进度质量管理全覆盖，突出重点知识与重要技能"的原则，各中心组根据自身特点开发培训课程内容及形式。

1）主要采用网络直播、在线宣贯/答疑、在线竞赛、线上专题课程、在线培训班等方式。

2）进行一体化项目各模块功能和云文档协作平台的在线直播培训。分别针对系统概览、项目管理、设备管理、人资管理、物资管理、财务管理6个方面内容进行讲解。根据节点关键目标，首先，把控业务标准制定中心任务，开展业务标准宣贯培训，通过宣贯答疑和典型业务场景演示讲解获得最广泛的人员参与和互动；其次，借助云直播的方式开展培训竞赛，激发项目人员的热情，组织一体化集中管控系统概览及各模块功能培训，开发线上基础知识、业务标准知识等一体化精品课程，组织在线答疑和"先锋杯"竞赛活动；最后，建立国家能源集团一体化项目知识积累、共享和传承机制，全面推动建立学习型组织，开发在线自助学习班。例如，各中心组根据业务岗位设置对应岗位学习班，针对内训师设置专项培训班。

在项目建设过程中选拔和培育复合型管理人才，建立系统迭代优化的长效机制，通过集中现场＋网络同步直播方式进行内训师轮训培训和选拔，从考勤、日常练习、讲解情况、课件制作质量4个维度进行内训师评级，根据评选结果颁发相应的内训师等级证书。一体化项目培训形式及内容示例见表4-14。

**表4-14　一体化项目培训形式及内容示例**

| 培训形式 | 负责组织 | 在线培训班名称/培训内容 | 培训对象 | 培训课程安排 |
|---|---|---|---|---|
| 在线直播 | 项目管理办公室 | 各模块功能 | 全员 | |
| 在线直播 | 各中心组 | 各模块业务标准 | 全员 | |
| 在线竞赛 | 各中心组 | 各模块业务标准和系统应知应会 | 全员 | |
| 在线课程 | 各中心组 | 一体化精品课程设计 | 全员 | |

（续）

| 培训形式 | 负责组织 | 在线培训班名称/培训内容 | 培训对象 | 培训课程安排 |
|---|---|---|---|---|
| 在线班级 | 煤炭中心组 | 一体化项目-煤炭板块-设备管理-设备资产管理在线培训班 | 各单位设备技术员、设备管理员 | 第一阶段：基础知识　第二阶段：业务标准　第三阶段：系统实操 |
| | 电力中心组 | 一体化项目-电力中心组-火电项目管理项目结构管理岗在线培训班 | 负责火电单位项目架构信息管理的用户 | |
| | 人资中心组 | 一体化项目-人力资源管理-审批及综合查询用户在线培训班 | 国家能源集团一体化集中管控系统人力资源管理分管领导及最终审批用户 | |
| | 财务中心组 | 一体化项目-财务中心组-财务学习班 | 国家能源集团各级单位财务管理用户 | |
| | 物资中心组 | 一体化项目-物资中心组-物资管理计划和采购管理业务在线培训班 | 负责本单位需求计划、平衡利库、采购申请、领退料单、服务采购等业务的用户 | |
| | 项目管理办公室 | 一体化集中管控系统建设项目-集成场景实操培训班 | 相关子/分公司、基层单位一体化集中管控系统内训师、系统使用人员 | |
| 现场集中培训＋同步直播 | 各中心组 | 各业务领域标准、功能及操作 | 内训师 | |

（2）搭建培训平台（系统）

为弥补线下培训的不足，一体化项目以"融思聚力、智领未来"为宗旨，打造开放型、共享型、智慧型的学习生态，开发线上培训平台。培训平台主要功能包括培训班管理、课程管理、题库管理、考场管理、报名管理等。通过该平台可以随时开设培训班或开设长期培训班，还可根据实际需求开展线上竞赛活动。

（3）组织培训

通过线上培训平台实现在线课程、在线考试、在线竞赛。线上进行上岗前的培训和认证，合格后可以获得相应岗位的操作资格证；通过培训平台与系统对接，实现操作资格认证与业务模块功能操作授权的联动。上述举措实现了用户从上岗前的入职培训到取得资格证再到赋予权限的闭环管理，规避了岗位管理风险。

（4）线上自助学习竞技

根据不同专业管理对岗位操作的要求，设计必学课程清单、配套考试关卡和系统实操检验，鼓励用户在线自助学习，根据学习和考试情况进行竞技排名。通过"一体化集中管控系统建设项目专区"学习已发布的各类一体化相关课程，当所学课程为"已完成"状态后即可获得课程设置的相应学分。也可参加一体化相关竞赛及考试，考试通过后即可获得相应学分。对于竞技积分排名中的榜首，颁发编号为001的业务功能领域上岗证，并在一体化项目大会上进行表彰。

（5）培养内训师

各中心组通过筛选与核定机制确定各级内训师，形成内训师信息库。在上线攻坚阶段，由内训师承担本单位最终用户的教学任务。根据教学的量和质进行动态评价，同时开设线上"E知道"社区，最终用户遇到各类问题均可在社区进行提问，各业务领域内训师承担基层问题答疑工作，并在各自子/分公司年度经营业绩考核指标中的网络安全和信息化水平评价指标中予以加分。活跃用户、内训师、支持小组榜单第一名人员所在单位加0.5分，第二名加0.4分，第三名加0.3分，第四到第十名加0.1分，确保一体化项目建设和运维工作顺利推进。

（6）效果评价

1）在前期培训阶段，约 13 000 人通过网络参加了直播培训，创新了企业内部培训模式，为国家能源集团数字化运营打下了基础，通过数字化手段，沉淀了项目管理知识。总计开展了 20 场在线直播，累计近百万人参加了培训。"互联网+培训"的创新应用得到广泛认可，达到了强化项目认知、推动项目建设的目标，对一体化项目管理能力的提升和运行期系统应用水平的提升起到了积极作用。

2）通过在线培训平台，持续开展线上全员培训，发布 11 个课程目录，共计 496 门课程；开办了 69 个培训班，共计 73 185 名学员参加了自助学习，上线单位资格证获取率达 100%。

3）组织技能大赛，加快提升最终用户业务水平。参加技能大赛的人数达 39 473 人，加深了国家能源集团员工对一体化项目的价值认识，营造了"比、学、赶、帮、超"的浓厚氛围。通过竞赛活动，动员国家能源集团全体员工立足岗位学技术、精技能、勇争先，发挥好一体化项目提升国家能源集团精细化管控水平和整体运营效能的作用，为建设世界一流企业提供支撑。

4）一体化项目选拔出 400 多名内训师，建立了一支业务精通、技术过硬的专家人才队伍，形成了三级内训师管理体系。

通过系列培训课程的开发、在线培训平台的搭建、人才的培养、制度和机制的形成，全面提升了项目团队自主创新能力，建立起国家能源集团一体化项目知识积累、共享和传承的管理机制。

**4. 清除团队发展障碍**

（1）确定影响团队发展的关键障碍

在项目推进过程中，管理者如何识别障碍，如何及时有效地做出响应

125

尤为重要。管理者需要掌握消除影响团队发展障碍的能力，不断提升自己的沟通能力、创造能力等。在处理影响团队发展的障碍时，确定影响团队发展的关键障碍，这一点至关重要。如果障碍是困扰个人的，那么完全可以让团队成员自己去解决；如果障碍是影响团队发展的，那么必须要管理者去解决。

（2）利用网络工具实施解决方案

在一体化项目实施期间，面对突如其来的新冠疫情，为确保项目顺利推进，国家能源集团发布了《集团公司疫情防控期间远程移动办公相关系统使用快捷指南》《集团即时通信 ICE 系统使用指南》《集团移动办公系统使用指南》等多项指导性文件，并通过借助外部厂商的平台或软件，优化项目组远程办公工作，确保一体化项目在疫情期间取得最优的沟通成效。

（3）以积极饱满的热情投入工作

一体化项目工作环境异常复杂，组织机构繁多，单位遍布全国，涉及的外围系统百余个，对基础设施、设备、组织通信渠道、信息技术硬件的要求极高，对实施团队的专业知识、技术能力要求更高。在这种环境下，员工们的工作压力巨大，情绪容易低落，不可避免地产生负能量。负能量具有传染性和扩散性，如果不能及时消除，轻则导致团队成员心情不畅、同事之间关系不和谐、工作积极性不高等问题，重则影响整个项目计划的实施。一体化项目主要采取以下三项措施清除负面情绪给项目带来的影响：

1）项目团队由上到下传递正能量。员工不可能突然有一天充满激情，也不可能一天之内改变消极状态。作为团队管理者，首先要充满正能量，并将自己的正能量传递给下属员工。当管理者以饱满的热情投入工作时，员工才会受到正面情绪的影响，逐渐消除自身负能量。

2）除了管理者以身作则，还应从员工自身入手。在平时工作中，管理者应时刻关注团队成员的工作状态和情绪，一旦发现某个成员意志消沉或充满焦虑，应第一时间与员工沟通谈话，及时消除员工的负能量。

3）员工之所以产生负能量，主要是长期受负面情绪挤压。如果负面情绪无法及时排解，时间久了就会产生更多的负能量，造成更大的负面影响。为有效解决这一问题，一体化项目团队设立"情绪倾诉站"，为员工提供宣泄自己情绪的场所。通过组织体育活动、小型团建活动、线上学习等措施，保证员工以健康的心态投入工作，提高工作效率。在生活上，一体化项目加强人文关怀，确保后勤保障。在疫情防控期间，员工可远程办公、远程打卡，针对政策条件允许可以回家探亲的员工全额报销往返路费，组织员工定期检查核酸，定期发放防疫物资，关心员工的日常生活，督促员工养成良好的生活习惯，促进员工身心健康发展。

一体化项目团队成员在复杂紧张的工作环境下消除了后顾之忧，干劲十足，涌现出一批感人事迹。例如，有的成员在半山腰搭起了简易帐篷用于临时办公；有的成员在居家办公期间，按时、保质、保量地推进工作，被同事们称为"行走的报表机"；有的成员在极短时间内完成上百张报表的开发工作；有的成员在工作期间经常同时面对两个电脑屏幕，一边开会，一边与用户沟通，经常工作到深夜甚至凌晨。

成风化人，润物无声。一体化项目组一直致力于"员工为本、员工满意、创造价值"的"幸福企业"建设，用文化润心铸魂。在一体化项目建设中，项目组成员共同孕育涵养出独特项目文化和精神。

### 4.3.4　项目经理领导力

成功的项目经理应具备较高的领导力。领导力是领导团队、激励团队做好本职工作的能力。领导力理论定义了适用于不同团队的领导风格。领导风格是指领导者用于计划、组织、激励和控制工作时的行为表现，是个人在长期领导实践中逐步形成的，具有较强个性化色彩的行为模式。在影响他人时，领导者会采用不同的行为模式达到目的。

### 1. 行为模式和思维方式

在更好地理解领导风格之前，应先了解人的行为模式和思维方式。

人的行为模式是人生价值观的外在体现。个体所处环境条件、自身所扮演的角色，以及人生价值观的制约，决定了人们具有不同的行为模式。例如：具有支配型行为模式的人做事果断，积极主动；具有服从型行为模式的人关注方针和标准，注重细节，思维严谨。

思维方式是指人们处理信息和感知世界的思维习惯，是个人所特有的思想、理念和信念。在具体的思维过程中，人们往往根据自身的知识、经验，运用不同的思维方式对事物或信息进行分析、比较、抽象和概括。例如：具有逆向思维的人，敢于"反其道而思之"，从问题的反面进行深入探索；具有创新思维的人，会以新颖独创的方法解决问题，突破常规思维的界限，提出与众不同的解决方案，从而产生新颖、独到的思维成果。

在项目管理过程中，领导者除需要了解自己的行为方式和思维模式，还需要清楚项目团队的行为方式和思维模式，这将有助于项目管理者运用有效的领导风格影响、激励和促进项目团队成员之间的合作与发展。

### 2. 领导风格

管理者常用的 6 种领导风格包括指令型、愿景型、亲和型、民主型、领跑型、辅导型。

指令型领导风格的特点是驱使下属按指令行事，常用于解决危机问题；决策权只限于高层；愿景型领导风格的特点是制定并阐明明确的愿景，给予员工清晰方向的指引，强调最终目标，为员工提供充分发挥潜力的空间；亲和型领导风格的特点是建立协作关系，关注团队成员之间的友好互动和发展；民主型领导风格的特点是给予员工充分的信任，愿意花时间了解下属的想法和意见，或集思广益；领跑型领导风格的特点是订立高标准，并以身作则；辅导型领导风格的特点是专注于人才发展，而不是当前的工作成果。

每一种领导风格都有它存在的意义，优秀的领导者往往具备多种领导风格，并根据实际需要在不同的领导风格之间灵活切换。领导者应具有长远的眼光，而不应仅关注眼前任务的完成情况。

### 3. 一体化项目领导力应用

一体化项目体量庞大，如果沿用传统项目管理方法，初期对项目的需求说明复杂而烦琐，可能造成各成员之间的理解存在差异，导致项目前期评估计划方案有所偏差，不能完全满足项目需求，甚至引发争执。例如，项目计划确定的细化目标没有完全契合团队能力，存在既定目标过高或过低的问题。

此外，项目初期存在分工不明确的问题，对项目需求、阶段工作等进行说明后并未完全责任到人，造成个别工作由多个成员同时进行，有些工作人员较少，导致任务分配不均衡，浪费了团队资源。

为了解决以上问题，成立由国家能源集团领导担任组长的一体化项目推进小组，推进小组下设项目总协调，负责一体化项目日常管理、推进、组织实施等工作。只有领导核心对一体化项目实施真正理解并高度重视，才能自上而下地解决项目实施过程中遇到的各种问题。

无规矩，不成方圆。严明的纪律是一个团队正常运转、稳定和谐的基本保障。一体化项目组领导明确提出了加强学习、加强沟通协调、强化考勤纪律、攻坚克难保目标任务4项要求，并以身作则、严于律己。好的团队就应该有好的团队文化。工作中严肃，生活中关心关爱，只有这样，团队才有凝聚力、向心力、创造力、战斗力。例如，项目组一名业务专家独自一人在北京参与项目建设，项目组领导时常会询问业务专家在生活上有没有困难，并主动提出让业务专家每个月回家一趟，看望家人。在疫情防控期间，项目组领导得知项目成员主动参与疫情防控志愿者工作，表示大力支持，多次致电关心，嘘寒问暖，并要求做好个人防护。往往这些细节上的关心，最能让人感觉到温暖，也正是有了领导的关心关爱，项目组才能精诚团结、勠力同心，以昂扬的斗志、饱满的热情、顽强的作风参与项目建设。

团队中的领导者是团队的核心与灵魂，是队伍的领头雁与掌舵人。一体化项目组的领导者就是这样决策果敢、运筹帷幄、求真务实的领头雁、掌舵人。他们同许多员工一样，用行动默默履行着自己的职责。在他们的带领下，项目组始终能够按期完成工作计划，高质量、高标准地推进工作，按时发布业务标准、按时完成数据模拟导入培训、按时完成内训师选拔，提前实现各实施单位上线。他们用业绩成果践行自己的责任担当，带领项目组一路向前。

## 4.3.5　领导力活动

管理活动聚焦于实现项目目标的手段，如制定有效的程序、规划、协调、测量和监督等。领导力活动关注于人。领导力活动包括冲突解决、谈判、情境领导、评价激励、有效沟通，以及与项目团队管理相关的其他方面。

领导力活动应由所有项目团队成员进行实践，可以是集中式，也可以是分布式，还可以是服务式。

1）集中式领导力活动。通过项目章程批准项目经理使用组织资源，组建项目团队，开展领导力活动完成项目目标。

2）分布式领导力活动。项目管理活动以自组织形式由项目团队成员共同实施，并由项目团队成员负责完成工作。在分布式领导力模式下，不会指定项目经理，而是由项目团队中的某个人充当促进沟通、协作和参与的引导者。此角色既可以由项目团队成员轮流担任，也可以指定专人（如敏捷教练）。

3）服务型领导力活动。聚焦于了解并满足团队成员的需要及其发展，尽可能促成最高的项目团队绩效。强调通过聚焦于解决以下问题培养项目团队成员，使其发挥最大潜能：

➤ 项目团队成员是否在成长？

➤ 项目团队成员是否在变得更健康、更明智、更自由、更自主？

➤ 项目团队成员是否更有可能成为服务型领导者？

接下来从冲突管理、谈判、情商和项目技商应用三个方面展开描述。

### 1. 项目冲突管理

在项目实施过程中，冲突不可避免。项目冲突是组织冲突的一种特定表现形式，是项目内部或外部某些关系难以协调而导致的矛盾激化和行为对抗。冲突管理是指采用一定的干预手段改变冲突状况，尽可能地引导冲突向有益方向发展，降低其负面影响。冲突具有普遍性、两面性。冲突来源主要包括沟通与知觉差异、角色混淆和资源分配及利益格局的变化等。采用团队基本规则、规范及成熟的项目管理实践能够有效减少冲突。

成功的冲突管理可提高生产力，改进工作关系。同时，如果管理得当，意见分歧有利于提高创造力和改进决策。如果意见分歧成为负面因素，应首先由项目团队成员负责解决；如果冲突升级，项目经理应提供协助，寻找满意的解决方案，采用直接和合作的方式处理冲突；如果破坏性冲突继续存在，则可使用正式程序，如采取惩戒措施等。

冲突是一方感觉到另一方对自己关心的事情产生或将要产生消极影响，而与另一方产生互动的过程。项目冲突是组织冲突的一种特定表现形式，是项目内部或外部某些关系难以协调而导致的矛盾激化和行为对抗。

（1）冲突产生的原因

冲突不会在真空中形成，其成因复杂且多样。如何进行冲突管理在很大程度上取决于对冲突产生原因的判断。冲突产生原因主要有以下几个方面：

1）沟通与知觉差异。人们看待事物存在知觉差异，个体根据主观的心智体验来解释事物，沟通不畅容易造成双方的误解，引发冲突。

2）角色混淆。项目中的每一个成员都被赋予特定的角色，并给予一定的期望。但项目中常存在"在其位不谋其政，不在其位却越俎代庖"等角色混淆、定位错误的问题。

3）资源分配及利益格局的变化。例如，在一体化项目实施过程中，某些业务顾问需要竞聘上岗。业务顾问所在的项目组可能因此变化影响了项目工作的开展，有意维持现状，而业务顾问则希望通过变革找到发挥优势的适合机会，由此产生对抗和冲突。

4）思维方式差异。具有不同价值理念及成长经历的项目成员有着各自不同的思维方式，可能存在项目推进思路的差异。同时，由于所处部门及管理层面的局限性，项目成员在看待问题及如何实现项目目标方面也有很大差异，存在"屁股决定脑袋"的现象，由此产生冲突。

（2）冲突的类型及影响

冲突是项目中不可避免的现象。过多的冲突会破坏项目组织的功能，过少的冲突会使项目组织僵化，因此，实施科学、有效的冲突管理是项目管理的重要内容之一。根据冲突对项目的影响，将冲突分为建设性冲突和破坏性冲突。项目冲突类型及影响见表 4-15。

**表 4-15　项目冲突类型及影响**

| 冲突类型 | 冲突带来的影响 |
| --- | --- |
| 建设性冲突 | 激发才干和能力<br>带动创新和改变<br>学习有效解决或避免冲突的方法<br>对项目存在的问题提供诊断信息<br>实现整合及同心协力 |
| 破坏性冲突 | 耗费时间<br>过度展现自利倾向，妨碍组织整体发展<br>持续的人际冲突对个人情绪和身心健康造成损害<br>转移且消耗组织的时间与能量<br>可能要付出高昂的经济和情绪代价<br>形成我和他们对立的态度<br>导致信息错误和真相扭曲 |

在项目管理过程中，项目经理应适当地利用建设性冲突，避免破坏性冲突。但是，这两种冲突是共生的，通常只是一线之差，项目经理能否利用得好也是管理技能的体现。在项目管理中，基于冲突发生的层次和特征的不同，项目冲突可以分为以下 4 种：

1）人际冲突。是指项目内个体之间的冲突，主要由项目内两个或两个以上个体意见、情感不一致而导致。例如，对于某一功能的实现方式，实施人员之间往往因不同的见解引发争执。此时，需要彼此开诚布公且聚焦于问题。重点是解决问题，而不是针对人。

2）团队或部门冲突。是指项目中的部门与部门、团队与团队之间由于各种原因发生的冲突。争取资源是团队或部门冲突的主要原因之一，这需要双方以组织利益最大化为目标，站在对方的角度思考并解决问题。

3）个人与团队或部门之间的冲突。不仅包括个人与正式组织的规则制度要求及目标取向等方面的不一致，而且包括个人与非正式组织团体之间的利害冲突。个人与团队或部门的冲突往往是个人感知的问题，可以根据当事人的行为方式和思维模式寻找解决办法。

4）项目与外部环境之间的冲突。主要表现为项目与社会公众、政府部门、消费者之间的冲突，如社会公众希望项目承担更多的社会责任和义务、项目的组织行为与政府部门政策法规之间的不一致、项目与消费者之间发生的纠纷等。

（3）冲突解决方法

冲突在项目中很常见。如果处理得当，冲突可以是积极和富有成效的，可以增强项目团队成员之间的信任度，加深他们对成果的承诺。对冲突的恐惧会限制团队成员的沟通能力和创造力。如果处理不当，冲突可能会导致不满、信任缺乏以及士气和积极性下降。解决冲突的方法有以下6种：

1）面对/解决。面对冲突是指将冲突视为要解决的问题。当冲突双方之间的关系很重要，并且每一方都对另一方解决问题的能力有信心时，通常采用这种解决冲突的方法。

2）合作。合作是指将与冲突有关的多种观点包含进来。合作的目标是了解各种观点，从多个角度看待冲突。当参与者之间已经建立信任并且有时间达成共识时，这是一种有效的方法。项目经理可以引导项目团队成员之间采用这种解决冲突的方法。

3）妥协。在某些冲突中，各方都不会完全满意。在这些情况下，寻求妥协是最佳方案。妥协涉及给予和接受的意愿。这使各方都能得到他们想要的东西，并避免冲突升级。当涉事各方拥有平等的权力时，通常会采用这种方法。例如,项目经理可能会与技术经理就项目团队成员是否可以参与项目工作达成妥协。

4)缓和/包容。当实现总体目标比分歧更重要时,缓和/包容是有效的方式。这种方法可使各方之间保持和谐关系,并产生善意。当个人的相对职权或权力存在差异时,也会使用这种方法。例如,当与发起人有分歧时,这种方法可能是适当的。由于发起人地位高于项目经理或项目团队成员,项目经理或项目团队成员希望与发起人保持良好的关系,因此采取包容的方式是合适的。

5)强迫。在没有足够的时间进行合作或解决问题时,会使用这种方法。在这种情况下,一方会强迫另一方接受自己的意愿,因为强迫的一方比另一方拥有更大的权力。如果存在需要立即解决的健康和安全方面的冲突,则可以采用这种方法。

6)撤退/回避。有时问题会自行消失,有时讨论会变得激烈,对此人们需要一个冷静期。在这两种情况下,撤退是适当的方法。在无法取胜的情况下也会采用这种方法。例如,遵守监管机构的某一要求,而不是质疑该要求。

对于一体化项目物资业务标准合并工作,项目组采用了合作的处理方式。首先,保证业务标准发布工作按计划完成;其次,保证业务标准合并质量,且要求合并后的业务标准能够覆盖国家能源集团物资管理业务;最后,项目组组织国家能源集团主管部门、业务专家、项目顾问进行会议讨论。由于业务标准合并势在必行,项目组只能考虑如何在最短的时间内按照项目计划保质、保量地完成业务标准发布工作。经多方讨论商定,将业务标准差异分析与合并工作分为 4 个小组,每个小组均由各业务领域的业务专家与顾问组成。每个小组负责不同的业务流程讨论与合并,完成业务流程合并的 4 个小组互相进行标准评审与修订，再将合并完成的业务标准提交国家能源集团主管部门进行评审，最终按时完成业务标准发布。

### 2. 项目谈判

谈判由"谈"和"判"两个字组成，"谈"是指双方或多方之间的沟通和交流，"判"是指决定。只有在双方之间沟通和交流的基础上，了解对方的需求和内容，才能做出相应的决定。

项目谈判主要涉及需求范围、进度目标、成本目标、质量要求、资源协调、分包和设备采购等内容。由于项目具有临时性、独特性、渐进明晰性的特点，项目谈判受进度、成本制约，以及项目人员谈判的专业性和技能制约。项目谈判既是必需的，又是必要的。例如，在一体化项目中，对于项目计划或标准制定过程中存在争议的问题，需要进行讨论和研究，这也是一种谈判。

一体化项目摒弃了先详细调研分析再制定业务蓝图的传统做法，采用了标准先行、统一设计的创新实施方法。在通用性的业务标准下，部分单位的特殊需求可能无法得到满足。鉴于这种情况，子/分公司和各中心组采取研讨最佳方案的方式，求同存异，积极解决问题。因此，一体化项目的谈判主要是项目各方讨论、研究的过程，并非传统意义上的谈判。项目谈判的内容包括：业务标准制定、人员招聘等。

在项目谈判前，各中心组对各子/分公司的需求进行可行性研究，在确认相关需求符合制度要求并切实可行后，再进行相关谈判。在这一过程中，国家能源集团相关业务部门领导参与谈判，子/分公司方面参与谈判的人员为需求提报人、业务负责人、业务专家等。

在管理边界方面，由于业务标准的制定不涉及商务、技术内容，所有人员的谈判边界都将以自身业务需求为基础，从满足业务需求向一体化系统要求延伸。

（1）关于业务标准制定的谈判

国家能源集团规模大、业务范围广泛，涉及的业务会出现总体相同、局部不同的情况。因此，在设计业务标准时，存在业务标准不能完全满足子/分公司个性化业务需求的分歧。但总的来说，此类谈判的分歧点是业务标准和特殊业务的冲突。

在优先级方面，按照先易后难的策略进行，先解决容易解决的冲突点、分歧点，再解决不容易解决的分歧。在一体化项目实践中，也是从易到难来解决问题。在业务标准制定存在分歧时，先解决同业务领域的分歧，再解决跨业务领域的分歧。例如，当设备管理的相关业务标准存在多处分歧时，先解决只出现在煤炭板块的分歧点，再解决既出现在煤炭板块又出现在电力板块的分歧点。

在策略方面，一体化项目主要采用了纵向谈判。纵向谈判是指一次只讨论一个问题，解决一个问题再讨论下一个问题。与纵向谈判相对应的是横向谈判。横向谈判具有议题灵活、可变性大的特点，要求谈判人员具备掌控全局的能力。纵向谈判程序明确，议题简化，从某种角度讲，更易于彻底解决一个议题的分歧。

在一体化项目建设过程中，项目管理团队与用户单位通过谈判制定了既符合集团管控要求，又能满足各单位管理需求的业务标准。通过谈判和外部专家评审后，业务标准以正式文件形式发布执行。实践结果证明，业务标准合理，为项目顺利推进和管理水平提升提供了重要保证。

（2）关于人员招聘的谈判

一体化项目规模大、人员多，其中人员招聘成为常见的谈判方式。人员招聘谈判是指项目管理者与应聘人员通过协商达到双赢结果的行为。

此类谈判的角色分别是面试官和应聘者。谈判的内容涉及业务能力、工作内容、个人期望等。

谈判的目标对于项目组来说，是希望在满足项目成本控制要求的基础上招聘到业务能力强的顾问；对于应聘者来说，则是希望通过项目提升自己的能力，获得更好的发展。

这种谈判的策略一般为横向谈判。横向谈判是把要谈的议题铺开，几个问题同时讨论。例如，应聘人员加入项目组后，能否在项目中得到成长，能否在项目中获得其他的知识，能否实现个人的发展与提升。因此，同时铺开所有议题，会有利于双方更好地选择和考虑。

一体化项目团队高峰时的实施顾问达 1000 人，通过面试谈判，为一体化项目召集到了一大批资深的实施顾问，为项目的良好建设打下了坚实的基础。

### 3. 情商和项目技商应用

（1）什么是项目技商

"技商"是从"智商"中衍生出的概念。21 世纪以来，对"技商"的讨论越来越多。综观各种研究成果，可以把"技商"定义为个人适应、使用和整合各种技术（特别是新技术）的能力。"技商"的概念可以在保持基本内涵不变的情况下，从个人层面延伸至团队或组织层面。

根据调查报告，项目管理技商（以下简称"项目技商"）是指个人在项目管理中适应、管理和整合各种技术的能力。当前，个人和公司都急需通过适应技术的迅速变化探求数字化可持续发展之路，工作的性质正在从"终生同一工作"向"各种项目的组合"转变，因此，有必要提出项目技商这个新概念。

项目技商的主要内容如下：

1）始终如一的好奇心。始终保持对新方法、新主意、新视角和新技术的好奇心。

2）全面包容的领导力。全面包容不同年龄、级别和背景的团队成员，以最大限度地发挥团队的作用。

3）面向未来的人才储备。招聘和留用具有数字时代所需技能的项目人员。

4）加强一体化项目建设过程中的数字隐私和数据安全的意识和能力。

（2）情商与项目管理

情商是识别自身和他人情绪的能力。对个人感受的认可、对他人的感受体现同理心以及采取适当行动的能力是有效沟通、协作和领导的基石。因此，在项目团队环境中，情商对于项目管理者而言至关重要，因为项目管理者的情商直接影响其对团队成员的评估。情商在项目管理中的体现主要包括以下几个方面：

1）谈判。

2）项目人员管理。

3）项目需求变更时的沟通。

4）促进项目积极推进。

5）与干系人建立良好关系。

（3）项目技商的应用

1）改进项目经理与技术专家的关系。项目技商是项目经理基于特定项目所需的适应、管理和整合各种技术的能力。项目经理虽然不必精通每一种技术，但是需要对每一种技术都有所了解，以便组织技术专家协同开展各项技术工作。

2）提升项目经理在组织中的作用。项目技商概念的提出，赋予了项目经理岗位更丰富的内容，同时又引导项目经理改进与各种技术专家的关系，这将使项目经理在组织中获得更多的支持，拥有更高的地位，发挥更大的作用。同时，这一概念把项目管理方法又向前推进了一步，使各种组织对项目管理方法更有信心，从而促使其进一步推动自身的项目化转型，提升项目经理在组织中的重要作用。

3）利用新技术加强项目管理。随着科学技术快速发展，新技术不断出现，项目经理也应紧跟潮流，学习、了解和应用新的技术，如大数据分析、人工智能、区块链、云计算等，辅助管理，智慧决策。

情商和项目技商在一体化项目中的实践包括以下两个方面：

1）技术路线创新。一体化项目对技术和流程创新始终保持开放和支持的态度。国家能源集团是国内首个采用 S/4 HANA 最新产品同步完成新系统实施和原系统升级的大型集团，国内尚没有同等规模企业的实施案例。

2）实施方法论创新。一体化项目创新管理模式将党支部建在一体化项目上，党建引领、文化聚力，深化党建与业务融合、发挥党支部战斗堡垒和党员先锋模范作用。为凝聚全员意志，振奋全员士气，充分发挥项目全体参建人员主力军、主人翁作用，保障项目实施进度和质量，组织开展集团公司"先锋杯"一体化集中管控系统建设项目主题劳动竞赛活动。按照"实施过程进度质量全覆盖，突出重点知识与重要技能"的原则，按月定期开展项目过程评价竞赛，同步开展系统知识应知应会竞赛、各板块业务标准知识竞赛、技能大赛等活动，营造比学赶超的氛围，充分应用领导力技能，在一体化项目过程中实现"控进度、保质量、长技能、提效率"。

# 4.4　数字化转型项目开发方法绩效域

项目开发方法绩效域包括优化项目成果所需的开发方法、交付节奏和项目生命周期。项目可交付物的类型决定了项目如何进行开发；可交付物的类型和开发方法决定了项目交付的节奏；可交付物的开发方法和所期望的交付节奏决定了项目生命周期及其阶段。三者之间相辅相成，互为关联。

## 4.4.1　开发方法

### 1. 开发方法类型

开发方法是指在项目生命周期内创建项目结果的方法，通常分为预测型、适应型和混合型。开发方法决定开发生命周期。

1）预测型开发方法。预测型开发方法也称为瀑布型开发方法。该方法能够使项目团队在项目早期降低风险水平，提前完成大部分规划工作。在许多情况下，采用这种方法的项目都可借鉴以往类似项目的模板。当涉及重大投资和高风险，可能需要频繁审查、改变控制机制以及重新规划时，也可以使用这种方法。

2）适应型开发方法。项目开始确立时仅有明确的愿景，项目需求具有高度的不确定性，且在整个项目期间将根据用户反馈、环境或其他因素的影响而发生变化，应采用适应型开发方法。适应型开发方法包括迭代型开发方法和增量型开发方法。在开发过程中，迭代型开发方法尝试通过不同的想法澄清范围、方法和需求。在最后一个迭代之前，迭代型开发方法可以生成具有足够功能，可以接受的可交付物。增量型开发方法是指在一系列迭代过程中生成可交付物。每个迭代都会在预先确定的时间期限内增加功能，功能只有在最后一个迭代结束后才被视为完整。迭代型开发方法是通过一系列重复的循环活动开发产品，而增量型开发方法是渐进地增加产品的功能。

3）混合型开发方法。该方法是预测型开发方法和适应型开发方法的组合。有明确需求的项目可采用预测型开发方法，而仍在发展中的项目可采用适应型开发方法。当项目需求具有较高的不确定性或风险时，或可交付物可以模块化时，或通过不同的项目团队开发可交付物时，适合采用混合型开发方法。

### 2. 开发方法与开发生命周期

项目生命周期内通常有一个或多个阶段与产品、服务或成果的开发相关，这些阶段被称为开发生命周期。开发生命周期与开发方法相对应，开发方法强调实现产品、服务或成果的方法，开发生命周期则是一种创建高质量项目结果、清晰定义过程的方法论，基于时间分程的思想方法。常见的开发生命周期包括预测型生命周期、适应型生命周期和混合型生命周期。

需要说明的是，项目生命周期是针对整个项目而言，开发生命周期则是针对项目中的产品、服务或成果开发而言。如果整个项目只开发一个产品、服务或成果，那么项目生命周期与开发生命周期基本一致，只是项目生命周期还包括前端项目启动和项目收尾的管理工作。如果在同一项目中，需要开发多个产品、服务或成果，那么在这个项目生命周期内就会包括多个开发生命周期。只有所有的开发生命周期都完结，项目生命周期才能完结。

## 4.4.2　交付节奏

交付节奏是指项目可交付物的时间安排和频率。项目交付可以采用一次性交付、多次交付或定期交付。

一次性交付是指项目只在项目结束时交付。工程建设项目大多采用一次性交付。

多次交付是指一个项目可能包含多个组件，各个组件会在项目周期内的不同时间交付。多次交付可以按顺序进行交付，也可以单独进行交付。产品开发项目、信息化建设项目通常采用多次交付。

定期交付是指按固定的交付进度计划进行交付。类似多次交付，不同的是定期交付的时间频率是固定的。例如，软件应用程序可能每两个月定期向市场发布。

一体化项目建设范围涉及国家能源集团全业务领域、全产业板块，涉及范围广、单位多，为降低项目交付风险，采用多次交付的方式，即按照单位规模、业务复杂度等因素评估结果划分多个批次，两个月内完成分批上线应用，最终实现业务互连、数据互通、数据共享，形成集团统一的数字化管控平台。

## 4.4.3　项目生命周期和阶段

项目生命周期中项目阶段的类型和数量主要取决于开发方法和交付节奏。开发方法又决定了开发生命周期的类型，如果开发生命周期是预测型，那么项目生命周期也是预测型。

（1）采用预测型开发方法的生命周期和阶段

以系统集成项目为例，预测型开发方法生命周期可以划分为 6 个阶段：

可行性分析阶段、设计阶段、构建阶段、测试阶段、部署阶段、项目收尾阶段。预测型生命周期的特点是各个阶段依次完成。这种类型的生命周期与预测型开发方法非常匹配，每个阶段只进行一次，每个阶段都侧重于某一特定类型的工作。

（2）采用增量型开发方法的生命周期和阶段

增量型开发方法的特点是开发生命周期多次换代，以软件开发为例，生命周期阶段划分为：可行性分析阶段、计划、设计、构建……项目收尾阶段，其中计划、设计、构建组成的三次迭代。每个后续的构建都将在初始构建上增加功能。

（3）采用适应型开发方法的生命周期和阶段

适应型开发方法生命周期是指在每次迭代（有时称为"冲刺"）结束时，根据客户对可交付物的审查意见，更新项目待办事项列表，以确定下一次迭代中可交付物特性和功能的优先级。如此反复，直至交付最终项目成果。

在确定项目生命周期的过程中，由项目管理团队根据开发方法和交付节奏确定项目最适合的生命周期。项目生命周期应具有一定的灵活性，可以通过以下方法实现项目生命周期的灵活性：

1）确定需要在各个阶段实施的一个或多个过程。

2）在合适的实施阶段确定一个或多个过程。

3）调整阶段的各种属性（如名称、持续时间、退出标准和准入标准）。

项目生命周期的划分对于信息服务项目来说，从厂商角度看，是从接到合同开始到完成规定工作结束；从客户角度看，是从确认有需求开始到使用项目成果实现业务目标结束，生命周期的跨度要比前者大。项目的根本目标是满足客户需求，所以按后者划分考虑比较有益，对项目管理的帮助更大。

### 4.4.4　数字化转型项目开发方法的影响因素

数字化转型项目选择开发方法应重点考量成果变量、项目变量、组织变量三个方面。

与项目成果相关的变量包括创新程度、需求确定性、范围稳定性、变更的难易程度、交付选择方案和风险、安全要求、法律法规。创新程度高且需求不确定的项目更适合选择适应型开发方法，需求明确、可交付物范围稳定的项目则适合预测型开发方法。

项目变量主要包括干系人、进度制约因素和资金使用情况。采用适应型开发方法的项目需要干系人广泛参与其中；如果项目需要尽早交付产品，迭代型或增量型开发方法更为适合。

组织变量包括组织结构、组织文化、项目团队规模及所处位置等。对于具有多个层级、严格汇报结构的项目更适合预测型开发方法，而扁平化结构的项目更适合适应型开发方法；组织文化强调项目团队自组织管理的项目则适合适应型开发方法。

项目团队在确定项目开发方法的过程中，应对以上三个方面进行综合考量，确定适合项目的开发方法。

#### 1. 一体化项目实施方法选择考虑因素

国家能源集团一体化项目在项目开发方法的选择上，主要基于以下三个方面考虑：

（1）国家能源集团战略发展需要

国家能源集团围绕"战略＋运营"的管控新模式提出了"一个目标、三型五化、七个一流"的发展战略，旨在打造创新型、引领型、价值型企业，推进清洁化、一体化、精细化、智慧化、国际化发展，巩固国家能源集团重组改革成果，推动各下属企业的业务标准、运营模式和管理流程高度统一，实现"1 + 1 > 2"的管理效应。这就需要国家能源集团总部部门、各产业板块进一步加强精细化管控、专业化管理、规范化运营，实现业财一体、信息透明、决策精准，特别是要发挥出国家能源集团煤、电、化、运一体化，产、运、销一条龙的独特竞争优势。

（2）国家能源集团一体化管控要求

国家能源集团作为中央骨干能源企业，资产规模超过1.8万亿元，拥有煤炭、电力、化工、运输等全产业链业务，产业分布在全国31个省（自治区、直辖市）以及美国、加拿大等10多个国家和地区，是全球最大的煤炭生产公司、火力发电公司、风力发电公司和煤制油煤化工公司。面对每天产生的经营数据，传统的报表式管理已远远不能满足大型现代化企业管理需要，管理制度、流程、监控、编码的规范化已成为国家能源集团急需解决的问题。因此，建立一套全面、统一的现代化管理系统，有助于监控经营管理各个环节，完善制度与管控体系建设，为国家能源集团规模化发展、集团化运作、集约化管控提供数字化支撑。

（3）可行性分析及专家论证

国家能源集团党组高度重视数字化转型工作，集团领导多次听取一体化项目专项汇报，要求明确建设目标，尽快推进项目实施。工业和信息化部组织国家能源集团有关部门和子/分公司对一体化项目进行充分讨论，一致认为，建立集中、统一的信息系统，提高协调运作效能，最大化发挥一体化优势势在必行。国家能源集团为此经过党组会审议，通过了一体化项目的立项。由此可见，一体化项目的建设是国家能源集团党组充分考虑集团实际情况，落实中央审计提出的整改意见，经过多次专家论证及可行性分析，深思熟虑后做出的重要决策。

### 2. 一体化项目实施方法

一体化项目采用"集中设计、统一标准、标准化实施"的方式，项目实施整体采用预测型开发方法。在标准化制订过程中，针对业务领域的个性化业务需求，采用适应型开发方法，细化业务领域标准，保证项目平稳推进。实践证明，一体化项目采用的混合型开发方法对于特大型数字化转型项目实施是行之有效的。

### 4.4.5　一体化项目生命周期和阶段定义

一体化项目生命周期如图 4-4 所示。

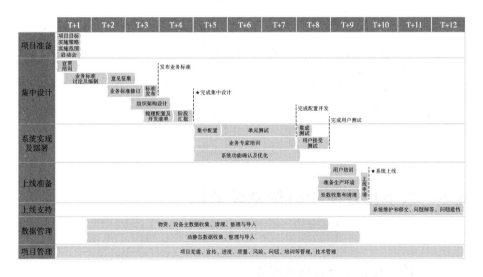

图 4-4　一体化项目生命周期

一体化项目生命周期分为以下 5 个阶段：

1）项目准备阶段。召开项目启动会，确定项目目标、实施策略和实施范围。

2）集中设计阶段。组织项目宣贯培训，编制业务标准，征集各方意见，进行组织架构设计和业务流程设计，梳理配置及开发清单，对业务标准进行修订和评审，确定业务标准并发布。

3）系统实现及部署阶段。根据业务标准进行系统配置和开发；进行单元测试、集成测试、用户接受测试、性能测试；对业务专家进行必要的技能和知识培训；业务部门对系统实现功能进行确认，并对系统功能进行持续优化。

4）上线准备阶段。数据收集和清理，针对数据转换过程中可能出现的问题提出相应的解决方案；审核数据转换所需的文件，确定上传数据和文档并与各相关部门确认，保证上线后业务处理流程顺畅可行；生产环境准备，正式进行数据转换，保证业务数据准确无误地转换至一体化集中管控系统；下发培训通知，对用户进行培训。

5）上线支持阶段。系统管理人员和业务专家一起进行系统维护工作，并逐步移交至系统运维团队；及时解决最终用户提出的、业务专家无法解答的问题；建立问题档案，跟踪问题解决情况。

# 4.5 数字化转型项目规划绩效域

## 4.5.1 数字化转型项目规划概览

规划绩效域主要关注项目目标实现和成果交付。规划的目的是制定一系列措施创建项目可交付物，继而推动项目成果成功交付。在项目启动阶段，根据确定的预期成果制订实现项目成果的高层级计划，如项目愿景、项目章程、商业论证等，进而制定项目范围、资源、进度、质量、风险、采购等整体项目规划，再根据选定的开发方法和生命周期进行详细规划。在整个项目实施期间，项目规划将指导项目工作、成果和商业价值交付。随着项目的进展，项目风险和不确定性、项目干系人期望等因素会对规划产生影响，因此需要修订计划或制订新计划，以适应实际的项目环境。

在一体化项目准备阶段，对项目的范围、进度、成本、质量、资源、沟通等进行了相应的规划与估算。

### 4.5.2　项目规划与控制

#### 1. 规划和管理项目进度

（1）制订进度计划和推进措施

一体化项目进度计划按预测型的分层分级计划和适用型的迭代计划方式编制，在进度推进方面定义了进度计划执行和监督措施。

一体化项目硬件集成进度计划采用预测型开发方法分层分级的方式编制。首先，一级计划按阶段进行规划，包括项目准备阶段、集中设计阶段、系统实现及部署阶段、上线准备阶段、上线支持阶段。其次，二级计划是由项目管理办公室编制的里程碑/节点计划，并按项目章程要求，设定强制里程碑/节点计划。在强制里程碑计划下，各中心组编制子里程碑/子节点计划，以此建立项目进度基准，用于监控项目和推进进度。再次，在相应里程碑/节点计划基础上，编制可交付成果计划，做到结果导向、以终为始，便于验证项目工作成果。最后，四级计划是由各子/分公司项目组、承包商、服务商编制的具体执行计划，并按季、月、周进行细化。

在业务标准统一和软件开发中采用适用型开发方法按迭代方式编制进度计划，也称之为滚动式规划。首先将需求记录在用户故事中，然后按交付价值进行优先级排序并优化用户故事，最后在规定的时间盒内实现系统功能。

在进度计划编制过程中，还定义了编制时间、责任人、批准人、输出格式、发布平台。

在进度计划推进方面制定了执行与监督措施。具体如下：

每月 24 日，通知进行计划执行情况反馈和调整；

每月 25 ~ 26 日，各中心组反馈上月计划执行情况，进行下月计划调整；

每月 28 日，根据各中心组反馈内容，更新滚动进度计划。如各中心反馈的计划有冲突，则提交项目管理办公室协调解决；

每月 29 日，组织月度绩效例会评审，评审计划的合理性；

每月 30 日，督促各审批人完成审批，并发布更新后的进度计划。

（2）一体化项目主计划

一体化项目建设周期为 12 个月，其中 9 个月实施，3 个月支持。计划于第 10 个月上线，上线后实现系统单轨运行，后续支持 3 个月再转入运维。一体化项目进度计划层级如图 4-5 所示。

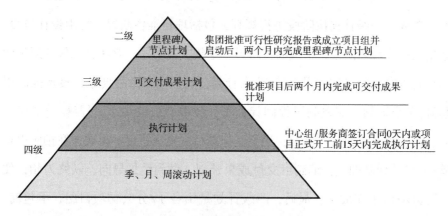

图 4-5　一体化项目进度计划层级

注：一级计划为项目阶段。

按照一体化项目总体进度要求，制订一体化项目主计划，明确各阶段工作内容。一体化项目主计划见表 4-16。

表 4-16　一体化项目主计划

| 阶段 | | | 工作内容 | 实现效果 |
|---|---|---|---|---|
| 里程碑名称 | 开始时间 | 结束时间 | | |
| 项目准备 | 第一周 | 第二周 | 1. 准备与部署项目整体工作及后勤工作<br>2. 制定项目章程<br>3. 启动 S/4 HANA 系统原型搭建 | 1. 为项目后续工作制订详细计划并提供可靠的后勤保障<br>2. 明确组织职责、工作机制、会议制度、人员管理办法<br>3. 项目组进行 S/4 HANA 系统原型搭建及原系统配置、功能、接口迁移 |
| 集中设计 | 第三周 | 第十六周 | 1. 基于前期项目成果，开展系统概览培训<br>2. 形成主数据收集模板，开展主数据收集工作<br>3. 形成各业务领域业务标准<br>4. 进行一体化项目组织架构设计<br>5. 进行集中设计阶段汇报<br>6. 系统开发、测试环境准备 | 1. 项目组对一体化集中管控系统概览进行培训，使有关人员理解项目工作<br>2. 形成主数据收集模板，并开展主数据收集工作<br>3. 基于前期成果进行充分讨论，结合集团实际业务需要进行完善与修订，并形成业务标准<br>4. 收集实施单位相关数据，进行系统组织架构设计<br>5. 进行集中设计阶段工作汇报<br>6. 准备基于 S/4 HANA 的开发及测试环境 |
| 系统实现及部署 | 第十七周 | 第三十二周 | 1. 集中进行系统的配置开发<br>2. 开展静态数据收集、清理及转换工作<br>3. 进行系统单元测试<br>4. 进行集成测试<br>5. 进行权限设计及权限测试<br>6. 进行用户接受测试<br>7. 进行培训讲师培训及最终用户培训准备<br>8. 开展最终用户培训 | 1. 完成各模块的系统集中配置开发，为后续测试、培训做好系统层面的充分准备<br>2. 完成静态数据收集、清理及转换工作<br>3. 完成系统单元测试<br>4. 完成系统集成测试，确保系统及相关功能及接口畅通<br>5. 完成系统权限角色设计及相关测试工作<br>6. 执行 UAT 测试，进一步验证系统功能适用性<br>7. 完成最终用户培训讲师培训，并制订最终用户培训方案及计划，准备培训材料等<br>8. 开展最终用户培训工作 |

（续）

| 阶段 | | | 工作内容 | 实现效果 |
|---|---|---|---|---|
| 里程碑名称 | 开始时间 | 结束时间 | | |
| 上线准备 | 第三十三周 | 第三十六周 | 1. 完成最终用户培训<br>2. 进行性能测试<br>3. 完成动态数据收集、清理与转换<br>4. 进行系统上线准备工作<br>5. 进行系统上线切换 | 1. 完成最终用户培训工作<br>2. 完成系统性能测试，确保系统配置满足上线后运行要求<br>3. 完成动态数据收集清理与转换工作<br>4. 通过支持体系组建、生产环境准备和系统上线申请与检查多项措施提升系统上线条件满足度<br>5. 通过上线切换准备及运行，确保系统满足上线条件，实现系统最终上线并完成切换 |
| 上线支持 | 第三十七周 | 第四十八周 | 1. 进行上线后支持<br>2. 制订月结整体方案<br>3. 全面梳理与总结项目工作<br>4. 全面开展系统交接工作<br>5. 进行项目验收准备工作 | 1. 通过开展上线支持工作，建立上线支持及运维问题沟通处理机制，确保系统上线后的顺利运行<br>2. 提供支持，确保各单位月结工作顺利完成<br>3. 完成项目工作梳理及总结<br>4. 完成知识转移及交接，确保项目平稳过渡到运维阶段<br>5. 完成项目验收相关工作 |

### （3）评估项目里程碑

项目里程碑计划涵盖项目范围、进度、成本、质量、安全、配置、人力资源、沟通、风险、采购、干系人及知识管理等多个方面。一体化项目里程碑计划编制应考虑项目业务特点，并满足客户管理要求、公司通用管理要求、部门业务控制程序和相关管理规范及裁剪指南要求、上线管理要求、移交管理要求、安全管理要求、商务合同及工作说明书要求等。一体化项目里程碑计划见表4-17。

表 4-17　一体化项目里程碑计划

| 序号 | 里程碑名称 | 里程碑说明 | 是否翻牌 | 是否考核里程碑 | 计划开始日期 | 计划完成日期 |
|---|---|---|---|---|---|---|
| 1 | 可行性研究 | | 否 | 否 | 2019-11-01 | 2019-12-12 |
| 2 | 项目启动 | | 否 | 是 | 2019-12-02 | 2020-03-06 |
| 3 | 集中设计评审 | | 否 | 是 | 2020-01-30 | 2020-05-30 |
| 4 | 系统配置/定制开发完成 | | 否 | 否 | 2020-05-05 | 2020-10-08 |
| 5 | 系统上线/初验 | | 否 | 否 | 2020-10-01 | 2020-11-12 |
| 6 | 系统终验/汇报验收 | | 否 | 是 | 2020-11-01 | 2021-01-30 |
| 7 | 项目收尾 | | 否 | 是 | 2021-01-31 | 2021-03-01 |
| 8 | 质保期内维护 | | 否 | 是 | 2021-02-26 | 2022-02-25 |

　　里程碑计划应在重要节点对需要交付的文档进行限制。一体化项目里程碑计划需要交付的文档涉及 16 项关键交付物。一体化项目里程碑节点交付物示例见表 4-18。

表 4-18　一体化项目里程碑节点交付物示例

| 序号 | 交付物名称 | 完成标准 | 载体形式 | 要求来源 | 基线名称 | 所属里程碑 |
|---|---|---|---|---|---|---|
| 1 | 项目质量计划 | 同行评审 | 电子 | 合同要求 | | 项目启动 |
| 2 | 配置计划 | 同行评审 | 电子 | 合同要求 | | 项目启动 |
| 3 | 项目主计划 | 同行评审 | 电子 | 合同要求 | | 项目启动 |
| 4 | 项目里程碑计划 | 同行评审 | 电子 | 合同要求 | | 项目启动 |
| 5 | 业务标准 | 同行评审 + 客户确认 | 电子 | 合同要求 | 集中设计基线 | 集中设计评审 |
| 6 | 系统配置清单 | 其他 | 电子 | 合同要求 | | 系统配置/定制开发完成 |
| 7 | 用户接受测试报告 | 同行评审 + 客户确认 | 电子 | 合同要求 | | 系统配置/定制开发完成 |
| 8 | 集成测试报告 | 同行评审 | 电子 | 合同要求 | | 系统配置/定制开发完成 |
| 9 | 上线切换计划与方案 | 客户确认 | 电子 | 合同要求 | 上线基线 | 系统上线/初验 |

（续）

| 序号 | 交付物名称 | 完成标准 | 载体形式 | 要求来源 | 基线名称 | 所属里程碑 |
|---|---|---|---|---|---|---|
| 10 | 系统上线申请单 | 客户确认 | 电子 | 合同要求 | 上线基线 | 系统上线/初验 |
| 11 | 上线安全检测报告 | 其他 | 电子 | 合同要求 | 上线基线 | 系统上线/初验 |
| 12 | 上线 PMO 文档、上线计划、上线应急预案、系统移交计划 | 其他 | 电子 | 合同要求 | 上线基线 | 系统上线/初验 |
| 13 | 上线 PMO 文档、系统管理员手册、系统实施安装手册、系统应急预案、数据备份及恢复方案 | 其他 | 电子 | 合同要求 | 上线基线 | 系统上线/初验 |
| 14 | 项目验收用户报告 | 同行评审 | 电子 | 合同要求 | 验收基线 | 系统终验/汇报验收 |
| 15 | 项目验收工作报告 | 同行评审 | 电子 | 合同要求 | 验收基线 | 系统终验/汇报验收 |
| 16 | 项目验收技术报告 | 同行评审 | 电子 | 合同要求 | 验收基线 | 系统终验/汇报验收 |

（4）一体化项目可交付成果

在整个项目实施过程中，运用一体化项目实施方法论完成项目交付，并在各个阶段完成可交付成果的提交。一体化项目可交付成果列表见表4-19。

表4-19　一体化项目可交付成果列表

| 序号 | 项目阶段 | 交付物名称 | 内容描述 | 格式 | 评审级别 | | |
|---|---|---|---|---|---|---|---|
| | | | | | 无须评审 | 中心组评审 | PMO评审 |
| 1 | 项目准备阶段 | 项目主计划 | 指导项目开展各项工作的主计划 | MPP | | | Y |
| 2 | | 质量计划 | 项目质量计划 | Excel | | | Y |
| 3 | | 配置计划 | 项目配置计划 | Excel | | | Y |
| 4 | | 启动会材料 | 启动会讲话稿和汇报PPT等材料 | Word、PPT | Y | | |

（续）

| 序号 | 项目阶段 | 交付物名称 | 内容描述 | 格式 | 评审级别 | | |
|---|---|---|---|---|---|---|---|
| | | | | | 无须评审 | 中心组评审 | PMO评审 |
| 5 | 项目准备阶段 | 项目章程 | 明确组织职责、工作机制等 | | Y | | |
| 6 | | 培训资料 | 包括系统概览、方案等 | | | | |
| 7 | | 会议纪要/备忘录 | 各阶段重点事项讨论及决议文档 | | Y | | |
| 8 | 集中设计阶段 | 业务标准 | 包括数据标准、业务标准、接口标准等，涵盖详细解决方案 | | | Y | |
| 9 | | 组织架构设计报告 | 系统组织架构设计内容 | | | Y | Y |
| 10 | | 客户化开发(功能、接口、增强、报表、表单)清单 | 描述需要自定义开发的需求项清单 | | Y | | |
| 11 | 系统实现及部署阶段 | 系统配置清单 | 各模块通过系统标准配置实现的内容 | | Y | | |
| 12 | | 单元测试计划 | 开展单元测试的内容和时间安排 | | Y | | |
| 13 | | 单元测试问题清单 | 记录测试过程中发现的问题并进行跟踪 | | Y | | |
| 14 | | 系统单元测试报告 | 单元测试的结果总结 | | Y | | |
| 15 | | 系统开发功能(功能、接口、增强、报表、表单)详细设计说明书 | 描述自定义开发项的详细设计及实现逻辑 | | Y | | |

（续）

| 序号 | 项目阶段 | 交付物名称 | 内容描述 | 格式 | 评审级别 | | |
|---|---|---|---|---|---|---|---|
| | | | | | 无须评审 | 中心组评审 | PMO评审 |
| 16 | | 外围系统接口方案 | 系统与外围系统集成的接口方案、传输字段、测试计划等 | | | | Y |
| 17 | | 集成测试计划及用例 | 包括集成测试计划及测试场景、用例 | | Y | | |
| 18 | | 集成测试问题清单 | 记录测试过程中发现的问题并进行跟踪 | | Y | | |
| 19 | | 集成测试_联调确认单 | 集成接口联调双方针对接口联调结果的确认签字单 | | | | Y |
| 20 | | 系统集成测试报告 | 集成测试工作总结 | | | Y | |
| 21 | 系统实现及部署阶段 | 用户接受测试（UAT）计划及用例 | 包括UAT测试计划及测试场景、用例 | | Y | | |
| 22 | | 用户接受测试问题清单 | 记录UAT测试过程中发现的问题并进行跟踪 | | Y | | |
| 23 | | 用户接受测试报告 | UAT测试工作总结 | | | Y | Y |
| 24 | | 角色及权限清单 | 包括通用角色、本地角色清单 | | Y | | |
| 25 | | 用户培训方案及计划 | 包括组织方式、参加人员、培训内容及时间安排等 | | Y | | |
| 26 | | 用户培训材料 | 包括培训课件、视频教程等 | | Y | | |
| 27 | | 用户考试试卷 | 最终用户考试试卷 | | Y | | |
| 28 | | 用户手册 | 针对最终用户使用的系统操作手册 | | Y | | |

（续）

| 序号 | 项目阶段 | 交付物名称 | 内容描述 | 格式 | 评审级别 | | |
|---|---|---|---|---|---|---|---|
| | | | | | 无须评审 | 中心组评审 | PMO评审 |
| 29 | | 性能测试方案 | 包括性能测试方法、测试计划等 | | | | Y |
| 30 | | 性能测试报告 | 性能测试结果总结 | | | | Y |
| 31 | | 最终用户培训总结报告 | 包括参与培训用户的统计、培训效果等 | | Y | | |
| 32 | | 用户及授权清单 | 收集最终用户及对应权限清单 | | Y | | |
| 33 | | 静态数据收集结果确认 | 收集各单位用户签字确认的上线切换导入静态数据 | | Y | | |
| 34 | 上线准备阶段 | 动态数据收集结果确认 | 收集各单位用户签字确认的上线切换导入动态数据 | | Y | | |
| 35 | | 上线切换计划及方案 | 包括上线切换策略、时间计划、切换方案等 | | | Y | Y |
| 36 | | 上线计划、上线应急预案、系统移交计划 | 结合项目实际情况，编制详细的上线计划及应急预案 | | | | Y |
| 37 | | 系统管理员手册、系统实施安装手册、系统应急预案、数据备份及恢复方案 | 包括系统管理员手册、安装手册、应急预案、数据备份及恢复方案 | | | | Y |
| 38 | | 上线安全检测报告 | 上线切换前申请集团网安中心进行安全检测，检测完成后出具检测报告 | | Y | | |

（续）

| 序号 | 项目阶段 | 交付物名称 | 内容描述 | 格式 | 评审级别 | | |
|---|---|---|---|---|---|---|---|
| | | | | | 无须评审 | 中心组评审 | PMO评审 |
| 39 | 上线准备阶段 | 上线检查清单 | 项目整体及各模块上线切换前的检查内容 | | Y | | |
| 40 | | 系统上线申请单 | 具备上线条件时签署上线申请 | | | Y | Y |
| 41 | 上线支持阶段 | 月结、年结整体方案 | 各业务截止时间及财务月结方案 | | | Y | |
| 42 | | 系统运行问题记录清单 | 系统上线后运行过程中的问题记录，持续更新，提交汇总版 | | Y | | |
| 43 | | 系统月结报告 | 根据支持周期按月提交 | | Y | | |
| 44 | | 数据资产清单 | 按照集团PMO要求梳理数据资产清单 | | | | Y |
| 45 | | 项目验收用户报告 | 系统使用情况、取得的效益以及需求满足情况总结 | | | | Y |
| 46 | | 项目验收技术报告 | 包括系统技术架构、软硬件平台、采用关键技术等 | | | | Y |
| 47 | | 项目验收工作报告 | 项目实施工作总结及上线运行情况总结 | | | | Y |
| 48 | | 项目验收申请 | 项目验收申请单 | | | | Y |
| 49 | | 交付品汇编 | 项目交付品汇编列表 | | Y | | |

## 2. 计划和管理项目成本

（1）项目计划资金

根据项目成本基准，确定项目总体资金和阶段性计划资金。一体化项目具有实施范围广、上线单位多、工作任务重的特点，且在不到一年的实施周期中，各阶段资源需求存在较大差异，对项目计划资金产生较大影响，使项目计划资金呈现非均衡的阶梯状。从计划资金变化的角度分析，一体化项目分为项目准备、集中设计、系统实现及部署、上线准备、上线支持 5 个阶段。

在项目准备阶段，项目负责人负责组织项目组成员制定项目章程和项目计划。该阶段属于项目启动初期，人员投入较少，需要计划的资金是最少的。

在集中设计阶段，由国家能源集团内有代表性的业务专家牵头，少量业务顾问配合，制定统一的业务标准。该阶段人员投入有所增加，需要计划的资金开始递增。

在系统实现及部署阶段，需要投入更多的业务顾问。受益于统一的业务标准规范，该阶段所需资金比前一阶段略多。

在上线准备阶段，由于上线单位数量多，需要各单位沟通处理上线问题，顾问和用户的需求量达到峰值，因此该阶段需要计划的资金是最多的。

在上线支持阶段，主要进行系统问题运维处理，需要的业务顾问数量比前一阶段略有下降，因此该阶段计划的资金也略有下降。

一体化项目资金支付计划框架见表4-20。

表 4-20　一体化项目资金支付计划框架

| 项目阶段 | 款项类别 | 计划金额 | 计划日期 | 支付方式 |
|---|---|---|---|---|
| 项目准备 | | | | |
| 集中设计 | | | | |
| 系统实现及部署 | | | | |
| 上线准备 | | | | |
| 上线支持 | | | | |

（2）项目预算、成本、资金管控程序

一体化项目的预算、成本和资金管控严格按照国家能源集团《关于加强网络安全和信息化工作的指导意见》《国家能源集团网络安全和信息化规划纲要》和《国家能源集团网络安全与信息化项目立项管理办法》等相关要求和规定执行。项目预算、成本、资金管控遵循国家能源集团相关程序和审批制度，符合国家能源集团相关评审制度和合规性要求。

在项目立项阶段，项目前期工作小组将项目的组织范围、功能范围和业务范围作为输入，确定工作任务分解结构（WBS），采用《国家能源集团网络安全和信息化项目工程量评估工具》中的三点估算方法，估算项目各阶段的工作量及项目成本预算。国家能源集团组织外部专家、集团总部信息化相关领导评审一体化项目的工作量和项目成本预算，出具项目工作量和项目成本预算评审意见。项目前期工作小组依据评审意见，调整和修改项目工作量和项目成本预算。国家能源集团信息化管理部将立项建议书和项目预算材料提交国家能源集团总部审批，确定最终的项目工作量和成本预算。

在项目执行阶段，依据项目章程、工作任务书等有序推进项目建设工作。由于一体化项目的人力资源投入占比较大，如何控制人工成本和预算成为一体化项目预算和成本管理的核心内容。在项目执行过程中，利用项目管理信息系统准确记录和分析工时使用情况，提高项目资源使用效率，实现项目成本的有效管控。在项目管理信息系统中，项目负责人编制项目里程碑计划，分配工作任务和工时，确认工作完成状态及实际所用工时；项目成员按照实际情况及时、准确填写工时。

组织机构重组或变更导致一体化项目实施的组织范围、功能范围和业务范围变更时，国家能源集团项目管理办公室组织各中心组和相关子/分公司及时反馈意见和建议,更新《项目实施单位及模块范围清单》。同时,将此清单作为工作任务分解结构(WBS)的输入,采用《国家能源集团网络安全和信息化项目工程量评估工具》中的三点估算方法,形成项目工作量和预算增减变动情况表。依据国家能源集团工程项目相关预算管控要求,由国家能源集团组织专家进行评审并给出评审意见。根据项目工作量和预算评审意见,确定项目工作量和预算调整内容。

依据集团项目管理办公室相关规定,在项目收尾阶段开展项目审计工作。将项目实施的内容、目标、计划和项目的章程、制度、集团标准做对比,监测和督促项目建设活动,提高项目计划、预算和成本等数据的可靠性。

### 4.5.3　项目团队的组成和结构

项目组织是保证项目正常实施的组织体系,项目组织建设包括从组织设计、组织运行、组织更新到组织终结的全生命周期。为了在有限的时间、空间和预算范围内将大量的人力、物力组织在一起,按计划实现项目目标,必须建立合理的项目组织。

通常,需要权衡两个关键变量之后才可以确定合适的组织结构类型。一是可采用的组织结构类型;二是针对各类型组织结构适合的优化方式。

在选择一体化项目组织结构时,首先,定义可采用的组织结构类型。项目组织结构类型主要包括职能型、项目型、矩阵型、虚拟型、混合型等。

1)职能型组织结构。一种常规的线型组织结构。项目以部门为主体承担项目工作,可以充分发挥职能部门的资源集中优势。

2)项目型组织结构。完全以项目为主体,是一种单目标的垂直组织方式，组织紧密且稳定。项目型组织结构适用于大型项目，且对进度、成本、质量等指标有严格要求的项目。

3）矩阵型组织结构。整合不同专业资源，成立项目团队，团队资源既要兼顾部门工作，又要完成项目工作任务。根据项目经理对项目成员的影响力不同，矩阵组织又分为弱矩阵、平衡矩阵和强矩阵。采用矩阵组织主要能提高资源效率，兼顾多项目、多角色、跨部门的工作。但团队管理难度比较大，尤其在团队沟通、资源冲突、任务协调、评价激励等方面。

4）虚拟型组织结构。以信息技术为支撑的人机一体化组织，项目组织间没有时空限制，组织成员通过契约关系共同实现团队目标。虚拟团队在解决人员行动不便，如疫情防控要求下的居家办公，以及整合异地资源、专家资源，节约差旅费用等方面具有显著优势。但虚拟团队的管理很容易将虚拟团队变成"虚假团队"。

5）混合型组织结构。将两种或两种以上的组织结构结合起来。混合型组织结构综合了职能型、矩阵型、项目型组织结构的各种属性。例如，在一体化项目中，各所属单位是职能型组织，各专业组是项目型组织，项目实施单位是矩阵型组织。在不同阶段，不同专业或不同小组可根据一体化项目各专业领域工作规模大小、技术难易程度、管理和沟通要求，采用具有一定灵活度的混合型组织，既可以按业务板块设置专业小组，又能够按集中管控要求成立矩阵团队，为一体化项目的成功实施提供组织保障。

每一种组织结构形式都有其优点、缺点和适用条件。对于不同的项目，首先应根据项目具体目标、任务条件、项目环境等因素进行分析、比较，设计或选择最合适的组织结构形式。其次，考虑项目的复杂性、规模性、沟通要求、管理模式等因素，选择灵活的优化方式。例如，在疫情防控期间，将集中办公的组织形式调整为虚拟型、网状分布式的混合型组织结构，做到统一指挥、统一领导、统一组织，确保一体化项目目标的顺利实现。

### 1. 一体化项目组织结构

一体化项目范围涉及国家能源集团总部及子/分公司，项目组织范围和业务范围较为宽泛且互有交叉，因此，一体化项目采用混合型组织结构。

一体化项目组织由国家能源集团领导、总部相关部门、实施单位联合组成，负责确定项目实施计划及推进项目各项工作。一体化项目组织结构分为集团、子/分公司两级结构，如图4-6所示。

一体化项目由项目推进小组统一管理。项目推进小组组长由国家能源集团主要领导担任，成员由国家能源集团总部相关部门、实施方的主要领导构成。项目总协调由国家能源集团信息化管理部门领导担任。

项目管理办公室是辅助项目推进小组和项目总协调开展项目日常管理工作的机构，人员由国家能源集团总部相关部门、实施单位组成。

项目中心组分为通用业务领域中心组和板块业务领域中心组。通用业务领域中心组包括人资中心组、财务中心组、物资中心组、技术中心组、设备数据中心组、综合计划中心组。板块业务领域中心组包括煤炭中心组、电力中心组。各中心组负责与本业务领域相关的流程、数据等标准的制定和管理，在项目管理办公室的统筹下开展项目工作。各中心组成员由国家能源集团总部相关部门、基层单位以及实施单位组成。中心组组长由部门负责人担任，成员由所管辖业务领域相关人员构成。

技术中心组负责项目实施过程中的技术支持，在项目管理办公室统筹下开展工作。技术中心组由国家能源集团信息化管理部门牵头，由国家能源集团信息化管理部门和实施单位人员组成。

设备数据中心组负责设备主数据的收集、清理及审核工作，在项目管理办公室统筹下开展工作，由实施单位和其他子/分公司人员组成。

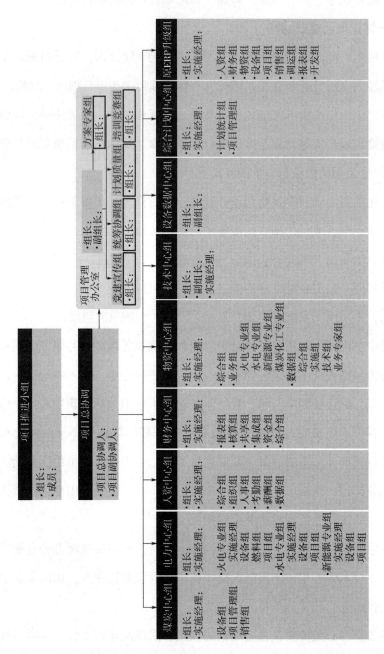

图4-6 一体化项目组织结构

综合计划组下设计划统计组和项目管理组，主要负责投资计划管理、立项管理及项目管理相关系统集成设计，由国家能源集团对口管理部门牵头，在项目管理办公室统筹下开展项目工作，由集团对口管理部门和实施单位人员组成。

子/分公司项目组织结构由各子/分公司参考国家能源集团组织结构，结合本单位业务领域及实施范围制定。子/分公司项目组织结构及人员名单需报送国家能源集团项目管理办公室审批。一体化项目子/分公司组织结构如图4-7所示。

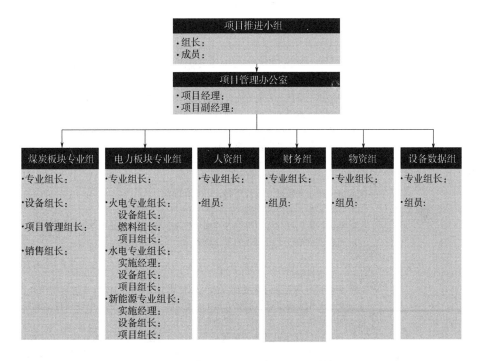

图4-7　一体化项目子/分公司组织结构

在国家能源集团项目管理办公室和中心组的统一领导和安排下，各子/分公司项目组负责推进本单位业务领域内的项目实施工作。

### 2. 项目组织职责

结合项目组织结构设计思路，一体化项目组各级组织职责的设计原则为：项目推进小组是项目的最高决策机构，项目管理办公室是项目日常管理机构，各通用业务领域中心组以及板块业务领域中心组组长按照所在部门或中心职能分管对应业务领域。各中心组必须在项目管理办公室的统一部署下开展工作，严格执行决策后的各项事宜。

为保证项目团队成员更好地履行职责，一体化项目对组织职责进行了明确定义。一体化项目组织职责见表4-21。

**表4-21　一体化项目组织职责**

| 组织名称 | 主要职责 |
| --- | --- |
| 项目推进小组 | ➢ 贯彻执行集团对项目的相关指示和要求<br>➢ 制定建设目标、发展方向及规划；对项目整体把控，总体负责项目推进；控制项目整体范围、进度，对项目重大事项进行决策<br>➢ 负责召集项目推进小组会议，集中讨论并决策项目重大事项<br>➢ 负责控制和审批项目变更及费用 |
| 项目总协调 | ➢ 负责项目日常管理工作<br>➢ 负责跨业务领域方案的协同、审查和确认<br>➢ 负责实施方的协调管理<br>➢ 负责召集项目会议，听取各实施单位项目组工作汇报并进行指导<br>➢ 完成项目推进小组交办的工作任务 |
| 项目管理办公室 | 一、党建宣传组<br>1. 负责成立项目临时党支部，研究如何将党的建设与项目推进紧密结合，通过党建工作实现项目各层级人员的思想统一、凝聚共识、引领项目；策划党支部组织构成及各类学习、活动形式<br>2. 负责一体化项目及集团整体信息化的多渠道、多形式的宣传报道工作；重要会议、活动的拍照、摄像、采访、新闻推送，采集项目过程各个关键节点、里程碑的音像素材，制作宣传短片、视频<br>3. 现有网站的整体设计、整合，建立覆盖国家能源集团各层级的信息化、一体化项目的信息报送体系；建立信息员机制，保证各类信息化及一体化项目相关新闻动态、成果进展等内容的及时更新<br>4. 创新宣传报道形式，以公众号等形式进行项目宣贯；对项目实施过程中的先进人物和成绩进行重点宣传，树立标杆，起到激励效果 |

（续）

| 组织名称 | 主要职责 |
|---|---|
| 项目管理办公室 | 二、统筹协调组<br>1. 资源统筹管理<br>➢ 汇总各业务领域资源使用情况，组织考核<br>➢ 负责项目物资、工位等后勤资源的总体调配与协调<br>➢ 负责项目预算及费用管控<br>2. 跨组沟通协调<br>➢ 发现和接收跨业务领域问题，并进行沟通协调。针对延期未解决的突出问题，组织集团项目管理办公室执行检查和督导<br>➢ 组织集团项目管理办公室、各业务中心组对实施单位的项目实施情况进行检查<br>3. 综合事务管理<br>➢ 组织编制各项项目管理制度，报项目推进小组审批，审批通过后统一发布<br>➢ 负责项目推进会、项目例会等项目管理会务工作<br>➢ 负责项目组大型会议的会务组织和后勤保障工作<br>三、计划质量组<br>1. 进度及质量跟踪管理<br>➢ 对各中心组及子/分公司项目组的项目计划执行情况进行跟踪和考评<br>➢ 收集、汇总项目各类问题和风险，并负责问题解决情况的跟踪<br>2. 交付品跟踪管理<br>➢ 根据集团统建项目质量要求制定项目交付品的质量监控规范，执行项目过程质量审核流程，并公布检查情况<br>➢ 负责组织、协调项目组交付品的各级别评审工作<br>3. 项目文档管理<br>➢ 设计项目各类文档的标准模板，包括例会 PPT、会议纪要、交付物、汇报材料等<br>➢ 在文档管理工具中建立分类、分组结构，组织培训；项目验收最终归档的组织、整理<br>4. 考核评价<br>➢ 负责项目过程评价指标的制定、调整、发布工作<br>➢ 负责对各通用业务领域中心组以及板块业务领域中心组项目执行情况及考核数据的收集、整理工作，并在项目会议中公布评价结果<br>➢ 负责对各子/分公司项目实施执行情况及考核数据的收集、整理工作，并在项目会议中公布评价结果<br>➢ 负责在集团范围内通报项目实施过程的考评结果<br>➢ 负责根据考评结果，推荐优秀实施单位上报集团 |

（续）

| 组织名称 | 主要职责 |
|---|---|
| 项目管理办公室 | 四、培训竞赛组<br>➢ 研究项目相关培训的管理和组织、相关资源的协调、讲师的筛选培养等；组织线上考试、配合党建引领组设计和更新在线培训视频等<br>➢ 负责策划组织项目实施过程中的知识竞赛、操作比赛以及讲师评比等活动<br>➢ 负责组织讲师参与各级单位培训宣贯工作，跟踪和配合各中心组内部的培训工作<br>五、方案专家组<br>➢ 对各业务模块实施标准等重要交付物、方案进行评审<br>➢ 对项目实施过程管理提供咨询建议 |
| 通用业务领域中心组以及各板块业务领域中心组 | ➢ 负责选取本业务领域典型单位代表参与项目相关工作<br>➢ 与业务专家共同制定和完善本业务领域管控要求，梳理业务需求、优化业务流程，审核制定业务标准及数据标准<br>➢ 负责与信息化管理部门联合发布本业务领域的业务标准和数据标准<br>➢ 参照本业务领域发布的业务标准及数据标准，按照项目计划完成项目实施相关工作<br>➢ 负责把控项目交付物的交付质量，对本业务领域范围内的业务方案负责<br>➢ 遵循国家能源集团信息化规划，负责组织与指导各子/分公司完成本业务领域的数据收集工作，包括培训、制定收集策略、进度监控、质量核查等<br>➢ 负责组织召开本业务领域中心组会议，协调处理本业务领域范围内的项目实施相关事宜<br>➢ 配合项目管理办公室进行项目资源管理，负责本业务领域人员的管理与调配，包括子/分公司业务专家资源的审核等<br>➢ 配合项目管理办公室对各子/分公司进行项目检查、督导、考核等<br>➢ 负责组织讨论子/分公司上报的业务标准差异化新增需求及审核工作<br>➢ 负责评价子/分公司业务标准匹配度（差异化程度）<br>➢ 负责本业务领域实施过程中风险和问题的收集、上报、分析和解决 |
| 技术组 | ➢ 负责各子/分公司技术业务专家资源的审核等<br>➢ 审核制定技术标准及数据标准<br>➢ 负责发布本业务领域的技术标准和数据标准<br>➢ 参照相关标准，按照项目计划完成项目开发工作，包括表单、报表、功能、接口、增强的技术方案设计与开发<br>➢ 负责审核与外部系统的集成技术方案；完成相关平台的搭建和测试工作<br>➢ 负责组织系统安装与调试、原型搭建、压力测试等工作<br>➢ 负责发布增强开发、报表开发、接口开发等开发规范<br>➢ 负责项目实施过程中技术风险和问题的收集、上报、分析和解决 |

（续）

| 组织名称 | 主要职责 |
|---|---|
| 子/分公司项目组 | ➢ 负责本单位项目重大事项决策，或提报国家能源集团项目管理办公室决策<br>➢ 落实国家能源集团项目管理办公室实施要求，总体负责本单位项目进度和质量<br>➢ 负责本单位项目所需重要资源的协调与准备<br>➢ 负责内部宣贯、培训及讲师选拔<br>➢ 按照项目主计划和周计划，完成本单位相关的业务确认、数据收集、系统测试、用户培训、权限收集及确认等各项工作<br>➢ 定期召开本单位项目例会，听取汇报，负责项目风险和问题的跟踪解决<br>➢ 完成本单位业务配套制度及标准的梳理、补充、编制<br>➢ 配合完成项目实施各阶段交付物的编制<br>➢ 按照要求完成本单位业务动态和静态数据的收集、清理、确认工作<br>➢ 按照权限模板进行权限收集及确认<br>➢ 负责保障本单位原有系统数据安全、完整，确保业务的连续性，并负责数据归档 |

### 3. 项目组织管理模式

项目实施方作为国家能源集团所属的专业化单位，负责指派项目顾问、项目实施经理融入项目组各个层级的组织结构，发挥技术专业支持作用，同时接受项目组各级组织结构负责人领导；一体化项目组通过各子/分公司项目组建立的对接关系，将项目任务下达至子/分公司，由子/分公司项目组负责本单位的项目组织及实施工作；一体化项目组通过项目管理管理办公室统一对接外部厂商，总体协调相关工作。

（1）项目整体协调方面

由项目管理办公室负责项目协调工作，包括以下方面：

1）协同各业务板块中心组和各中心组制定跨业务领域的业务和技术解决方案。

2）向各中心组、各子/分公司项目组提出工作要求，各中心组和子/分公司项目组配合完成。

3）对于跨业务领域问题、额外资源需求、业务标准变更等综合性事项，各中心组和子/分公司项目组应及时向项目管理办公室上报，以便及时协调解决。

（2）项目推进、跟踪与监控

项目管理办公室负责项目整体进度管理，包括制订项目主计划、跟踪项目进度、协调各中心组和子/分公司项目组的进度协同工作。各中心组基于项目主计划，负责分解、制订本业务范围详细计划，并及时总结各项工作的完成情况。各子/分公司项目组严格执行项目主计划及每周计划，负责本单位的实施进度管理，编制本单位的项目周报，对照工作计划总结各项工作的完成情况、存在的问题及需要协调解决的问题、解决措施建议和预计解决时限等。

项目管理办公室指派成员参加各中心组例会，及时了解各业务领域实施情况，收集项目风险及跨业务领域问题。

一体化项目组织结构采用"纵向到底、横向到边"全覆盖的高效运作模式，在后续的项目实施过程中得到了验证，达到了项目组织结构设计预期效果，项目各项工作任务落实到位，有效解决了项目实施组织范围大、涉及业务广等难题，为一体化项目按期高质量完工提供了保障。

### 4.5.4 项目沟通管理

项目沟通管理是指通过分析项目干系人信息需求，收集、发布、存储和利用项目信息，以确保项目干系人的信息需求得以满足的过程。项目沟通管理由两个部分组成：第一部分是制定沟通策略，确保沟通行之有效；第二部分是执行必要活动，以落实沟通策略。

### 1. 制定沟通策略

制定沟通策略主要是基于项目干系人或相关群体的信息需求、可用的组织过程资产，以及具体项目的实施环境、组织结构，为项目沟通活动制订合理的方案和计划。通常，根据项目合规性要求、项目管理计划、干系人登记册等进行分析，充分利用专家资源，结合沟通技术、沟通模型、沟通方法等制定合理的沟通策略。

在项目实施期间，制定有效沟通策略，有序开展与项目干系人之间的沟通活动是非常重要的一项工作。一方面，项目管理有非常明确且具有挑战性的目标，必须通过团队的合作，在规定的限制条件下完成项目任务；另一方面，项目团队成员因项目走到一起，很多人可能之前从未合作过，相互间不熟悉，有效沟通将有助于项目目标的实现。

因此，制定有效的沟通策略需要考虑项目干系人信息需求、沟通方式和沟通方法三个方面。

（1）信息需求

在制定沟通策略时，项目经理可根据干系人登记册明确干系人的信息需求，并与之建立合适的沟通渠道。通过访谈、研讨会或借鉴以往项目经验等方式，明确与项目干系人沟通的信息、时机、沟通责任人、沟通对象等信息，确保项目信息在干系人间有效传递和交换。使用合理的沟通方式和方法可以提高沟通效率和质量，避免信息在传递过程中的损失。例如，在项目干系人之间共享项目里程碑节点，可有效避免时间计划冲突。

有效的信息沟通还应包括信息接收者的基本信息，信息分发的时间、频率、沟通方式，信息发送方的基本信息，用于传递信息的方法、技术和责任人，以及其他需要说明的事项。信息需求通常记录在项目沟通管理计划中。

（2）沟通方式

沟通方式主要包括对内沟通和对外沟通、正式沟通和非正式沟通、垂直沟通和水平沟通、书面沟通和口头沟通等。

项目中的许多问题都是由沟通不充分或沟通中的误解引起的。所以，与他人发生矛盾后，应首先检查一下沟通是否有问题。

1）对内沟通和对外沟通。对内沟通主要是针对项目内部或组织内部相关方进行的信息沟通，包括项目组内的各小组、子/分公司业务专家、子/分公司领导、集团领导等。对外沟通是指与项目组之外的组织、企业、部门等相关方为合作而直接进行的沟通，如供应商、关联系统项目组等。

2）正式沟通和非正式沟通。正式沟通是指通过组织、团队规定的沟通渠道传递和交换信息，包括项目例会、项目报告、合同协议、干系人简报等。正式沟通常用于重要的沟通和决策。非正式沟通是指通过正式渠道以外的渠道传递和交换信息，包括口头交流、私下聊天、问候等。非正式沟通常用于领导了解员工情况或关系密切的成员之间的交流等。

3）垂直沟通和水平沟通。垂直沟通分为上行沟通和下行沟通，是用于上下级之间的沟通方式。上行沟通多用于下属向领导反映问题、提出建议、汇报工作等，如向国家能源集团领导、子/分公司领导、项目推进小组等汇报项目情况；下行沟通主要是针对承担项目工作的团队和其他相关人员进行的沟通。水平沟通是平等的组织、企业、部门、团队成员之间的沟通，如项目团队同级人员进行的沟通、项目经理与外围系统项目经理之间的沟通等。

4）书面沟通和口头沟通。书面沟通主要是指以书面形式进行信息传递和交换，如通知、项目简报、会议纪要、实施方案等。口头沟通是指运用口头表达形式进行信息传递和交换，如谈话、演讲、聊天等。正式沟通常采用书面沟通的方式，口头沟通常用于非正式沟通。

（3）沟通方法

沟通方法是指在项目干系人之间传递信息的系统化过程，主要有以下三种：

1）互动沟通。多方之间进行的实时、多向的信息传递和交换，可以立即获得反馈。常用的沟通工具包括会议、电话、即时通信工具、社交媒体和视频会议等。

2）推式沟通。向特定的接收方发送或发布信息，信息有明显受众。这种方法可以确保信息送达，但不能确保目标受众理解信息。常用的沟通工具包括信件、备忘录、报告、电子邮件等。

3）拉式沟通。适用于大量复杂信息或大量信息受众的情况。拉式沟通要求接收方在遵守有关安全规定的前提下自行访问相关内容。沟通工具包括门户网站、企业内网、电子在线课程、经验教训数据库或知识库等。

**2. 一体化项目在项目沟通方面的挑战**

一体化项目涉及的组织范围广、业务范围广、流程链条长、异构系统复杂、最终用户多，因此，项目沟通十分重要。如何通过项目沟通快速找出最佳业务实践、制定最适用的业务标准满足国家能源集团核心业务数字化需求，如何通过项目沟通实现跨业务部门流程的无缝集成，如何通过项目沟通快速找到不同系统的最优集成方案，成为一体化项目面临的挑战。

（1）组织范围广

一体化项目组织范围涉及上千家独立法人，涵盖六大产业板块，业务属性差异较大。如何对上千家公司进行分类、分级并找到最佳业务实践，如何实现一体化项目业务标准及系统在上千家独立法人单位得到快速应用，成为一体化项目组急需解决的问题。

（2）业务范围广

一体化项目覆盖财务、人资、物资、销售、项目、设备等核心业务，需要制定不同的业务标准并实现跨业务范围的流程集成。一方面，要满足纵向单业务范围的方案要求；另一方面，要应对横向跨业务范围的方案集成性及可操作性的挑战。

（3）流程链条长

国家能源集团是重资产型企业，大部分所属企业以项目建设、生产运营为主。因此，一体化项目需要支持基建、技改、检修、科技、信息等各类项目从项目立项、项目建设、项目竣工到项目结算关闭的全流程管理，且流程的不同环节涉及与核心业务的集成。因此，如何实现基于项目管理业务的全链条业务管理，成为项目组面临的重要挑战。

（4）异构系统复杂

一体化项目以 SAP 套装软件为核心，在项目实施过程中涉及原异构系统的迁移切换，如远光财务系统等，以及相互独立系统的集成，如 SRM、CRM、MDM、综合统计分析系统、法律系统、报账系统等。不同系统间集成方案的设计、开发、测试、切换等工作具有挑战性。

（5）最终用户多

一体化项目面对的最终用户数量巨大，财务、人资、物资、销售、项目、设备等业务领域的用户超过 10 万人。如何快速让最终用户理解并接受最新的业务标准并熟练进行系统操作，成为项目组面临的严峻挑战。

### 3. 一体化项目的项目沟通策略

一体化项目涉及企业经营全部核心业务，高效的沟通机制是快速找到最佳业务实践、统一业务标准的基础，是快速解决问题和分歧的基础，是快速、准确传递决策结果的基础。基于特大型数字化转型项目在项目沟通方面面临的各种挑战，国家能源集团经过慎重考虑，制定了完善的项目沟通策略。根据一体化项目组的组织架构，通过分级、分类抽调骨干业务专家的方式应对一体化项目组织范围广、业务范围广的挑战；通过项目管理办公室定期组织会议的形式把控项目风险、消除项目瓶颈问题；通过组织模块周会、跨模块专题会议的形式解决模块内及模块间的问题；通过设置数据专项组、权限专项组等特殊小组处理数据及权限的专项事务；通过开发项目管理办公室月报、风险管理、上线夺旗赛等平台减少项目沟通的偏差。

一体化项目在不同的项目阶段采用不同的沟通策略。

（1）业务标准沟通策略

一体化项目业务标准涉及的沟通对象主要包括中心组、业务专家、业务顾问、各单位业务骨干等。首先，通过财务、物资、人资等各中心组业务专家分组、分类沟通特定业务，确定业务标准，并绘制流程图、编写流程说明；其次，通过中心组内部会议基于实际业务逐一讨论流程图及流程说明对未来业务的提升点，由业务专家负责汇报并征求意见，对于跨模块的问题由中心组组织召开专题会议，沟通确定方案及业务标准；最后，将前期和中期的交付物作为成果，各中心组进行评审并征求各子/分公司意见，经过修正后由国家能源集团发布，并组织新业务标准讲解宣贯会议。

国家能源集团子/分公司既是一体化项目管理的主要实体，也是未来业务标准执行的主体，子/分公司参与沟通的程度对业务标准能否成为最佳业务实践具有重要影响，因此，该阶段项目组通过项目例会的方式对参与业务标准沟通积极的单位进行通报表扬，激发子/分公司参与业务标准制定的积极性，而不仅仅是作为业务专家和业务顾问参与业务标准的制定。

本阶段的沟通结果以业务标准和专题方案的形式作为本阶段的交付物，成为下一阶段沟通的依据。

（2）系统实现及部署阶段沟通策略

一体化项目在系统实现及部署阶段主要进行系统配置、系统开发、单元测试、集成测试等工作，参与人员包括业务专家、业务顾问、开发顾问等。过程中，针对出现的问题不定期组织讨论，会议形式具有较大的灵活性。在项目主计划的基础上制定本阶段的沟通策略，该阶段的主要沟通内容有两项：系统配置及开发项沟通、测试沟通。

系统配置及开发沟通的重点是依据业务标准及专题方案进行配置清单及功能说明书的编写，并作为沟通的正式文档进行流转及在系统中实现，同时进行相应的顾问自测，跨系统时需要进行相应的联调测试并出具相应的测试报告。

测试沟通的重点是以单元测试的形式让业务专家掌握系统的基本操作、以集成测试的形式让业务专家了解全链条的业务流转，同时也检验业务标准的落地效果。业务顾问根据业务标准编制测试脚本并与业务专家沟通测试脚本的内容，确定测试脚本后，业务专家按照测试脚本进行相关的测试验证工作。

（3）知识传递沟通策略

为了保证系统上线后能够平稳运行，业务标准和系统操作培训十分重要，项目组也专门针对最终用户培训制定了沟通策略。

项目组通过线上、线下两条线进行有效的沟通，传递业务标准和系统操作的信息。为了保证信息传递更准确，从各单位抽调内训师进行脱产集中培训，由业务专家进行业务标准及系统操作进行详细讲解，通过直播平台供国家能源集团远程最终用户学习，并对内训师授课水平进行考核及评级；子/分公司借助本单位内训师资源对最终用户进行培训，顾问及业务专家提供远程支持。内训师培训结束后，将业务专家课程视频及文档资料上传至培训平台供最终用户随时学习。

（4）数据迁移沟通策略

一体化项目涉及的数据迁移具有业务数据范围广、数据单位多等特点，为了有效提高数据迁移工作的质量，国家能源集团在项目组中设立了数据专项组。通过项目组织结构确定数据迁移沟通机构，同时充分利用内训师既熟悉业务又熟悉新系统的优势开展数据沟通方面的工作，架起业务专家及顾问与最终用户单位沟通的桥梁，保证数据迁移策略、收集范围等信息能够准确地被数据专员理解，同时保证在信息收集过程中的实际业务问题也能够被顾问及业务专家快速理解。

为了让上千家相关单位快速了解数据迁移策略，项目组按照财务、人资、物资、销售、项目、设备等不同模块，通过视频会议的形式开展多场培训讲解及答疑会，并将培训视频上传至培训平台供用户随时查看。

一体化项目数据迁移策略摒弃了通过邮件沟通的方式进行数据确认，从而避免了邮件往返可能导致数据版本不一致的问题。充分利用信息技术，开发了数据收集平台。数据专员通过数据收集平台下载标准化的收集模板，按照要求的时间节点进行数据收集并导入平台；数据平台按照检查规则校验数据的准确性，校验通过后经顾问复核，用户可以上传签字盖章的确认函。如果数据有更新，可根据平台判断直接更新覆盖或重新上传覆盖。数据专项组通过平台可以批量导出所有数据，检查无误后导入一体化集中管控系统。

（5）权限沟通策略

一体化项目权限涉及超 10 万用户及上千家相关单位的不同岗位，权限收集及赋权对沟通的准确性和及时性要求极高。一体化项目主要采用前期集中线上培训、中期权限顾问实时指导权限申请、后期每日通报权限申请进度的沟通策略。

一体化项目权限专项组根据国家能源集团岗位设计标准，结合一体化集中管控系统前端及后端对应的角色，提前将岗位与角色对应关系进行固化；

用户通过权限提报系统根据自己的业务内容选择对应的岗位，并经子/分公司相关主管部门审批后，自动在系统的前端及后端赋予相应的权限。

在不同时期采用有针对性的沟通策略，既确保了用户快速理解沟通内容，又能及时监控执行结果。在一体化项目中，前期权限专项组集中开展线上权限申请培训，并提供培训视频回放，保证用户可以准确理解权限申请的内容；在中期权限申请过程中，权限顾问通过微信、QQ等形式进行疑问解答，保证沟通中的偏差能够及时纠正；后期每天通报权限申请进度，督促子/分公司跟进本单位用户权限申请进度。

### 4.5.5　资源规划

一体化项目的人力资源、设备和实物资源规划是依据一体化项目的项目目标、项目范围、进度要求等输入开展的。一体化项目资源规划主要采用的估算方法有会议讨论、数据分析、专家判断等。

在开展项目人力资源、设备和实物资源规划时，通过多次召开沟通交流会，统一对一体化项目范围、边界、周期的认识，同时宣贯国家能源集团信息化等方面的制度，讨论规划资源所采用的技术手段和工具应用，以达到统一思想、统一认识和统一方法的目的。

#### 1. 项目人力资源、设备和实物现状

一体化项目属于套装软件实施类项目，具有专业面广、参与人员众多、综合性强等特点。一体化项目涉及的人力资源主要包括项目业务专家、项目实施顾问和项目管理人员；涉及的设备主要包括硬件服务器、SAP套装软件等；涉及的实物资源主要包括打印机、投影仪等日常办公设备（用品）和疫情防护用品等。

一体化项目的人力资源投入占比较大，规划、预测、监控阶段的人力

资源成本是一体化项目预算和资源管理的重中之重。分析项目业务专家、系统顾问资源及项目管理人员的情况是进行项目人力资源规划的基础。

业务专家在一体化项目中承担着学习一体化集中管控系统知识、编写业务标准、参与系统测试、培训内训师及最终用户等重要工作。一体化项目涉及国家能源集团所有子/分公司及其所属单位，依据每个子/分公司体量（法人数量），按照各业务专业都有业务专家参与的思路，从相应子/分公司按照业务专业分配名额指标抽调业务专家到项目组集中办公。

系统顾问是指从事系统软件安装、维护、咨询、培训的相关人员，以及为企业提供系统咨询服务、后期运维与升级服务的 IT 专业人员。信息公司作为国家能源集团信息化专业服务单位，承担着国家能源集团范围内一体化集中管控系统的建设、运维和升级工作。信息公司拥有一批系统专业人员，涵盖人力资源（HR）、财务管理（FICO）和合并报表（BCS）等 37 个子模块，涉及国家能源集团一体化集中管控系统等 13 个统建系统，负责 15 个由国家能源集团统建或子/分公司实施的信息化项目。

项目管理办公室是项目日常管理机构，负责贯彻执行国家能源集团领导对项目的相关指示和要求，各通用业务领域中心组以及板块业务领域中心组组长按照所在部门或中心职能分别管理对应业务领域。

**2. 项目人力资源预测分析**

一体化项目人力资源预测主要是对系统顾问资源的预测。针对各业务板块系统顾问资源情况，从以下 8 个方面进行分析：

（1）人资模块

范围：包括 1064 家法人单位，全部需要实施人资模块。

复杂度分析：各单位业务统一性强，实施标准统一。

人员投入：每名顾问负责 15 家法人单位。

人资模块资源投入计划见表4-22。

**表4-22　人资模块资源投入计划**

| 模块 | 板块 | 实施法人单位 | 月均投入人数 | 备注 |
|---|---|---|---|---|
| 人资 | 火电 | | | |
| | 水电、新能源 | | | |
| | 煤炭化工 | | | |
| | 综合 | | | |
| 合计 | | | | |

（2）财务模块

范围：包括1064家法人单位，其中858家法人单位涉及财务和业务集成，206家法人单位仅涉及财务模块。

复杂度分析：涉及业务集成的单位实施难度较大，纯财务模块的单位实施难度较小。

人员投入：对于涉及业务集成的单位，每名顾问负责3家公司代码；纯财务模块的单位，每名顾问负责5家公司代码。

财务模块资源投入计划见表4-23。

**表4-23　账务模块资源投入计划**

| 模块 | 板块 | 实际实施法人 | 月均投入人数 | 备注 |
|---|---|---|---|---|
| 财务 | 火电 | | | |
| | 水电、新能源 | | | |
| | 煤炭、化工 | | | |
| | 综合 | | | |
| 合计 | | | | |

（3）财务合并报表

范围：包含1064家法人单位，共计1089个合并单元（需要单独出表的

组织算 1 个合并单元)

复杂度分析：各单位复杂度基本一致，模板方案通用性较高。

财务合并报表模块资源投入计划见表 4-24。

表 4-24　账务合并报表模块资源投入计划

| 模块 | 板块 | 实际实施合并单元 | 月均投入人数 | 备注 |
|---|---|---|---|---|
| 财务合并报表 | | | | |
| 合计 | | | | |

（4）物资模块

范围：包括 376 家法人单位，合计 40 家子/分公司。其中，93 家火电法人单位、273 家水电和新能源法人单位、10 家煤炭化工法人单位。

复杂度分析：物资模块覆盖各个业务板块，可推广性较高。火电和煤炭化工业务复杂度相对较高，水电新能源复杂度相对较低。

物资模块资源投入计划见表 4-25。

表 4-25　物资模块资源投入计划

| 模块 | 板块 | 实际实施法人 | 月均投入人数 | 备注 |
|---|---|---|---|---|
| 物资 | 火电 | | | |
| | 水电、新能源 | | | |
| | 煤炭化工 | | | |
| 合计 | | | | |

（5）销售（燃料）模块

范围：包括 93 家法人单位，其中 86 家电力企业，7 家煤炭化工企业。

复杂度分析：销售（燃料）业务主要涉及电力企业，方案可推广度较高，煤炭化工业务复杂度较高。

销售（燃料）模块资源投入计划见表4-26。

**表4-26　销售（燃料）模块资源投入计划**

| 模块 | 板块 | 实际实施法人 | 月均投入人数 | 备注 |
|------|------|------------|------------|------|
| 燃料及销售 | 火电 | | | |
| | 煤炭化工 | | | |
| 合计 | | | | |

**（6）项目管理模块**

范围：包括火电、水电新能源和煤炭化工板块，共376家法人单位，合计40家子/分公司。其中，93家火电板块法人单位，273家水电新能源板块法人单位，10家煤炭化工板块法人单位。

复杂度分析：火电板块业务复杂度较高，煤炭化工板块业务复杂度较高，水电新能源板块业务复杂度较低。

项目管理模块资源投入计划见表4-27。

**表4-27　项目管理模块资源投入计划**

| 模块 | 板块 | 实际实施法人数 | 月均投入人数 | 备注 |
|------|------|-------------|------------|------|
| 项目管理 | 火电 | | | |
| | 水电、新能源 | | | |
| | 煤炭化工 | | | |
| 合计 | | | | |

**（7）设备模块**

范围：包括火电、水电新能源和煤炭化工板块的40家子/分公司，332家法人单位，其中86家火电板块法人单位，239家水电新能源板块法人单位，7家煤炭化工板块法人单位。

复杂度分析：火电板块已有方案模板，但不确定性较大。水电和新能源复杂度较高，煤炭化工板块模板可复制性较高。

设备模块资源投入计划见表4-28。

**表 4-28　设备模块资源投入计划**

| 模块 | 板块 | 实际实施法人 | 月均投入人数 | 备注 |
|------|------|--------------|--------------|------|
| 设备 | 火电 | | | |
| | 水电、新能源 | | | |
| | 煤炭化工 | | | |
| 合计 | | | | |

（8）技术开发模块

技术模块项贯穿于一体化项目整个生命周期。因在前期准备及蓝图阶段即启动 S/4 HANA 原型环境搭建、系统迁移以及原型环境测试工作，此阶段已有相应技术顾问投入，后续阶段可按常规实施方法配置技术资源。根据投入峰值统计，共享资源包括 Basis 顾问 2 人、PI 顾问 2 人和移动开发 9 人。同时，按业务模块分别配备 ABAP 开发资源。根据各模块业务通用性及开发复杂程度综合评估峰值投入。

### 3. 一体化项目服务器设备资源容量规划

一体化项目服务器资源容量规划采用 Quick Sizer 作为主要的服务器性能指标估算工具。该工具的估算输入值主要包括各个业务模块的用户数、用户活跃度、业务单据量等。

一体化项目各模块用户估算情况见表4-29。

**表 4-29　一体化项目各模块用户估算情况**

| 模块 | 用户类型 | 用户数量 | 低级活跃用户 | 中级活跃用户 | 高级活跃用户 |
|------|----------|----------|--------------|--------------|--------------|
| 人资 | PA-USER | ××× | ××× | ××× | ××× |
| 财务 | CO-USER | ××× | ××× | ××× | ××× |
| | FI-USER | | ××× | ××× | ××× |
| 设备 | ALM-USER | ××× | ××× | ××× | ××× |

（续）

| 模块 | 用户类型 | 用户数量 | 低级活跃用户 | 中级活跃用户 | 高级活跃用户 |
|---|---|---|---|---|---|
| 物资 | MM-USER | ××× | ××× | ××× | ××× |
| 项目 | PS-USER | ××× | ××× | ××× | ××× |
| 销售 | SD-USER | ××× | ××× | ××× | ××× |

为了更加合理地利用硬件资源，一体化项目数据库服务器承载了 S/4 HANA 和 PO 两套系统的数据库功能，综合以上因素考虑，一体化项目服务器设备资源投入计划见表4-30。

表4-30　一体化项目服务器设备资源投入计划

| 硬件环境类型 | 用途说明 | CPU | 内存 | 共享存储 | 服务器资源配置说明 | 备注 |
|---|---|---|---|---|---|---|
| 生产环境 | S4 系统应用服务器 | ××× | ××× | ××× | ××× | 以虚拟机的方式部署 |
| | Fiori 应用服务器 | ××× | ××× | ××× | | |
| | PO 系统应用服务器 | ××× | ××× | ××× | | |
| 开发测试环境 | S4 系统应用服务器（开发环境） | ××× | ××× | ××× | ××× | 以虚拟机的方式部署 |
| | S4 系统应用服务器（测试环境） | ××× | ××× | ××× | | |
| | PO 系统应用服务器（开发环境） | ××× | ××× | ××× | | |
| | PO 系统应用服务器（测试环境） | ××× | ××× | ××× | | |
| | Fiori 系统应用服务器（开发环境） | ××× | ××× | ××× | | |
| | Fiori 系统应用服务器（测试环境） | ××× | ××× | ××× | | |

一体化项目数据库服务器一体机资源投入计划见表4-31。

表 4-31　一体化项目数据库服务器一体机资源投入计划

| 硬件环境类型 | 用途说明 | CPU | 内存 | 共享存储 | 备注 |
|---|---|---|---|---|---|
| 生产环境 | 数据库服务器<br>（生产环境1） | ××× | ××× | ××× | 采用复制的方式 |
| | 数据库服务器<br>（生产环境2） | ××× | ××× | ××× | |
| 开发测试环境 | 数据库服务器<br>（开发测试环境） | ××× | ××× | ××× | 采用多租户的方式 |

## 4.5.6　采购规划及策略

当项目从实施组织之外取得项目所需的产品、服务和成果时，每项产品或服务都必须经历从采购规划到合同收尾的各个过程，即记录项目采购决策、明确采购方法、识别潜在卖方的过程。

### 1. 采购规划

采购规划是指通过一定的方法和程序进行项目采购决策，确定需要从项目外部采购的产品或服务的过程。该过程通过项目采购分析，制定采购产品或服务决策、明确采购方式以及制订具体的采购计划。同时，需要针对潜在供应方进行评估分析，确定合适的卖方。规划采购管理就是针对特定项目的采购（设备采购、外包等）过程进行规划，并通过动态的管理过程对供应商、采购目录等进行日常管理，以此作为采购依据。

在采购规划过程中，项目组主要依据项目范围、进度、成本、质量、风险管理要求、干系人需求，通过专家判断、数据收集、数据分析、供方选择分析等多种方法进行采购分析与决策，确立供方选择标准，形成自制或外购决策，编制招标文件、采购工作说明书等文件。同时，项目组需要编制项目采购管理计划和采购策略用于项目采购过程管理、跟踪与控制。

（1）**典型的采购规划步骤**

1）准备采购说明书。

2）准备高层级的成本估算，制订预算。

3）发布招标广告。

4）确定合格卖方名单。

5）准备发布招标文件。

6）卖方准备并提交建议书。

7）对建议书开展技术评估。

8）对建议书进行商务评估。

9）准备最终的综合评估报告，选中中标建议书。

10）开展谈判，签订合同。

（2）**采购规划管理**

1）供应商管理。供应商管理的首要环节是供应商调查。首先，通过市场调研、考察等方式对供应商进行初步的资格调查；其次，确定供应商选择标准，基于价格、质量、服务、交付能力、资质、质量保证能力、售后服务能力等因素进行合格供应商评价，形成供应商名录，用于指导采购和询价以及合格供应商比价管理。

2）采购管理计划。采购管理计划用来描述如何管理从制定采购文件到合同收尾的采购过程中开展的各种活动，应明确以下内容：采购什么、采购多少、到哪采购、由谁采购、何时采购、采购策略、采购模式、合同类型、度量指标、制约因素、假设条件、合格供应商、分包商绩效管理、合同管理要求等。

3）采购工作说明书。采购工作说明书是供应商或分包商按合同规定要求完成工作的描述文件。对采购产品或服务进行详细描述，便于潜在供应商确定他们是否有能力提供这些产品或服务。在招标过程中，采购工作说明书作为制定采购文件的基准，与采购文件一并分发给潜在供应商，用于评估其执行工作或提供服务的能力。采购工作说明书的内容包括规格、型号、数量、质量要求、交付节奏、绩效度量数据、履约期限、工作地点和其他要求。

4）其他采购文件。在规划采购阶段，除编制采购管理计划、采购工作说明书，还需根据数据分析、供应商分析，形成采购文件、供应商选择标准、自制或外购决策等。

①采购文件。即招标文件，用来获取潜在供应商报价的建议书。如果依照价格选择供应商，通常使用标书、投标或报价等术语；如果技术能力或技术方法等其他因素至关重要，则通常使用建议书之类的术语。

②供应商选择标准。由项目组提出的一套标准，用于在潜在供应商中选择符合要求、合格的供应商。供应商只有满足或超过该标准，才有可能被授予合同。供应商选择标准包括能力和潜能、产品成本和生命周期成本、交付日期、技术专长和方法、过往案例和经验、用于响应工作说明的工作方法和工作计划、关键项目成员的资质和可用性、公司账务的稳定性、项目管理经验、知识转移计划（包括培训计划）等。这些标准是评估系统的组成部分，可据此以加权打分的方法排列所有建议书，以确定谈判顺序，直至签订合同。

③自制或外购决策。通过自制或外购分析，做出项目需要外购产品或服务，或自行完成的决策。

（3）规划采购工具与方法

1）专家判断。评估过程中需要通过专家对采购的产品或服务的技术细节进行判断，进行自制或外购分析，也可依据专家采购判断制定或修改评标标准。

2）数据收集。通过市场调研，如考察市场专业水平、收集供应商能力信息等，为判断是否符合采购要求提供信息。

3）自制或外购分析。通过直接成本和间接成本分析，决定项目的具体产品或服务是由项目团队自行完成，还是从外部进行采购。在自制或外购决策过程中，应考虑项目组当前的资源配置及技术能力；从组织长远战略考虑独特技术专长的需求程度；评估每个自制或外购决策对项目成本、进度、质量和风险等制约因素的影响。

4）供应商选择分析。项目组根据采购产品或服务竞争性需求的优先级，确定评估方法，并在采购文件中写明。常用的选择方法包括最低成本法，适用于标准化或常规采购；仅凭资质法，适用于采购价值相对较小，不必投入太多时间和成本的情况；基于质量或技术方案得分法，重点评估技术建议书，考察技术方案的质量；基于质量和成本，从质量和成本两个方面考察供应商能力；固定预算法，在预算内选择技术建议书得分最高的供应商；单一来源法，针对供应商准备的技术和财务建议书开展谈判，由于供应商唯一，仅在特殊情况下采用此方法。

在采购规划过程中，项目进度计划会对这一过程造成重大影响，同时采购管理计划决策也会影响项目进度计划，并与进度规划、活动资源估算、自制或外购决策过程交互作用。因此，采购规划和进度规划、资源估算、成本估算是交叠的过程，需要相互关联、相互验证、相互调整。

### 2. 采购策略

完成自制或外购分析后，项目组应制定一套采购策略，明确规定产品或服务的交付方法、合同类型，以及如何推动采购进程。

（1）交付方法

专业服务项目的交付方法应明确卖方或服务提供方是否可以就产品或服务进行分包。

（2）合同类型

合同是指对买卖双方都有约束力的协议。合同类型主要有总价合同、成本补偿合同、工料合同等。

1）总价合同。包括三种类型：固定总价合同（FFP）、总价加激励费用合同（FPIF）、总价加经济价格调整合同（FP-EPA）。总价合同适用于工作类型可预知、需求定义清晰且不太可能变更的情况，激励加经济价格调整用于协调买方和卖方的目标。总价合同产品定义明确，固定总价的付款方式对于买方风险相对较低，而对于卖方风险相对较高。如无法按期交付，除承担违约金，后续产生的成本将由卖方承担。

2）成本补偿合同。包括三种类型：成本回固定费用合同（CPFF）、成本加激励费用合同（CPIF）、成本加奖励费用合同（CPAF）。成本补偿合同适用于工作不断演进、很可能变更或未明确定义的情况，激励和奖励费用用于协调买卖双方的目标。成本补偿合同产品定义不明确，买方除支付实际成本，还需要支付卖方利润费用。此种合同类型买方承担风险较高，卖方风险相对较低。

3）工料合同。采用固定的付款单位费率，但成本会随时间而增加。工料合同与成本补偿合同一样，产品定义不明确，因此买方承担的风险较高，卖方风险较低。

（3）推动采购进程的策略

为有效推动采购进程，采购策略还包括以下内容：

1）采购工作的顺序安排或阶段划分。即明确采购工作顺序，并描述每一阶段的具体目标。例如，在采购分析与决策阶段，工作顺序可以是自制或外购分析并决策，供应商分析及明确供方选择标准等。

2）用于监督采购过程的绩效指标和里程碑。

3）从一个阶段过渡到下一阶段的标准，可以是可交付成果，如招投标结束后协议双方签订的合同文件。

4）用于追踪采购进展的监督和评估计划，即项目采购管理计划。

5）向后续阶段转移知识的过程。

国家能源集团一体化项目采用 SaaS 模式，一体化项目组仅负责申请系统部署所需要的网络基础设施及软件、硬件运作平台资源，并负责前期实施、后期维护等一系列服务。项目的硬件和软件采购由国家能源集团采购部门统一管理，属于一体化项目管理之外的工作，一体化项目成本不包括采购成本。因此，采购规划部分仅从理论角度分析采购管理规划和策略。

### 4.5.7 变更管理计划

变更管理是项目管理的灵活性措施之一。项目管理之所以有别于运营管理，就是因为项目具有独特的、渐进明晰的属性。管理这些特性，必然就需要通过变更管理来使项目工作受控。项目的属性和特征决定了项目发生变更是正常的，尤其是数字化转型和数字化建设项目。由于项目具有不确定性、复杂性、易变性，通过变更管理计划能够提升项目的应变性。作为数字化转型项目的管理人员更应掌控项目中不必要的变更。如何有效管理变更过程，整合变更影响，变更管理计划是不可或缺的指导文件。

实施整体变更控制是指对可交付成果、组织过程资产、项目文件和项目管理计划的变更进行审查和管理，并对变更处理结果进行沟通的过程。变更管理的主要作用是对项目中已记录在案的变更进行综合评审。如果不考虑变更对整体项目目标或计划的影响就开展变更，往往会增加整体项目风险，因此，需要在整个项目期间开展变更管理。

一体化项目实施周期长、组织范围广，随着时间的推移，难免会产生与项目规划存在差异的需求。如何应对与处理这些变更，对项目工期、实施质量等均有重要的影响，而造成项目拖延或不可控的一个重要原因就是缺少变更管理机制。通过变更管理机制，能够对变更申请进行有效评估，筛选出合理的变更再进行相应的调整。项目经理应借助组织不同层面的管理者和专家，评估项目变更请求的合理性。

### 1. 变更因素

项目变更是指项目任务和范围的增加、减少或变换，这些变更通常会影响项目的进度、成本、质量。因此，了解和掌握项目变更产生的原因对预防、识别和控制项目变更具有积极的作用。引发项目变更的原因有多种，如项目论证不充分、不准确的初始估算、技术路线变化、提出新的需求等。

在一体化项目实施过程中，项目变更因素主要包括以下几个方面：

1）沟通的局限性。在项目前期，参建单位的成员未全部参与项目的规划与设计，导致最初的项目需求和目标与实际的管理需求和目标存在一定的偏差。因此，在项目实施过程中，必须对项目规划进行修正与完善。

2）组织范围的调整。在一体化项目建设过程中，国家能源集团因业务需要进行了重组整合，调整了产业布局，这对一体化项目的组织架构设计、业务流程设计均产生了影响。

3）需求信息理解的错位。在系统设计阶段，当用户提出要求时，用户和实施双方会进行沟通讨论，并认为双方对需求的理解是一致的。当系统工程师基于自己对用户需求的理解完成系统设计后，用户看到的结果可能并不是自己所设想的，因此需要重新进行讨论设计，从而产生系统设计的变更需求。

## 2. 变更管理策略

对于数字化转型项目而言，变更请求大多来源于业务流程上的变更。为满足一体化项目的整体要求，必须对各相关单位的个性化需求进行有效的管控，保证业务标准的适用性与合理性，并以业务标准为基准，在控制变更数量的同时，保证项目目标的达成。

（1）书面提报

为保证变更需求处理的规范性，在一体化项目实践中，变更请求必须逐级以书面形式提报。根据变更请求的级别，由子/分公司、中心组、项目管理办公室分别进行审核，并最终确定变更处理策略。

（2）变更请求

一个变更请求中不能对多个需求进行变更；需要判断变更是新增的需求还是对原有需求的改变，是遗漏的新增需求还是补充性需求。需求变更须对变更的原因、变更的内容、变更的影响度初步分析进行详细的描述；须对变更后的需求进行详细的描述。

（3）变更审核

为了保证项目可控，项目管理者要充分了解变更的信息，衡量变更对项目的影响，再决定是否要变更。并不是所有的变更都要实施，并且对于变更的实施也需确定实施的方式、时间点等。变更审核的目的就是决定是否需要变更和什么时候变更。

（4）明确授权

变更可能来自内部单位，也可能来自外部供应商或分包方。在变更管理策略中，应明确各方有权提出变更申请的人员和受理变更的接口人员，并控制相应人数，以便对变更进行整体控制。从实际经验来看，明确授权可以有效减少变更，特别是那些因内部看法不同而导致的反复变更。

一体化项目变更管理流程如图4-8所示。

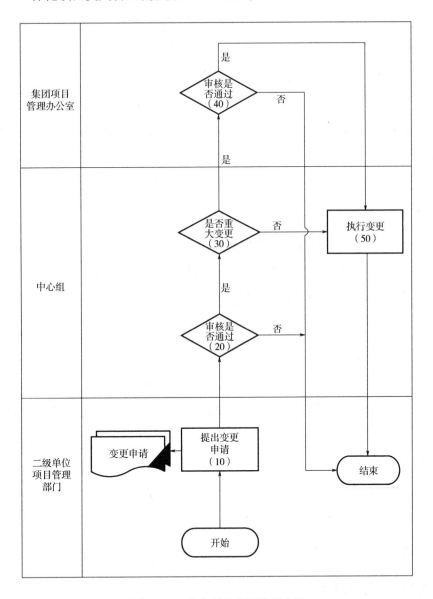

图 4-8 一体化项目变更管理流程

### 4.5.8 度量指标

规划、交付和度量之间存在密切的联系，这种联系就是度量指标。制定度量指标包括设定临界值，用于判断工作绩效是否符合预期，是否与预期绩效产生正向或负向偏离的趋势，是否可以接受。

与产品相关的度量指标仅适用于各阶段产生的可交付物。与进度和预算绩效相关的度量指标通常基于组织标准，并与基准或经批准版本的进度或预算相关。绩效的度量指标、基准和临界值，以及绩效测试和评估的流程可用于度量可交付物绩效。作为度量绩效域的一部分，度量指标、基准和测试都被用作评估实际绩效偏差的依据。

一体化项目绩效度量指标由项目管理办公室负责设定、收集、汇总及分析。主要指标包括进度绩效指标、成本绩效指标和资源绩效指标。一体化项目是国家能源集团委托子/分公司信息公司承建及实施，国家能源集团负责整体规划统筹安排、硬件资源分配，所以该项目的软件、硬件由国家能源集团单独立项采购，不列入一体化项目预算。该项目成本由实施费用构成。实施费用主要是人工费用和其他费用，如场地费用等。实施单位人员投入费用和差旅费用由各自参建单位承担，不纳入该项目费用。该项目的成本管控由实施单位信息公司财务代管，采用项目支出预算制，即根据项目实施进度采取阶段结算进行成本控制。一体化项目进度度量指标即项目建设周期，为12个月，其中9个月实施，3个月支持。计划于第10个月上线，上线后实现系统单轨运行，后续支持3个月再转入运维。项目预算的度量指标是按批准成本基准的±10%进行控制。

### 4.5.9 计划一致性

在整个项目期间，每一项规划活动和工件并不是独立存在的。例如，项目进度计划可能对资源规划过程造成重大影响，在制订资源管理计划过程中形成的决策也会影响项目进度计划，资源可用性、活动资源估算与进度计划交互作用。因此，需要整合管理规划活动以实现项目交付承诺。

除规划整合，对于大型复杂项目，项目组织整合管理将有助于保证项目进度、进行资源统筹规划及资源优化，实现关联项目的集中化管理。

### 1. 合并项目计划

一体化项目属于大型项目，所有的建设工作分布于各个中心组，相关人员较为分散。为了进行统一管理，首先成立项目管理办公室，总体负责整个项目的交付，同时负责与国家能源集团层面、各实施单位内部的沟通汇报，对中心组项目的范围、进度、质量、成本、风险进行管理。项目管理办公室负责制定主要阶段目标与完成期限，描述为达到每个阶段性目标所需完成的任务。为使计划更加明确，项目管理办公室将项目计划划分为项目启动及准备阶段、集中设计阶段、系统实现及部署阶段、上线准备阶段、上线支持阶段，并确定了各个阶段每项任务所要达到的目标。各中心组主要负责各业务板块的项目交付。同时，由项目管理办公室牵头成立方案专家组、党建宣传组、统筹协调组、计划质量组、培训竞赛组，储备人力资源，对各中心组项目进行必要的支持。

根据大型项目的特点，项目计划管理应具有层次性。项目管理办公室首先将一体化项目按照业务板块进行划分，成立煤炭板块中心组、电力板块中心组、人资中心组、财务中心组、物资中心组、技术组、设备数据组、综合计划组，由各个中心组负责各自业务领域内的项目建设。

一体化项目采用自上而下的方法制订项目总体计划。项目管理办公室负责制订总体计划，评审通过后的项目总计划下发到煤炭板块中心组、电力板块中心组、人资中心组、财务中心组、物资中心组、技术组、设备数据组、综合计划组。各中心组以项目管理办公室下发的总体计划为基准，分解细化形成各中心组的项目计划，如煤炭板块中心组项目计划、电力板块中心组项目计划、人资中心组项目计划、财务中心组项目计划、物资中心组项目计划、技术组项目计划、设备数据组项目计划、综合计划组项目计划等。各实施单位参照各自中心组的项目计划，分解细化形成各自单位的项目计划，如煤炭板块实施单位项目计划、电力板块实施单位项目计划等。

### 2. 评估规划一致性

一体化项目组采用分层级的统一管理模式，由项目总协调统一管理和协调多个板块中心组，实现一体化集中管控系统建设目标。通过整合各板块中心组项目实施管理，优化项目成本和进度，共享有限资源。

一体化项目是一组相互关联且被协调管理的数字化项目。在该项目内的各个中心组相互作用，会产生共同的结果或整体能力。一体化项目的两项重要内容包括新系统实施和原系统升级，各个项目小组除共享客户、技术、资源等相互协作工作，还通过项目后勤保障和党建文化工作，为整个一体化项目的平稳实施提供党建助力和文化引领。

一体化项目的各个中心组所涉及的功能模块不同，各个模块之间紧密关联。例如，数据导入阶段，财务模块和设备模块之间的开始-开始关系、主数据的收集和导入与系统上线切换的完成-开始关系。各个中心组之间的关系错综复杂，项目组和项目组之间、活动和活动之间通过甘特图、进度图、活动依赖关系图等工具进行——识别和记录，确保各中心组项目计划在一体化项目主计划的基础上相互协同推进。

一体化项目通过对各中心组的集中管控，确保其项目成功，从而实现项目整体目标。一体化项目规划整合管理的主要作用是通过国家能源集团项目管理办公室制定项目和其所属项目的建设和管理流程，统一部署、统一管理；对各中心组项目的进度、质量、预算等进行管理，包括对各中心组项目财务、人力资源等相关工作的支持；对所有中心组所属项目的生命周期进行监控，并对项目的变更、冲突等提供集中化的解决方案。

构建基于项目整合管理的项目实施模式，协同创新的分层管理体系，能够保证实施项目与组织战略相一致，更好地促进项目团队的合作与沟通，便于组织过程资产的快速积累；将不同类型项目中的各种参与者的活动进行融合，对同类型工作进行模块化、标准化处理，可以更好地反映组织协同创新能力。一体化项目是一项复杂的系统工程，针对任务实施要求和协同创新管理需要进行大量的深入的研究和广泛实践，不断总结项目经验，持续改善协同创新模式，促使项目建设又好又快发展。

### 3. 评估计划相关性

项目计划是指在保持组织战略一致性的前提下，为实现项目目标，对项目中需要开展的工作进行分解和规划的过程。

项目计划需要具备可预测性、可度量性、可跟踪性、可变更性。为此，需要对项目计划要素和项目计划匹配性进行评估，主要包括以下两个部分：

（1）项目计划要素的一致性评估

项目计划要素主要包括目的、目标、交付物、收益、价值、工作活动、资源（实物资源、团队资源、财务资源）、时间、责任人等。

在评估项目目的时，主要评估战略要求和关键干系人需求是否得到确认、是否保持一致，过程如何实现目的。

在评估项目目标时，主要评估目标分解是否完整，每个子目标是否准确、可度量、可跟踪，是否有行为指导。

在评估交付物、收益和价值时，主要评估项目中的价值是通过哪些收益实现的，这些收益又是通过哪些交付成果支撑的。

在评估工作活动时，主要评估每个交付物的完成需要哪些工作活动，这些活动既不能重叠，又不能遗漏。

在评估实物和团队资源时，主要评估每项工作活动是否分配到了合适的实物资源数量，团队资源是否具备相应的素质能力。

在评估财务资源时，主要评估为了实现交付物需要消耗的资源，资源的货币形式是否满足成本目标，项目是否有明确的融资计划。

在评估时间时，主要评估每项工作活动的各项资源可用性，以及实际工作时间与项目进度要求是否匹配。

在评估责任人时，需要确定项目的组织形式、角色职责，以及每项工作的责任人。确保事事落实，人人有责。

计划要素评估由项目管理办公室主持，项目团队共同完成，既共享了项目信息，又积累了不同专业知识，保证了项目计划的可实施性、可操作性，提升了各部门之间的协同性。

（2）项目计划匹配性评估

项目计划匹配性评估是在完成计划要素评估之后开展的。具体包括：

目标匹配性评估，包括范围目标、进度目标、成本目标、质量目标、合规性目标、安全性目标。一是评估目标的完整性，二是评估目标的必要性，三是评估目标的充分性，四是评估目标的可度量性，五是评估目标的可实现性。

进度匹配性评估，主要评估为了完成进度目标要求，投入的资源是否匹配，所需的技术成熟度是否匹配，政策法规（审批流程、合规要求）是否会成为进度制约因素。

质量匹配性评估，一是评估质量目标和要求，二是评估质量组织保障和资源投入，三是评估质量过程保障措施，四是评估质量过程记录和归档要求，四是评估质量验证方式。

资源匹配性评估，与项目计划要素的资源评估可合并进行，关键是评估资源等级和数量需要与目标成本是否匹配。尤其在分包和设备选型时，既要考虑质量要求，又要考虑成本要求，最终做出资源选择决策。

成本匹配性评估，主要评估综合进度、资源、质量和安全要求，全生命周期成本投入产出，以及资金成本等。

上述各项评估有利于整合项目所需的信息、资源、工具和管理方法，确保项目计划的有效性，最终为项目目标的实现提供计划支撑和保障。

在一体化项目中，项目计划一致性评估由项目管理办公室采用集中管控的方式开展，通过集中管控确保计划的一致性，确保项目的成功。项目管理办公室集中管控计划一致性的主要做法是：

1）制定项目和其所属子/分公司以及各中心组的建设和管理流程。

2）在项目层面对项目的整体进度、质量、预算等进行管理，同时包括与项目相关的财务、人力资源、采购等的支持和管理。

3）对项目生命周期进行监控，并对项目的变更、冲突等提供集中化的解决方案或建议。

在一体化项目中，除了项目计划一致性评估，还要对项目计划要素依赖关系进行管理。例如，当系统完成配置和开发才能进入单元测试活动，当主数据收集并导入后系统才能进行切换。

构建基于集中管控的项目实施模式和协同创新的分层管理体系，能够确保实施项目与组织战略相一致，有助于管理人员更多地从战略角度进行考虑和规划；通过项目管理办公室，能够更好地促进项目团队合作与沟通，便于交流项目管理最佳实践和组织知识资产的快速积累；将不同类型项目中的各种参与者的活动进行融合，有助于对同类型工作进行模块化、标准化处理；能够更好地反映出组织协同创新的价值。新系统实施和原系统升级能否进行开发、测试和上线取决于技术组（非项目内人员）是否部署了 SAP 服务器并保证服务器的正常通用；项目现场培训能否正常开展，取决于培训场地是否已经准备好、培训成员是否确定并到位。一体化项目是一项复杂的系统工程，针对项目实施任务要求和协同创新管理需要，需要进行大量深入的研究和广泛的实践，不断总结项目经验，持续促进协同创新模式的改善，促进项目建设又好又快发展。

# 4.6　数字化转型项目工作绩效域

项目工作绩效域涉及建立项目过程及相关工作，保证项目团队能够交付预期的可交付物和成果。这些工作主要包括建立高效的项目管理体系和流程；管理团队按项目规划执行项目工作；管理干系人参与；管控可能影响项目的变更；管理项目问题；为保证项目的持续性，开展项目学习和知识转移等。

数字化转型项目工作绩效域主要关注项目过程的稳步推进。

为保证一体化项目顺利开展，国家能源集团制定了一体化项目管理办法，围绕项目管理办法，充分细化并建立了一系列管理实施细则，构建了一体化项目管理体系，从组织、管理、流程、技术、资源保障等各个方面规范项目实施管控，有序推进项目开展，确保项目成果满足要求。

### 4.6.1　数字化转型项目过程管理

在项目过程管理中，项目经理和项目团队应建立定期审查机制，以确定项目团队开展工作过程是否按进度计划执行、是否存在影响项目工作开展的阻碍因素等。定期审查的目的在于确保工作高效，因此，项目团队应投入足够的时间审查项目工作是否与过程保持一致。除确保效率，工作过程还应有效果，通过过程质量保证活动评估项目交付物是否满足项目质量要求和相关标准。

#### 1. 跟踪和调整进度计划

进度计划是项目进度控制的基准和依据。项目负责人负责制订项目进度计划。项目进度监控人员根据项目进度计划对项目的阶段成果完成情况进行监控。如果由于某些原因阶段成果提前或延后完成，项目负责人应提前申请并做好进度计划变更。对于项目进度延后的，应分析产生进度滞后的原因，确定纠正偏差的对策，采取纠正偏差的措施，在确定的期限内消除项目进度与项目计划之间的偏差。项目进度计划应根据项目的进展情况进行调整，以保证计划的实时性、有效性。

（1）实时跟踪，统筹安排

在一体化项目中，由项目管理办公室负责跟踪项目主计划，各中心组负责跟踪项目实施计划，并定期上报项目管理办公室，包括项目进展、项目问题与风险。项目管理办公室负责汇总分析，并针对重大问题管理项目进度计划变更。

在项目实施过程中，跟踪项目里程碑节点。里程碑节点应根据项目主计划确定，包括里程碑名称、顺序、说明，申请状态，计划结束日期，完工日期等信息。一体化项目通过信息系统对项目里程碑进度进行跟踪。按照项目总体实施时间要求，以周为单位细化各节点工作内容和实现效果。一体化项目里程碑进度跟踪表见表4-32。

表4-32  一体化项目里程碑进度跟踪表

| 里程碑名称 | 顺序 | 里程碑说明 | 申请状态 | 是否确认 | 是否考核 | 人工占比 | 计划结束日期 | 计划标准人日 | 完工日期 | 确认日期 |
|---|---|---|---|---|---|---|---|---|---|---|
|  |  |  |  |  |  |  |  |  |  |  |
|  |  |  |  |  |  |  |  |  |  |  |

项目负责人根据每个阶段项目的实际进展情况弹性调整，可以每周、每双周或每月与项目成员和其他相关人员充分沟通，形成例会汇报材料。例会汇报材料需跟踪项目总体工作进展、人力资源投入情况、上一周期工作进展及下一阶段工作计划、项目问题及风险事项以及需领导协调解决的重大问题。一体化项目问题与风险跟踪表见表4-33。

表4-33  一体化项目问题与风险跟踪表

| 业务小组 | 序号 | 工作任务 | 计划开始时间 | 计划完成时间 | 完成情况 | 说明 |
|---|---|---|---|---|---|---|
| 本周 |  |  |  |  |  |  |
| 下周 |  |  |  |  |  |  |

将需要重点关注的工作列入专项事项，并进行重点跟踪。一体化项目专项事项跟踪表见表4-34。

表4-34  一体化项目专项事项跟踪表

| 编号 | 工作任务 | 占比 | 计划完成时间 | 交付物 | 完成情况（当前进展） | | | | | 说明 |
|---|---|---|---|---|---|---|---|---|---|---|
|  |  |  |  |  | 煤炭 | 电力 | 人资 | 财务 | 物资 |  |
|  |  |  |  |  |  |  |  |  |  |  |
|  |  |  |  |  |  |  |  |  |  |  |

在项目实施过程中，项目总协调通过例会制度督导各子/分公司推进项

目。深入项目一线，与各中心组进行深度交流，了解项目工作进展，督导中心组工作，对出现的问题及偏差进行指导，协助解决项目重大问题。在疫情管控期间，通过在线方式与项目组进行座谈，了解项目情况，帮助解决项目问题，为现场项目组加油鼓劲，提升团队士气。

根据各项目阶段的实际情况，对于落后进度的节点，项目组领导及时协调各方资源，加大资源投入，进行统筹安排。在项目上线期间，任务重，时间紧，各小组自行合理安排工作时间，实行弹性工作制。

在项目实施过程中，为保证项目进度不受外部环境、人员、技术等因素影响，保证里程碑节点能够按期完成，项目组采取了一系列进度保障措施，如竞赛夺旗、党员突击队、评优评先等。

（2）分批次上线，主动申报

一体化项目时间短、任务重，为了分散上线压力，项目组领导综合考虑上线策略，决定分三批完成上线。为调动各子/分公司积极性，由各单位自行申报上线批次、上线单位及上线板块，采用自上而下与自下而上相结合的管理方式，实现双向推进。项目管理办公室对上报数据进行评估，确定上线时间、上线切换工作要求、潜在风险及建议等。一体化项目上线工作跟踪表见表4-35。

表4-35　一体化项目上线工作跟踪表

| 板块 | 上线时间评估 | 上线切换工作要求 | 问题与风险及建议 |
|---|---|---|---|
| | | | |
| | | | |

项目组制定了上线竞赛数据排名，开展上线夺旗赛，上线期间每天召开上线专题会，对各单位进度进行跟踪。各单位需要在系统中提交各项任务的完成进度情况，各上线单位的业务专家必须参与，并在会上总结发言。进度

落后的单位需书面总结问题描述、原因分析以及解决措施。相关领导应关注上线夺旗赛各单位进度排名情况，有问题及时解决，督促各单位加快最终用户培训进度，争取尽快取得操作资格。一体化项目上线单位进度跟踪表见表4-36。

**表4-36　一体化项目上线单位进度跟踪表**

| 排名 | 公司代码 | 实施单位名称 | 所属子/分公司 | 总体进度 | 模块实施范围 | | | | | 上线批次 | 上线完成时间 |
|---|---|---|---|---|---|---|---|---|---|---|---|
| | | | | | 财务 | 人资 | 物资 | 销售 | 项目 | | |
| | | | | | | | | | | | |
| | | | | | | | | | | | |

在上线期间，每日进行上线授旗，按照上线批次计划召集各上线单位进行授旗、宣誓。对于未完成任务的单位不予授旗，只有完成任务的单位才能在第二日的授旗仪式上进行交旗。对于落后单位，项目管理办公室约谈对应单位负责人，了解困难，倾听诉求，协调资源，并安排突击队队长进行重点援助，全力帮助上线单位完成上线任务。通过授旗仪式，充分调动了员工的积极性，保证了上线任务按时完成。

### 2. 夺旗争先

在国家能源集团一体化集中管控系统建设期间，为确保项目质量不减、计划不变、工期不延的目标，组织开展竞赛夺旗活动，营造比学赶超的氛围，实现抢进度、保质量、长技能的建设目标，通过阶梯式激励完成上线目标。

项目组围绕一体化项目建设开展"先锋杯"劳动竞赛，竞赛夺旗活动贯穿项目整个生命周期，包括上线夺旗赛、单位月结夺旗赛等活动。

项目管理办公室总体把控和指导各模块中心组的竞赛实施全过程，负责搭建统一的在线培训、考试、竞赛、夺旗等自动化流程平台，通过各单位上线进度跟踪与过程评价相结合的方式进行评比，动态发布评比结果，鼓励各单位创优争先。

煤炭板块中心组、电力板块中心组、人资中心组、财务中心组、物资中心组分别牵头组织所负责业务领域及单位的全部培训、竞赛、答疑等工作。

各级子/分公司作为实施主体，负责配合国家能源集团项目组组织本单位各业务模块业务专家开展本单位的培训、竞赛、夺旗等活动。

1）单位上线夺旗赛。项目管理办公室负责开设上线夺旗赛功能、各模块上线任务。各单位根据本单位上线进度进行线上任务提报，各中心组进行任务审批。各单位可实时查询上线进度和排名，必要时召开落后单位上线专题督办会，督促各单位上线切换工作进度。

2）单位月结夺旗赛。在上线系统支持阶段，为加强系统月结工作进度及质量管理，以上线应用支持为核心开展月结夺旗赛活动，并加强月结工作完成时间考核，鼓励各单位使用新系统正常开展业务，尽早将系统用熟、用好。

### 3. 管理项目工作

管理项目工作主要包括三个方面，即确定管理项目工作组件需求、项目版本控制和持续评估项目工作组件管理有效性。项目工作组件是与项目管理相关的文档。项目团队将在项目生命期间创建和维护许多工件，以便重建项目历史并使其他项目受益。项目工作组件包括商业论证、验收标准、变更请求、项目例会纪要、项目章程、经验教训等。

（1）确定管理项目工作组件需求

制定业务标准是一体化项目工作组件需求的重点。业务标准是指各业务领域管理所规定的工作程序和方法。这些程序和方法一旦制定，就应固化下来作为系统实施的准则和标准。业务标准既要符合一体化集中管控系统流程化管理理念，又要满足国家能源集团管理需求，包括一体化集中管控系统的数据标准、技术标准、业务流程、接口标准和评价指标。

国家能源集团涉及业务范围广、管理范围大，因此，采用了业务驱动、标准先行的管理模式，即组织业务专家制定业务标准，并在国家能源集团范围内充分征求意见，经专家评审并通过国家能源集团领导审批后，以正式文件形式发布。

国家能源集团涉及的板块多，业务复杂，各单位管理现状不同、人员素质不同、信息化基础不同。为了实现国家能源集团统一规范、统一标准、统一流程，一体化项目组克服了种种困难，开展了广泛的研讨与论证，充分借鉴了业界成功实践，将企业管理制度和业务流程进行固化，形成了各业务及产业板块的管理框架体系和标准。这是在国家能源集团范围内的一次重大管理变革，改变了国家能源集团内部管理习惯，提高了业务人员素质。在促进业务处理透明化、精益化、制度化和规范化的同时，强化了国家能源集团纵向一体化管控力度，为国家能源集团实现依法治企、规范运营、风险防控，提供了科学路径和有效的管控工具。

（2）项目版本控制

项目版本控制是指对项目实施过程中各种流程文件、程序代码、配置文档等文件的版本管理。

为更好地完成版本控制工作，一体化项目在项目初期就制订了配置管理计划，对项目版本控制进行了详细的工作定义，使用云文档和SVN文件库作为控制工具，并制定了严格的权限要求。

（3）持续评估项目工作组件管理有效性

评估项目工作组件管理有效性是指对管理项目工作的内容和成果进行审

核。在一体化项目实践中，项目工作组件管理有效性评估主要体现在业务标准制定和评审过程中。

在项目管理实际中，业务标准的制定工作共分为7个阶段，分别是初稿制定、征求意见稿、修订稿、业务标准评审、正式发布、业务标准宣贯、培训。各阶段都需要进行项目工作组件管理有效性评估。评估和审核工作分别由国家能源集团总部相关业务部门、项目管理办公室、各业务中心组负责。评估验收采用专家评审、培训考试等方式。

项目组从各子/分公司抽调各业务领域专家与实施顾问共同研讨业务标准，在形成了符合法律法规和国家能源集团管理要求的初步框架后，向中心组和内外部专家反馈，并组织内外部专家评审。对于符合要求、可执行的标准反馈给国家能源集团管理部门和各子/分公司做进一步完善；对于不符合要求、不可执行的标准向各子/分公司进行反馈并重新修改；对评审通过的业务标准进行修订，形成初稿。此阶段的工作有效性评估主要是对初稿的审核，采用集团、项目组、内外部专家进行评审的方式。

形成初稿后，为保证业务标准的统一性、规范性、适用性、先进性、前瞻性，将初稿再次反馈给各子/分公司和各中心组，经相关单位、部门的专家共同商讨后，根据实际管理需求和生产实际进行分项标准完善工作。以电力板块为例，电力板块包括火电、水电和新能源，业务标准需要分别细化。对初稿进行完善和补充，进而形成分项标准和修订稿。此阶段的工作有效性评估主要是对修订稿的审核，采用国家能源集团、项目组、内外部专家进行评审的方式。

最后，将符合要求的修订稿反馈给国家能源集团公司，在审核通过后开展相关培训。培训工作结果的评估与业务标准初稿、修订稿的制定稍有不同，因为培训工作成果体现在最终用户、业务专家对业务标准的理解程度与运用的熟练程度。因此，这个阶段的工作有效性评估采用考核的方式进行。

培训结束后，由项目组对业务标准进行最后的检查和校对，经国家能源集团审批通过后，正式发布并执行。

## 4.6.2 平衡竞争性制约因素

有效的项目管理需要平衡与工作相关的制约因素。制约因素包括固定交付日期、遵守法规、项目预算、质量政策等。在整个项目实施期间，制约因素可能会发生变化。例如，新的干系人需求可能会拖延进度和增加预算，削减预算可能会降低质量要求或缩小项目范围。在项目实施过程中，平衡不断变化的制约因素，同时保持干系人的满意度，是一项持续进行的项目活动。

一体化项目内外部环境影响因素包括政策环境、国家能源集团组织环境（公司关停并转）、项目实施地理和物理环境、市场环境等。内外部环境的变化可能对一体化项目带来机会（收益）或损失。

目标决定方向，行动成就未来。要建设一个符合新集团、新战略要求的集中管控系统，集中的管理思想如何体现？一体化项目优势如何实现？这对一体化项目建设提出了更高的要求。

一体化项目有其自身的特点，为了顺利完成项目建设目标，在一体化项目实施期间，项目组始终关注外部环境变化可能对项目带来的影响，尤其是可能对项目带来的损失。项目组设置专人监测外部环境变化，如发现可能影响项目的因素，及时向项目组报告，并讨论应对措施，以有效降低外部环境变化对项目产生的不利影响。

### 1. 建立灵活的办公模式

一体化项目充分发掘以往项目经验，深度探知外部环境变化。在疫情防控期间，为了尽快恢复正常生产，项目组时刻关注疫情发展变化。通过网络技术及时获取疫情变化信息，随时调整应对策略，逐步克服疫情的不利影响。例如，为了保证子/分公司在疫情管控期间的培训效果，根据疫情防控所处的关键阶段，制订远程视频培训计划，并根据子/分公司具体情况开展专题远视频培训。随着疫情得到有效控制，按照国家能源集团一体化项目实施规划，恢复集中办公方式，加快推进项目进度，提高一体化项目实施效率。

### 2. 及时调整项目实施范围

随着项目的推进，一体化项目建设目标日趋明晰，项目实施范围可能因国家政策性调整，电力区域资源整合，或国家能源集团内部业务重组整合而发生变化。

例如，在项目实施期间，因国家政策性重组，相关单位整体从国家能源集团剥离，转至其他集团。根据这一重大变更，项目组及时与国家能源集团沟通，得到国家能源集团的正式批复调整项目范围。

在集中设计阶段，项目组通过沟通发现，有些实施单位正在进行组织重组和薪酬的调整，无法提供准确的组织机构清单和薪酬体系。基于此，项目组提出具体实施建议：在设计阶段，优先针对已确定的子/分公司及所属单位；在配置期，主要针对之前未能提供数据信息的子/分公司或所属单位。如果此时能提供组织机构清单及薪酬体系，系统可正常上线；如果仍无法提供，则上线后再完善。

在项目实施期间，项目组及时与集团业务主管部门及实施单位沟通，了解所属单位关停并转的情况，随时调整项目实施范围。针对每家单位的不同情况，提出合理的实施建议。按照调整后的项目范围，进行系统环境创建等相关工作。在外部环境影响识别阶段，对项目期间可能发生的风险进行识别，并提出应对方案。在项目实施阶段，根据实际情况及时调整外部环境影响的响应策略。

### 3. 积极应对市场变化

在一体化项目建设中，遭遇了新冠疫情暴发等突发公共卫生事件。疫情发生时恰逢春节返乡高峰，为控制住疫情蔓延态势，全社会采取针对性措施，做到外防输入、内防扩散，对人员大范围流动可能带来的疫情扩散风险，提前部署，在健康监测、人员管理等方面采取了严格措施。疫情防控期间，正是国家能源集团一体化项目"招兵买马"扩充人员的关键时期，项目组面临"招人难""难招人"的问题。为解决这一问题，项目组采用远程面试、笔试等方式选定候选人，待疫情得到有效控制后，协助候选人返京、返岗，迅速投入项目建设。

## 4.6.3 激发和保持团队积极性

为确保项目团队在整个项目期间的价值最大化，项目经理有责任平衡项目团队工作量和维护项目团队成员的满意度，这将有助于促进项目团队专注于交付价值，并始终了解项目可能存在的问题和风险。

一体化项目将党建融入项目工作，切实发挥党组织战斗堡垒作用和党员先锋模范作用。为确保一体化项目顺利完成系统上线切换工作，激发和保持团队积极性，经项目组临时党支部研究决定，在项目组深入开展"党员突击队"实践活动。

### 1. 党建引领，文化聚力

按照国家能源集团党组总体工作部署和一体化项目组统一安排，以党小组的凝聚力和战斗力为抓手，以党员突击队为竞赛活动单元，以系统高质量上线为根本任务，充分发挥每名党员在活动中攻坚克难、砥砺奋进的拼搏精神，用每名党员的实际行动助力建设世界一流能源集团，实现"数字驱动转型发展，智慧引领国家能源"的目标。

为确保活动扎实有效开展并取得成效，一体化项目临时党支部决定成立活动领导小组。活动领导小组负责统筹推进各党员突击队竞赛小组活动，加强活动过程管理，对各竞赛小组提出指导意见，并组织验收考核评比；协调解决上线遇到的难点问题，监督上线工作进度；鼓舞参赛小组士气，指导竞赛小组总结工作经验，确保完成上线任务。

加强党建引领，增强项目战斗力。充分发挥"支部建在项目上"的引领作用，弘扬团队意识，在项目中组织开展"上线夺旗""这是我们的船"等特色主题党日活动，召开七一表彰大会选树典型；在全面上线冲刺阶段，党员突击队通过宣读方案、明确责任、落实分工，带头攻坚克难、带头担当作为，切实发挥了战斗堡垒和先锋模范作用。

### 2. 上线督导，重点突击

项目管理办公室在项目建设中承担着管好大局、把好方向的责任与使命，负责组建上线督导突击队，进一步强化统筹督导作用，紧盯上线目标，严格上线督导，通过"横 + 纵"两条线，实行"横 + 纵"全覆盖的矩阵式工作方法，"横向督导中心组、纵向督导子/分公司"，进一步明确目标、细化分工、强化责任，有力推进项目各板块的建设工作，努力推动集团一体化项目按计划全面上线。

各中心组成立党员突击队，由组长担任队长，由业务专家和实施顾问担任组员。将党员突击队成员进行分组，与相关单位做好上下联动，确保各单位能够按时、保质、保量上线。在每个中心组成立竞赛小组，成员包括组长、副组长及组员。

各中心组队长负责本业务领域整体管控与协调。统筹推进各党员突击队夺旗竞赛活动，加强活动过程管理，提出指导意见，并组织考核评比；协调解决上线遇到的难点问题，监督推进上线工作进度；鼓舞士气，总结提炼工作经验，确保完成上线任务。副队长负责项目实施工作，重点协调实施方案、技术及相关问题，指导突击队制订计划并执行，督导项目实施进度，协调召开周例会、日例会和其他临时组织的工作会议。队员负责跟进上线单位工作进度及任务完成情况，协调推进各单位的数据导入、权限配置、最终用户培训等工作。

项目管理办公室安排专人每天参加各中心组早会、晚会，了解最新进展，及时发现问题和风险；每天定时召开上线督导碰头会，汇总各方情况，梳理共性问题，识别总体风险。对于上线进度排名落后的单位，由领导层直接约谈；建立各中心组日报机制，包括数据日报、培训及权限日报、开通新用户日报等，真正做到每项工作落实有基准、有抓手。

各中心组党员树立"这是我们的船"的工作理念，发挥自己的主观能动性，保证上线工作不掉队、任务不延迟。

（1）高度重视，精心组织

各中心组党员突击队竞赛小组时刻提高思想认识，切实承担起责任和使命，广泛调动本组党员的积极性，充分发挥专家指导作用，为上线用户答疑解惑。紧密结合各上线单位实际，细化活动内容，丰富活动载体，组织广大党员积极投入系统上线各项工作，充分发挥突击队在工作中的作用，为高质量完成各项任务奠定扎实的基础。

（2）认真学习，领会把握

各中心组竞赛小组认真学习上线单位成功做法，各小组组长以身作则，深学一层，既当好组织员、指挥员，又当好教练员，带领全体党员通过这样的学习机会汲取成功经验，努力把自己锻造成为该领域的行家里手。

（3）通力配合，确保实效

各竞赛小组之间加强沟通交流，互帮互助，步调一致地推进工作。注重在实践中总结提炼，为今后更好地开展工作积累更多可借鉴的工作经验。各竞赛小组组长通过靠前指挥，及时发现问题，收集项目实施问题和优化方案，及时反馈给突击队工作群及上线单位联系人；发挥督促监督作用，密切关注数据节点的完成情况；始终坚持融入项目中心、服务上线大局，把活动与党员管理充分结合；鼓励全体突击队成员勇于实践，与相关单位做好上下联动，保质保量地完成各项任务。

（4）加强指导，扎实推进

在项目实施过程中，始终坚持做好协调、检查等工作，推动活动有序推进；充分利用国家能源集团网站、微信群等宣传载体，加强对活动的宣传报道，营造浓厚的活动氛围；发挥督促监督作用，密切关注数据节点的完成情况，服务上线大局，充分落实抓实效、保质量、保工期的工作责任。

### 3. 组织绩效考核与激励

组织绩效考核工作的目标是确保按时保质完成上线任务。

在任务下达方面，由项目管理办公室统一下达相关任务，避免任务下达冲突进而影响任务执行。在跨组、跨业务协同方面，由项目管理办公室跟进各中心组跨组协调事项，按需组织跨板块、跨业务组的专题沟通会议，有效解决业务设计的整体性、前瞻性问题，及时化解项目推进中的各类风险。

（1）工作任务

示例一：上线准备阶段主要任务为静动态数据收集和完成上线切换，按上线时间完成计满分 100 分，每提前一天加 1 分，每推迟一天扣 1 分。以最后上线的单位为基准进行计算。

示例二：对验收结果进行评比，对于工作组织的亮点，每 1 个亮点加 1 分；由各组形成文字材料，通过打分评出各组亮点。实施难度分以单位数据占全部单位的权重计算。

（2）**工作机制**

1）坚持工作日志机制。每晚八点在工作群进行今日工作总结，包括当日完成的工作情况、实施中的工作经验、问题和难点、跨组待协调事项等。

2）坚持周例会机制。各组负责人组织召开周例会，发布本周工作目标、节点、任务时限，并公布一周工作目标、任务完成进度。对于不能按时完成任务的单位，通知子/分公司业务专家牵头人和对口顾问，分析任务未完成的原因和整改方向。

3）坚持活动考核机制。考核结果与个人及单位挂钩。

（3）**考核机制**

将各小组上线单位的数据统计、上报时间等与各组组长个人考核挂钩，在按时、保质、保量上线的同时进行完成时间考核排名。

第一名上线完成单位，组长加 2 分。

第二、第三名上线完成单位，组长加 1 分。

第四、第五名上线完成单位，组长加 0.5 分。

第六、第七名上线完成单位，组长得分不加不减。

第八、第九名上线完成单位，组长减 0.5 分。

第十名上线完成单位，组长减 1 分。

**4. 评优评先**

在项目实施过程中，各单位积极推进项目工作，涌现出众多的优秀集体和个人，为肯定成绩，表彰先进，树立典型，进一步提振士气、鼓舞干劲，增强广大员工的荣誉感、使命感、责任感，项目组设置了一系列的评优评先措施。

（1）评选范围

评选范围包括参与项目建设的子/分公司、各中心组、项目管理办公室等相关单位和个人。

（2）奖项设置

评优评先奖项分为团队类和个人类，其中团队类包括先进党小组、先进单位等，个人类包括月度标兵、优秀共产党员、先进个人等。各奖项根据情况进行细分，如月度标兵按照人员构成分为月度管理标兵、月度攻坚标兵、月度顾问之星；先进单位分为先锋引领奖、实施贡献奖、攻坚克难奖、夺旗争先奖、团结协作奖等。

（3）评选条件

通过多种方式评选出各中心组、各子/分公司在国家能源集团一体化项目建设和上线支持过程中涌现出的先进个人和团队，重点关注一线员工和团队在项目建设过程中的先进事迹、创新做法和典型经验。

（4）评选流程

1）子/分公司、各中心组和项目管理办公室提报推荐材料。

2）国家能源集团一体化项目管理办公室组织审核。

3）上报国家能源集团一体化项目推进小组审定。

4）评选结果公示。

（5）评选要求

1）公平、公开。广泛征求意见，评选出名副其实的优秀集体和个人，保证整个评选过程的公平和公开。

2）客观、公正。严格按照评优评先要求，实事求是，客观公正，采取统一组织、集中评审的方式进行评选。

（6）评选奖励

对于先进集体和个人，颁发奖牌或证书，给予一定的物质奖励，并在集团内部媒体进行宣传报道。

## 4.6.4 项目沟通和参与

在项目工作绩效域中，项目沟通与参与的目的是加强和管理干系人沟通，引导并争取干系人积极参与项目工作。

在项目实施过程中，项目实施方和干系人需要保持良好的合作关系、有效的互动、充分的信任，方可推进项目向共同的目标发展。为了达到这个目标，必须知道何为信任，如何建立信任，如何增加信任。

信任这一概念由于其抽象性和结构复杂性，在社会学、心理学、管理学等不同领域具有不同的定义。目前，达成共识的观点是：信任是涉及交易或交换关系的基础。

在社会科学中，信任被认为是一种依赖关系，表示双方之间存在交换关系，无论交换内容为何，双方至少有某种程度的利害相关，己方利益必须靠对方才能实现。在心理学中，信任是一种稳定的信念，维系着社会共享价值和稳定，是个体对他人话语、承诺和声明可信赖的整体期望。

项目沟通的影响和结果应接受评估和监督，以确保在正确的时间，通过正确的渠道，将正确的内容（发送方和接收方对其理解一致）传递给正确的受众。通过监督沟通过程，确定规划的沟通工作和沟通活动是否如预期完成，是否对项目可交付成果与预计结果提供了支持。监督沟通可能需要采取各种方法，如开展客户满意度调查、整理经验教训、开展团队观察、审查问题日志中的数据或评估相关方参与度评估矩阵中的变更。监督沟通过程可能会触发沟通策略的迭代，以便修改沟通计划并开展额外的沟通活动提升沟通的效果。这种迭代体现了项目沟通管理各个过程的持续性。问题、关键绩效指标、风险或冲突都可能触发重新开展这些过程。

### 1. 一体化项目沟通绩效域实践

首先，在一体化项目沟通绩效域实践中，将项目中的沟通进行了不同维度的分类，具体如下：

从沟通对象所属单位关系划分为对外沟通与对内沟通。

从沟通对象的层级关系划分为领导层沟通、项目管理层沟通、项目团队沟通。

从沟通信息形式划分为正式/非正式的书面或非书面沟通、正式/非正式的语言或非语言行为沟通。

一体化项目沟通信息形式分类见表4-37。

**表 4-37　一体化项目沟通信息形式分类**

| 形式 | 正式 | 非正式 |
| --- | --- | --- |
| 书面 | 合同、变更、计划 | 记事贴、备忘录 |
| 语言 | 日站会、周会、月度绩效跟踪会、培训 | 约茶、慰问、餐会 |
| 非语言行为 | 视频演示 | 肢体语言 |

其次，在一体化项目沟通实践中，从组织结构层级、从项目生命周期阶段、明确定义了不同层级的沟通对象在不同阶段所需的沟通信息内容、沟通频率、沟通方法方式和介质。

最后，在一体化项目沟通实践中，明确了信息的涉密等级和对外披露的审批流程，以及信息安全管理要求、项目信息归档要求等内容。

## 2. 建立和维护干系人关系

在一体化项目建设过程中，在项目推进小组的领导下，通过总协调的合理规划，结合项目实际情况，采用项目干系人优先级管理体系，合理降低干系人期望，平衡干系人的目标及需求，有序开展项目建设。在各单位业务规范化和数据标准化的基础上，利用先进信息技术实现对经营的全面感知、实时洞察，为国家能源集团合规经营和科学决策提供依据，提高国家能源集团整体经营效益。

在一体化项目中，通过以下方式争取干系人参与：

（1）制定策略保障干系人参与力度

一体化项目启动即要求各单位成立相应组织机构，各单位公司领导挂帅，各部门业务骨干主要参与，以保证项目顺利进行。每周进行项目进度汇报工作，项目经理汇报本周项目工作情况，各单位项目负责人汇报各自公司项目进展情况，便于各单位领导了解项目进度及重难点等问题。

（2）专业化团队做好进度和技术保障

由信息公司具备丰富实施管理经验的资深管理人员担任实施经理，率领团队进行一体化项目实施，从质量和进度上进行把控；由技术带头人带领各组组长为实施团队提供技术支持，从技术上进行把控；由经验丰富的顾问担任模块组长，带领团队顾问，从业务专业性、着装专业性、谈吐专业性等方面推进项目。

（3）顾问与业务专家融合，建立工作关系

在一体化项目中，顾问团队与业务专家团队来自不同的单位或部门，互不熟悉，采用组内成员互相介绍和组织拓展游戏的方式为项目的顺利开展奠定基础。

（4）通过团队建设促进信任

特克曼阶梯理论指出：非正式沟通和活动有助于建立信任和良好的工作

关系。在一体化项目中，采用拓展训练、爬山、篮球赛等一系列非正式沟通方式增加顾问与干系人的信任程度。

### 3. 引导干系人参与

在以往的项目中，往往只注重直接干系人的参与，忽略了间接干系人的重要作用，不能正确理解干系人的范围并争取干系人的参与会导致项目延误或失败。因此，项目管理者可通过以下方式积极引导干系人参与：

（1）加强项目汇报，保障干系人参与

通过例会、推进会等会议形式及时向国家能源集团领导、子/分公司领导及项目干系人进行汇报，使各级领导充分了解项目进展情况和待解决问题，以便合理分配资源，推进项目实施。

（2）建立多渠道沟通，保证干系人参与

为保证项目顺利开展，促进干系人的积极参与，在疫情防控期间，采用视频会议、电话会议、即时通信工具相结合的方式组织业务讨论，及时解决业务问题。

（3）项目过程中的干系人再识别

在项目建设过程中，要充分做好干系人管理和再识别工作。在识别干系人的过程中，要同时记录和识别干系人参与程度、相互依赖关系、对项目的潜在影响力等。在项目实施过程中，各个模块是相互衔接、密不可分的，一个模块的实施不能只了解本模块对口部门的需求，还要将相关部门的需求都了解清楚。此外，还应了解其他模块外围系统对本模块的影响，并分析其中的关联性。这一过程需要不断识别和管理新的干系人需求，同时将本单位的需求明确传达给对方。保持干系人积极参与和沟通，可保证模块衔接工作的顺利开展。

### 4.6.5　供应商管理

供应商是项目实施中的合作单位或伙伴，对项目成功实施有一定的影响，尤其体现在数字化转型项目中。对供应商的管理除了合同管理与过程绩效监督，运用人际关系技能将会起到意想不到的效果。

供应商与项目的连接是为了共同完成项目目标。作为有着共同目标、共同责任、共同方法的一群人，就是一个团队。供应商管理首先应将供应商相关人员纳入项目泛团队进行管理，这样可以避免相互指责、相互对立。作为泛团队面对共同的项目目标，集思广益，协同工作，加强沟通，同步双方绩效信息，共同推进项目进展，共同监测外部环境变化和影响，共同维护项目利益，共同分享项目价值，将甲方和乙方的关系转变为项目命运共同体的项目团队关系。

在供应商管理的工具方面，除了谈判、沟通、问题解决、绩效测量等常规方法，对数字化转型项目的供应商还应开展绩效评价管理，这是供应商管理的有力抓手。例如，为了激励供应商，每月对供应商进行绩效评价，具体评价指标包括进度偏差、资源保障、问题解决、服务响应等。根据绩效评价结果对供应商进行评优、评先、评级，其结果应用于次年的供应商合作优先顺序或合作单量或影响阶段付款比例。

一体化项目的合作供应商主要是为项目实施提供技术服务、技术保障的SAP保障团队，以及为项目提供远程会议的软件服务商、平台服务商。

SAP保障服务团队参与项目实施的全过程，提供对实施方案、重点问题解决方案、项目实施难点的支持。在一体化项目实施过程中，为充分发挥SAP保障团队的作用，首先将SAP保障团队作为项目泛团队进行管理，对需要SAP保障服务团队参与的环节或内容制订相应的保障计划，并按照保障计划对 SAP 保障服务团队提供的服务进行绩效评价和成果接收。

在疫情防控期间，为确保项目进展和项目团队成员的人身安全，各中心组适时启用远程办公。项目组通过钉钉、WeLink、腾讯会议、会畅云视、小鱼易连等沟通产品建立了多终端、多地域、多场景的沟通模式。远程会议软件服务厂商与一体化项目之间属于服务与被服务的关系，同时各厂商之间存在一定的竞争关系。一体化项目通过借助外部厂商的平台或软件，在优化自身工作开展能力的同时，充分利用各厂商之间的竞争关系取得最优的沟通收益。

针对平台服务商的管理，项目组积极与服务商进行沟通，明确平台在项目实施中的定位，通过制订最终用户培训策略及计划加强过程管理，跟踪、监督服务商按照计划进行相应的功能开发及联调，并将平台的开发执行情况纳入一体化项目管理过程，在项目会议中进行通报。

### 4.6.6　变更管理

变更控制的目的并不是控制变更的发生，而是对变更进行管理，确保变更有序进行。对于大型数字化转型项目而言，涉及的业务面较广，发生变更的环节较多，因此变更管理格外重要。对变更进行控制就是对所有变更请求进行审查、批准变更、更新项目计划、实施变更、监控变更并记录的全过程。变更管理贯穿项目始终。

实施变更管理的一个更重要作用就是对变更进行评估分析。在项目进行过程中，对变更进行分析便于了解项目当前状态。变更都是有代价的，应基于范围、时间、成本、质量等因素评估变更的代价和对项目的影响。变更也伴随着风险，这些风险包括工作量与成本的增加、项目的延期、项目实施质量的降低等，因此，要让客户了解变更风险，并与客户一起做研判。在评估变更代价并与客户讨论的过程中，可以请客户一起做判断："如果可以修改，你能接受后果吗？"

在一体化项目中，对于变更需求的评估包括：由中心组层面组织对本业务板块的变更影响评估，如果对其他业务板块、项目成本、项目计划等方面产生影响，则应上报至项目管理办公室，由项目管理办公室组织更高层级、更大范围的综合评估。

一体化项目通过有效的项目变更管理，保证了项目按照预定的计划、高质量地完成实施工作，重点取得以下效果：

1）保证了项目按照计划组织与实施，项目按时上线。

2）没有出现需求蔓延的情况，有效保证了项目实施质量。

3）保证了项目目标的达成，实现了集团公司一体化管控目标。

4）有效地控制了项目预算与成本。

### 4.6.7　一体化项目期间的持续学习

知识传承，创造价值。项目知识管理是使用现有知识并生成新知识，以实现项目目标，并帮助组织学习的过程。利用已有的组织知识创造或改进项目成果，并将当前项目创造的知识用于支持组织运营和未来发展。项目知识管理贯穿整个项目生命周期。

具体而言，就是项目团队在项目实施期间，不断收集经验教训并存档归类，建立项目知识库，为项目后续阶段或其他项目提供借鉴，为项目决策提供参考和类比数据信息。

在整合项目期间以及项目结束之后，确保项目团队和其他干系人的技能、经验和专业知识得到运用。知识管理最重要的环节就是营造一种相互信任的氛围，激励相关成员分享知识或关注他人的知识。在实践中，项目团队通过使用知识管理工具和技术分享知识、应用知识。

### 1. 项目知识管理

#### （1）知识形式

知识通常分为显性知识和隐性知识。显性知识是指可用文字、图片和数字进行编撰的知识；隐性知识是指个体知识以及难以明确表达的知识，如信念、洞察力、经验等。知识管理就是管理显性和隐性知识，旨在重复使用现有知识并生成新知识，达成这两个目的的关键活动是知识分享和知识集成。

在整个项目期间，项目团队会开发并分享显性知识。可以通过信息管理工具（如手册、登记册、数据库等）将人员与信息连接起来，以便传递显性知识。隐性知识则可以通过人际交往、访谈、论坛讨论、研讨会或其他类似方法进行传递和分享。

#### （2）知识管理

项目具有一次性和独特性的属性，关注知识转移对组织而言非常重要。知识转移不仅能提供项目所要实现的价值，使组织从运行项目的经验中获得知识，积累无形资产，而且能通过提炼项目运作过程中的标准方法，提高项目的快速复制能力，在已有经验的基础上避免每个新项目从"零"开始。同时，通过知识管理可以系统地梳理专家经验，共享知识，加速人才培养，实现企业和员工双赢。

在项目实施过程中，项目团队首先需要识别项目中的核心知识，形成组织过程资产，并通过项目知识库或项目案例库的形式加以管理。

总结积累项目实施过程中的成功模式，逐步建立和形成最佳实践，并以项目知识库或案例库形式进行管理和展现。项目知识库或案例库内容一般包括项目过程文档管理、项目中的经验总结。通常这一工作是由项目管理办公室负责，包括收集、整理、分类、维护和共享。

通过建立项目知识库，可以将存在于企业中的丰富的知识转化为可分享、可复用的知识资源，让各部门、各项目组的知识转移和分工协作更加容易，使项目成员可以参考更多的以往成功项目的工作经验，以及借鉴各种可复制的知识成果，降低项目管理成本，提升项目管理效率。

## 2. 知识管理与组织过程资产

项目知识管理是指在整个项目执行过程中，不断利用现有知识创造新知识。主要通过经验教训登记册适时、动态、全过程记录项目知识。在项目阶段收尾或项目结束时，再纳入组织过程资产，从而为以后项目提供借鉴和参考。

组织过程资产是执行组织所特有并使用的计划、过程、政策、程序和知识库，会对项目管理产生影响，是项目知识管理的重要组成部分。组织过程资产包括来自任何（或所有）项目执行组织的，可用于执行或治理项目的实践或知识，还包括来自组织以往项目的经验教训和历史信息。

经验教训登记册由项目团队完成。组织过程资产的更新通常由项目管理办公室或项目以外的其他职能部门完成。

### （1）一体化项目知识管理实践

在一体化项目中，国家能源集团项目管理办公室建立了统一的云文档服务器，根据项目实施的 5 个阶段（项目准备阶段、集中设计阶段、系统实现阶段、上线切换准备及上线阶段、系统上线支持阶段），按中心组建立统一的文档存储结构。同时，按组织管理要求对文档查询或修改设定权限，并安排专人管理。对各阶段项目过程文档及成果交付物制订交付计划，各中心组按交付计划上传交付物，计划质量组安排专人对交付物进行检查。一体化项目文档存储结构见表4-38。

**表 4-38　一体化项目文档存储结构**

| 一级 | 二级 | 三级 |
|---|---|---|
| 01 公共发布区 | 01_项目制度 | 一体化项目实施管理办法 |
| | | 一体化项目实施管理细则 |
| | 02_工作计划 | 01_项目主计划 |
| | | 02_项目工作细分 |
| | 03_文档模板 | 01_项目交付物 |
| | | 02_项目过程文档 |
| | | 03_项目管理文档 |
| | 04_宣贯材料 | 01_计划及质量相关规范 |
| | | 02_文档工作培训材料 |
| | 05_通知公告 | 01_通知 |
| | | 02_新闻报道 |
| | 06_会议纪要 | 01_会议材料 |
| | | 02_会议影音 |
| | 07_项目周报 | 01_项目周报 |
| | | 02_项目月刊 |
| | 08_通信录 | |
| | 09_项目问题风险 | 01_项目问题风险跟踪表 |
| | | 02_各中心组问题风险跟进 |
| 02 项目工作区 | 01_项目管理 | 01_党建宣传 |
| | | 02_统筹协调 |
| | | 03_计划质量 |
| | | 04_培训竞赛 |
| | ××中心组 | 01_总体工作 |
| | | 02_项目准备 |
| | | 03_集中设计 |
| | | 04_系统实现及部署 |
| | | 05_上线准备 |
| | | 06_上线支持 |

（2）日常工作知识总结

在一体化项目中，项目团队在各个阶段定期进行知识总结，形成相关知识文档，如《应知应会 100 问》《常见问题解决方案》等。

（3）论文专刊

为总结和提炼项目建设过程中的智力成果及项目经验，项目管理办公室将项目论文提炼作为项目文化建设的重要内容，在集团公司范围内进行项目论文的征集。同时，积极组织开展论文评审工作，组建了由各中心组、各实施团队、专家顾问等组成的系统论文审稿小组，最大化地将项目隐性知识转变为显性知识，推动了项目知识的高效传播。

在一体化项目建设过程中，通过统一文档存储、多元培训、过程知识总结等方式保障项目的知识管理与知识传递。在系统建设期间，按项目质量管理及配置管理要求累计完成 1400 余项知识文档。累计征集来自 24 家子/分公司的 126 篇论文。经过评审后，优秀论文分批次在《能源科技》等杂志或刊物发表。

一体化项目论文研究方向及发表栏目示意图如图 4-9 所示。

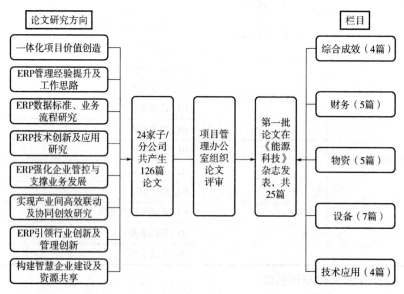

图 4-9　一体化项目论文研究方向及发表栏目示意图

（4）一体化项目知识管理流程

在一体化项目知识管理过程中，构建了知识管理流程，有力保障了知识管理的实施落地。一体化项目知识管理流程图如图 4-10 所示。

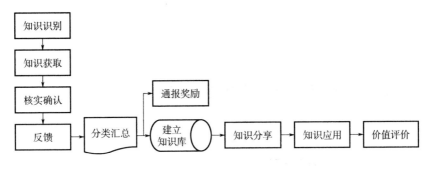

图 4-10　一体化项目知识管理流程图

具体操作流程为：

在项目实施过程中，干系人都有识别项目新知识的义务。

当识别新知识后，统一向知识专员提交项目知识。干系人可以采用文本、图片、语音、视频等介质提交。

当知识专员收集到干系人提交的项目知识信息后，需要逐一与相应专业部门专业人士进行核实确认，如是否属于可以纳入知识库的信息，知识库是否已经有相同的知识信息。确认之后向信息提交干系人做出反馈。

当知识信息得到确认后，由知识专员统一分类上传到项目知识库，并发布更新后的项目知识信息。

各项目中心组在项目计划分解或计划更新时，需要查询知识库是否有可以借鉴的经验教训。

各专业部门和项目中心小组每月组织一次项目知识分享会，同步更新项目知识信息。

当项目阶段结束或批次上线结束后，组织阶段总结，评估知识管理绩效和价值。主要评估指标包括贡献的新知识数量、知识分享次数、知识引用次数、知识应用后的价值贡献（提前进度、节约成本、提升效率等）。

根据知识价值评估结果，进行相应的知识管理激励，并给予相应的荣誉，如知识贡献奖、知识价值卓越奖。

# 4.7　数字化转型项目评价绩效域

## 4.7.1　建立有效的评价指标

制定有效的评价指标有助于确保对项目进行评价并向干系人报告。评价指标有助于项目团队利用相关信息及时做出决策并采取有效行动。

### 1. 项目关键绩效指标

项目关键绩效指标（KPI）是用于评价项目成功与否的可量化指标。KPI有两种类型：提前指标和滞后指标。

（1）提前指标

提前指标可预测项目的变化或趋势。如果变化或趋势不利，项目团队将评估提前指标，并采取行动扭转这一趋势。以这种方式，在可能绩效偏差超出公差临界值之前进行指标识别，可以降低项目的绩效风险。

有些提前指标可以量化，如项目规模或待办事项列表中正在进行的事项数量。有些提前指标难以量化，但可提供潜在问题的预警信号。风险管理过程缺乏、干系人未到位或没有参与、项目成功标准定义不明确，这些都是项目绩效可能面临风险的提前指标的示例。

（2）滞后指标

滞后指标可测量项目可交付物或事件。它们在事后提供信息。滞后指标反映的是过去的绩效或状况。滞后指标比提前指标更容易测量，如已完成的可交付物的数量、进度偏差或成本偏差以及所消耗资源的数量。

滞后指标也可用于寻找成果与环境变量之间的相关性。例如，显示进度偏差的滞后指标可表明与项目团队成员不满意度的相关性。这种相关性可以帮助项目团队找到根本原因，如果唯一的评价指标是进度状态，则根本原因可能并不明显。

有效的评价指标必须符合 SMART 原则。SMART 这个首字母缩略词中各个字母可以指代其他词语。例如，有些人更喜欢"可测量"（Measurable）而非"有意义"（Meaningful），"同意"（Agreed to）而非"可实现"（Achievable），"切合实际"（Realistic）或"合理"（Reasonable）而非"具有相关性"（Relevant），"有时限"（Time bound）而非"及时"（Timely）。

**2. 评价指标**

评价内容、参数和评价方法取决于项目目标、预期成果以及开展项目的环境。常见的评价指标包括可交付物评价指标、交付评价指标、基准绩效评价指标、资源评价指标、商业价值评价指标、干系人评价指标、预测评价指标。一组平衡的评价标准有助于相关人员了解项目绩效和成果的整体情况。

（1）可交付物评价指标

根据客户需要，所交付的产品、服务或结果决定了有用的评价指标。常用的评价指标包括：

1）有关错误或缺陷的信息。该指标包括缺陷的来源、识别的缺陷数量和已解决的缺陷数量。

2）绩效评价指标。描述与系统运行相关的物理或功能属性，如尺寸、重量、容量、准确度、可靠性、效率和类似的绩效测量指标。

3）技术绩效评价指标。使用量化的技术绩效评价指标，确保系统符合技术要求，为实现技术解决方案提供了洞察。

（2）交付评价指标

交付评价指标与在制品相关联。这些评价指标经常在采用适应型方法的项目中使用。

1）在制品。该指标可表明任何特定时间正在处理的工作事项的数量。用于帮助项目团队将正在进行的工作事项的数量限制到可管理的范围。

2）提前期。该指标可表明从故事或工作块进入待办事项列表到迭代或发布结束的实际消耗时间。提前期越短，说明过程越有效，项目团队越富有成效。

3）周期时间。周期时间与提前期相关，表明项目团队完成任务所需的时间。周期时间越短，说明项目团队越富有成效。如果工作用时相对稳定，那么就可以更好地预测未来的工作进度。

4）队列大小。该指标用于跟踪队列中事项的数量。可以将该指标与在制品限值进行比较。利特尔法则（Little's Law）指出，队列大小与事项进入队列的比率和队列中工作事项的完成率成正比。可以通过评价在制品并预测未来的工作完成情况来深入了解完成时间。

5）批量大小。在一次迭代中完成工作的估算量（人力投入量、故事点等）。

6）过程效率。过程效率是在精益系统中使用的一种优化工作流程的比率。该测量指标可计算增值时间和非增值活动二者的比率。正在等待的任务会增加非增值时间。正在开发或正在核实的任务代表增值时间。比率越高，说明过程效率越高。

（3）基准绩效评价指标

最常见的基准评价指标是进度和成本。

1）进度评价指标主要包括开始日期和完成日期、人力投入和持续时间、进度偏差、进度绩效指数、特性完成率。

2）成本评价指标主要包括与计划成本相比的实际成本、成本偏差、成本绩效指数。

（4）资源评价指标

资源评价指标可能是成本测量指标的子集，因为资源偏差经常导致成本偏差。

1）与实际资源利用率相比的计划资源利用率。该指标将资源的实际利用率与估算利用率进行比较。利用率偏差可通过从实际利用率中减去计划利用率得出。

2）与实际资源成本相比的计划资源成本。该指标将资源的实际成本与估算成本进行比较。价格偏差可通过从实际成本中减去估算成本得出。

（5）商业价值评价指标

用于确保项目可交付物与商业论证和收益实现计划保持一致。常用的商业价值评价指标包括成本收益比、投资回报率、净现值等。

（6）干系人评价指标

通过调查或推断满意度或查看有关评价指标（在缺少满意度的情况下）来评估干系人满意度。常用的干系人评价指标有净推荐值、情绪图、士气、离职率等。

（7）预测评价指标

项目团队通过预测未来可能发生的情况，考虑并讨论是否相应地调整计划和项目工作。预测可以是定性的，如利用专家判断。在试图了解现在特定事件/条件对未来事件的影响时，应考虑它们的因果关系。定量预测可以利用过去的信息估算未来发生的情况。定量预测包括完工尚需估算、完工估算。

在一体化项目中，项目过程评价指标设计遵循以"项目实施过程全覆盖，突出关键环节与重点工作"的原则，采用常规评价和即时评价相结合的方式将评价工作贯穿项目实施全过程。

### 4.7.2　评价内容

评价内容、评价参数和评价方法取决于项目目标、预期成果以及开展项目的环境。

针对超出临界值区间的评价指标达成一致是评价考核的重要内容。可以针对各种评价指标（如进度、预算、资源投入和项目特有的其他评价指标）制定临界值。偏差程度取决于干系人的风险承受能力。

为保障项目整体实施工作有序、高效进行，确保项目主计划的进度、质量要求以及项目执行过程的可控性，一体化项目建立了项目绩效考核标准。

#### 1. 绩效考核原则

1）公开、公平、客观的原则。

2）持续推进的原则。

3）目标考核和行为考核相结合的原则。

#### 2. 绩效考核对象及方式

绩效考核对象为一体化项目实施过程中的各级相关组织，包括各单位与项目相关的管理组织及业务组织。横向考核各子/分公司，涉及一体化集中管控系统各批次上线子/分公司及其所属单位；纵向考核各中心组，涉及煤炭板块中心组、电力板块中心组、人资中心组、财务中心组、物资中心组、技术组、设备数据组、综合计划组。各中心组成员众多，如此庞大的团队需要集团信息化项目管理办公室（PMO）统一调度协调，以集团一体化集中管控系统上线运行为主线，各中心组分别制定切实可行的考核原则。

在项目实施期间，项目管理办公室负责对各子/分公司及中心组进行考核，根据各项绩效考核指标对子/分公司项目执行情况进行打分和评价。绩效考核按月度进行，项目管理办公室负责对考核结果进行统一收集汇总并展示。同时，根据各单位考评结果和各中心组推荐，评选出优秀单位和个人并上报集团。

### 3. 绩效考核内容

在项目启动时，各子/分公司项目负责人明确项目目标和责任。

在项目实施过程中，项目管理办公室制定项目过程评价指标，包括人员到位情况、人员请假情况、项目执行进度、业务标准匹配度、数据标准匹配度、交付物完成情况、数据清理、问题风险、用户培训、上线后应用等。

常规绩效指标涵盖计划质量、问题风险、数据清理、培训竞赛等方面，如图 4-11 所示。

（1）计划质量

1）任务及时完成率。考核子/分公司及基层单位项目工作是否按计划及时完成。任务包括但不限于配合组织调研、项目文档编写、数据收集、项目交付物评审等。

2）任务完成质量。考核子/分公司及基层单位项目工作是否保质保量完成。包括但不限于组织调研、参与用户接受测试、项目文档编写、数据收集等。

3）合并报表数据核对确认率。考核子/分公司上线支持阶段财务合并报表数据核对和确认情况。

## 项目过程评价指标

| 序号 | 指标大类 | 指标名称 | 指标说明 | 所属组别 | 数据方式 | 计算公式 | 适用阶段 | 统计频率 | 满分 |
|---|---|---|---|---|---|---|---|---|---|
| 1 | 计划质量 | 项目任务及时完成率 | 考核子/分公司及基层单位的项目工作是否按计划及时完成，提高用户粘性，配合他们做好工作，项目交付相关工作。 | 各中心及组 | 由各中心组统计，在ERP同步更新 | 及时完成率=按时完成的任务项/总任务项×100% | 项目全程 | 月 | 10 |
| 2 | | 项目任务完成质量 | 考核子/分公司及基层单位的项目文档编写、数据填报等工作，提高子/分公司的任务合格率，做好数据编号、数据校验等工作。 | 各中心及组 | 由各中心组统计，在ERP同步更新 | 合格率=合格的任务项/总任务项×100%；合格率为100%时，该满分为100%标准；比重每增1%减0.5分，扣完为止 | 项目全程 | 月 | 10 |
| 3 | | 合并报表数据模型对接入事 | 考核子/分公司上线支持特积及各合并报表数据模型对接和测试、参与用户验收测试、数据验收等工作。 | 财务中心/组 | 由财务中心组统计，在ERP同步更新 | 合并报表数据模型对接入率=已接入的数据模型数量/应对接的模型总数量×100% | 上线支持后5个/3个月 | 月 | 10 |
| 4 | 问题风险 | 问题风险及时解决率 | 考核子/分公司及基层单位的问题解决及风险应对情况，督促所有重要子/分公司及基层单位的问题风险及时解决。 | 计划质量 | 由计划质量组统计 | 问题风险及时解决率=当期已解决的问题风险数量/当期应解决的问题风险数量×100% 备注：问题率为100%时满分 | 项目全程 | 月 | 10 |
| 5 | 数据治理 | 物资编码覆盖率 | 考核子/分公司及基层单位的物资主数据编码情况，推进物资管理及基础数据治理。 | 物资数据 | 由物资数据组统计，在ERP同步更新 | 物资编码覆盖率=已提交的编码数量/当期待编码数量×100% | 项目全程 | 月 | 10 |
| 6 | | 物资编码审核截止率 | 考核子/分公司及基层单位的已提交物资主数据编码审核截止率。 | 物资数据 | 由物资数据组统计，在ERP同步更新 | 物资编码审核截止分=(1-物资编码审核截止) | 项目全程 | 月 | 10 |
| 7 | | 物资编码审核通过率 | 考核子/分公司及基层单位的已提交物资主数据编码审核通过率，促进编码质量。 | 物资数据 | 由物资数据组统计，在ERP同步更新 | 物资编码审核通过率=已审核通过的编码数量/当期已提交审核编码总量×100% | 项目全程 | 月 | 10 |
| 8 | | 设备清单完成率 | 考核子/分公司各电厂设备清单编制的完成情况及及时提交情况。 | 设备数据 | 由设备数据组统计，在ERP同步更新 | 数据清单完成率=已完成数据清单的电厂数量/子/分公司计划电厂总数量×100% | 项目全程 | 月 | 10 |
| 9 | | KKS编码审核通过率 | 考核子/分公司各电厂已提交设备编码审核情况及及时提交情况，促进编码质量。 | 设备数据 | 由设备数据组统计，在ERP同步更新 | KKS编码审核通过率=已审核通过的电厂数量/子/分公司计划电厂总数量×100% | 项目后期 | 月 | 10 |
| 10 | 培训管理 | 培训出勤率 | 考核子/分公司及基层单位人员参加培训的情况，有效的对外加强培训。 | 培训管理 | 由培训管理组统计 | 培训出勤率=培训实到人次/计划参加培训人次×100% | 项目全程 | 月 | 10 |
| 11 | | 考试合格率 | 考核子/分公司及基层单位参加培训的人员的考试合格情况，提高学习质量。 | 培训管理 | 由培训管理组统计 | 考试合格率=本次考试合格的人员数/参加考试人数×100% | 项目全程 | 月 | 10 |
| 12 | | 考试平均分 | 考核子/分公司及基层单位参加培训的人员的考试平均分，提高学习质量。 | 培训管理 | 由培训管理组统计 | 考试平均分=本次考试各学员分之和/参加考试人员数，按100分制转换 | 项目全程 | 月 | 10 |

图4-11 一体化项目日常规绩效指标（截图）

（2）问题风险

问题风险及时解决率。考核子/分公司及基层单位的问题风险及时解决情况，包括所有需要子/分公司及基层单位解决的问题风险。

（3）**数据清理**

1）物资编码清理率。考核子/分公司及基层单位物资主数据编码清理及提交情况。

2）物资编码终止率。考核子/分公司及基层单位已提交的物资编码终止率。

3）物资编码审核通过率。考核子/分公司及基层单位已提交的物资编码审核通过率。

4）设备清册完成率。考核子/分公司及各电厂设备数据清册的完成情况及提交情况。

5）KKS 编码审核通过率。考核子/分公司及各电厂已提交的编码审核通过率。

（4）**培训竞赛**

1）培训出勤率。考核子/分公司及基层单位参加培训人员的出勤情况。

2）考试合格率。考核子/分公司及基层单位参加培训人员的考试合格率。

3）考试平均分。考核子/分公司及基层单位参加培训人员的考试平均分。

### 4.7.3　项目过程评价

在项目实施过程中收集的评价指标很重要，而使用这些评价指标开展工作也同样重要。信息要想有用，就必须及时、容易获取，易于吸收和领会，并能够正确表达出与信息相关的不确定性程度。可视化呈现易于干系人接受和理解信息。

在一体化项目实施过程中，通过月度工作会跟踪项目绩效信息。包括以下内容：

（1）一体化项目过程绩效跟踪

一体化项目过程绩效跟踪数据即项目过程指标KPI，见表4-39。

表4-39 项目过程指标KPI

| 序号 | 指标大类 | 指标名称 | 指标说明 | 计算公式 |
|---|---|---|---|---|
| 1 | | 上线任务完成度 | 考核子/分公司上线任务完成情况 | 得分＝子/分公司上线任务完成总体进度百分比，按50分制转换 |
| 2 | 计划质量 | 项目任务及时完成率 | 考核子/分公司及基层单位项目工作是否按计划及时完成，提高用户积极性<br>任务包括但不限于：<br>配合组织调研、项目文档编写、数据收集、项目交付物评审等 | 及时完成率＝按计划已完成的任务项数量/按计划应完成的任务项数量×100% |
| 3 | | 项目任务完成质量 | 考核子/分公司及基层单位项目工作是否保质保量完成<br>任务包括但不限于：<br>组织调研、参与用户接受测试、项目文档编写、数据收集等 | 合格率＝合格的任务项/总任务项×100%<br>合格率为100%时，该指标为满分20分，比率每低1%扣0.5分，扣完为止 |
| 4 | | 合并报表数据核对确认率 | 考核子/分公司上线支持阶段财务合并报表数据核对和确认情况 | 合并报表数据核对确认率＝已核对和确认报表数据的张数/应核对和确认报表数据的张数×100% |
| 5 | 数据清理 | 物资编码清洗工作配合效率 | 考核子/分公司及基层单位在物资主数据采集完善过程期间的配合情况、提交情况和完成情况 | 手工打分，A及时、B正常、C不及时<br>物资编码清洗工作配合效率＝（提交的数量/实施的数量）×100%＋（完成的数量/实施的数量）×100%＋手工打分 |
| 6 | | 数据采集完善准确率 | 考核子/分公司及基层单位物资主数据编码按计划完成的质量和及时情况 | 数据采集完善准确率＝1－[（专家审核次数/实施项目单位数量）－1]×100%＋（按时完成的数量/实施的数量）×100% |

（续）

| 序号 | 指标大类 | 指标名称 | 指标说明 | 计算公式 |
|---|---|---|---|---|
| 7 | 数据清理 | 数据清洗按时完成率 | 考核子/分公司及基层单位物资主数据清洗工作按时完成情况 | 按月度实际工作安排情况计算 |
| 8 | | 数据审核完成率 | 考核子/分公司及基层单位物资数据审核通过情况、及时情况和质量 | 物资编码一审审核通过率 = 已审核通过编码数量/当前已提交的编码总数量×100%<br>物资编码集中审核通过率 = 已审核通过编码数量/当前已提交的编码总数量×100%<br>数据审核完成率 = 物资编码一审审核通过率 + 物资编码集中审核通过率 − 已终止的编码数量/当前按计划应提交的编码数量×100%<br>对于提前完成的单位 +2 分 |
| 9 | | 设备清册完成率 | 考核子/分公司及各电厂设备数据清册的完成情况及提交情况 | 数据清册完成率 = 已完成数据清册的电厂数量/子分公司计划电厂总数量×100% |
| 10 | | KKS 编码审核通过率 | 考核子/分公司及各电厂已提交的编码审核通过率，促进编码质量 | KKS 编码审核通过率 = 编码审核通过电厂数量/子分公司计划电厂总数量×100% |
| 11 | 培训竞赛 | 一体化系统操作资格证获取率 | 最终用户获取系统操作资格证比例 | 得分 = 单位获取操作资格证人数/单位用户清单人数，按50分制转换 |
| 12 | | 一体化培训班单位得分 | 单位一体化培训班平均分 | 得分为单位一体化在线学习平台得分，按20分制转换 |
| 13 | | 一体化培训班参与率 | 考核子/分公司一体化培训班参与率 | 一体化培训班参与率 = 子分公司一体化培训班实际学习人员/子分公司用户清单，按30分制转换 |

（2）一体化项目主实施计划——总体工作进展

一体化项目主实施计划——总体工作进展如图4-12所示。

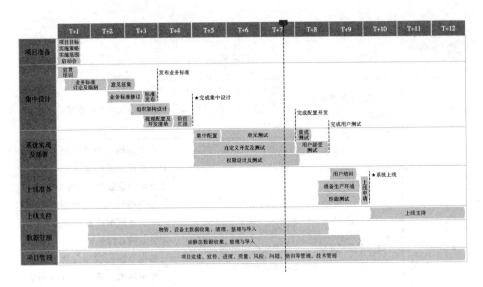

图 4-12　一体化项目主实施计划——总体工作进展

**（3）工作情况统计**

以编码工作为例，主要包括编码文件收集、审核、发布计划提交与实际提交进度统计。一体化项目编码阶段整体工作情况统计如图 4-13 所示。

□编码阶段整体工作情况统计

| 板块 | 编码文件收集工作 | | | 审核发布工作 | | 不合格文件二审工作 | | |
|---|---|---|---|---|---|---|---|---|
| | 应交 | 已交 | 提交率 | 发布数量 | 发布进度 | 不合格数量 | 二次收集 | 二审发布 |
| 火电 | 84 | 84 | 100% | 84 | 100% | 2 | 2 | 2 |
| 新能源 | 321 | 321 | 100% | 321 | 100% | 26 | 26 | 26 |
| 水电 | 155 | 155 | 100% | — | — | — | — | — |

说明：水电板块由大渡河牵头组织水电单位实施PPIS编码，编码文件由编码组收集，转交大渡河公司进行校验，第一次收集检验于6月21日完成；计划本周进行第二次编码文件的收集校验。

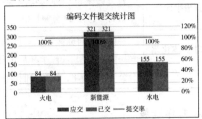

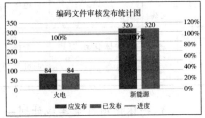

图 4-13　一体化项目编码阶段整体工作情况统计（截图）

（4）上线夺旗

组织上线夺旗赛，控制项目进度，确保项目质量，提升团队技能。一体化项目上线夺旗竞赛结果统计如图4-14所示。

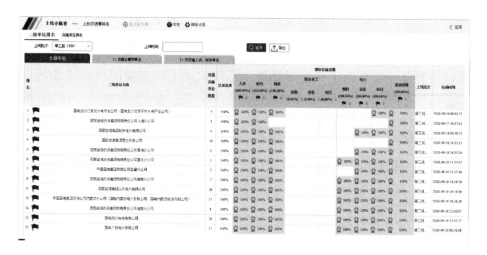

图4-14　一体化项目上线夺旗竞赛结果统计（截图）

## 4.7.4　评价指标陷阱

项目评价有助于驱动目标的实现，通过评价指标的度量与分析，可以找出绩效差异和改进机会。但是，超出合理限度的评价指标也会带来很多危害。在实际工作中，存在一些评价指标陷阱。例如，更倾向于使用容易量化的指标，而非难以量化的目标，或是让抽象的数字凌驾于具体的经验之上。因此，除了应警惕不适当的评价指标相关风险，还应了解与评价指标相关的陷阱，这有助于制定有效的评价指标。

霍桑效应指出，评价某种事物的行动会对其行为产生影响。当人们知道自己成为观察对象时，就会有改变行为的倾向，因此，要慎重制定评价指标。例如，仅考核项目团队可交付物的数量，可能导致项目团队专注于创建更多数量的可交付物，而不是专注于提供客户满意的高质量的可交付物。

士气对一个团队来说非常重要，能够保证团队的凝聚力。如果设定了无法实现的评价指标和目标，项目团队的士气可能会因持续未能达到目标而下降。设定拓展性目标和激励人心的评价指标是可以接受的，但人们也希望看到自己的辛勤工作得到认可，不现实或无法实现的目标可能适得其反。

虽然设定了绩效评价指标，但人们可能会曲解评价指标或专注不重要的评价指标。常见的情况包括：

1）专注不太重要的评价指标，而不是最重要的评价指标。

2）专注于做好短期评价指标的工作，以牺牲长期评价指标为代价。

3）为了改进绩效指标，开展易于完成的无序活动。

解释评价指标的一个常见错误是混淆了两个指标之间的相关性与它们之间的因果性。例如，当项目进度落后且预算超支时，可能就会推断是进度落后导致预算超支。事实可能并非如此，可能存在其他需要考虑的相关因素，如估算方法是否正确、项目变更和风险管理是否可控，这些因素都有可能导致预算超支。

## 4.7.5　诊断绩效及过程情况

针对项目过程绩效评价结果，分析项目绩效，及时发现项目问题，分析产生问题的根本原因并给出正确的解决方案。

通过绩效度量结果，诊断项目整体绩效，主要诊断以下几个维度是否超出临界值，偏差度是否在干系人的风险承受范围之内。

具体的诊断指标如下：

1）项目合规性。政府法规合规性、集团审批和许可合规性、环境合规性、安全合规性、质量合规性。

2）项目进度。交付进度、交付节奏和速度。

3）预算。是否超支或节约。

4）质量。是否满足标准和要求，过程保障措施是否得到执行，质量问题是否得到解决，质量影响是否可接受。

5）团队。团队人员配置是否合理，团队绩效是否达到良好状态。

6）风险。风险预判是否完整，评估是否正确，应对是否有效，风险影响是否受控，报告是否及时。

一体化项目的诊断绩效数据主要包括以下三个方面：

（1）项目过程评价

基于每项过程评价指标权重和得分，计算各子/分公司月度总分和年度累计积分，一体化项目过程评价结果见表4-40。

表4-40　一体化项目过程评价结果

| 累计排名 | 单位名称 | 累计积分 | 4月排名 | 单位名称 | 总分 |
|---|---|---|---|---|---|
| 全模块实施 | 1 | | 全模块实施 | 1 | |
| | 2 | | | 2 | |
| | 3 | | | 3 | |
| | 4 | | | 4 | |
| | 5 | | | 5 | |
| 部分模块实施（人力资源管理、财务管理） | 1 | | 部分模块实施（人力资源管理、财务管理） | 1 | |
| | 2 | | | 2 | |
| 部分模块实施（设备管理、项目管理） | 1 | | 部分模块实施（设备管理、项目管理） | 1 | |
| | 2 | | | 2 | |

（2）项目进度跟踪与评价

一体化项目工作进度跟踪——数据清理如图4-15所示。

截至目前,部分中心组业务标准还未正式发文,煤炭、财务、物资均已提交OA,具体情况如下:

| 编号 | 工作任务 | 占比 | 计划完成时间 | 交付物 | 完成情况（当前进展） | | | | |
|------|---------|------|------------|--------|------|------|------|------|------|
| | | | | | 煤炭 | 电力 | 人资 | 财务 | 物资 |
| 1 | 业务标准制定 | 100% | | | 88% | 88% | 100% | 88% | 88% |
| 1.8 | 业务标准正式发文（集团相关部门OA会签） | 8% | 2020-3-27 | 业务标准发布通知（集团OA正式发文） | 计划5.9完成（销售模块已完成签批，设备、项目模块OA流转中） | 计划5.12完成 | 100% | 计划5.15完成 | 计划5.12完成 |
| 1.9 | 业务标准的宣贯培训 | 4% | 2020-4-3 | 业务标准宣贯培训通知、资料 | 计划5.12完成 | 计划5.15完成 | 100% | 计划5.15完成 | 计划5.15完成 |

截至目前,部分中心组的ERP组织架构设计报告还未完成向业务部门的汇报和签字工作,具体情况如下:

| 编号 | 工作任务 | 占比 | 计划完成时间 | 交付物 | 完成情况（当前进展） | | | | |
|------|---------|------|------------|--------|------|------|------|------|------|
| | | | | | 煤炭 | 电力 | 人资 | 财务 | 物资 |
| 2 | ERP组织架构设计 | 100% | 2020-4-14 | 组织架构设计报告（定稿）、中心组评审记录、交付物评审签字单 | 100% | 70% | 70% | 100% | 70% |
| 2.2 | ERP系统组织架构设计报告中心组评审 | 30% | 2020-4-14 | | 100% | 计划5.13完成 | 计划5.11完成 | 100% | 计划5.14完成 |
| 4 | 集中设计阶段汇报 | 100% | 2020-4-30 | 集中设计阶段汇报材料或会议材料 | 100% | 0% | 0% | 100% | 0% |
| 4.1 | 各中心组召开集中设计阶段汇报会 | 100% | 2020-4-30 | | 100% | 计划5.15完成 | 计划5.11完成 | 100% | 计划5.14完成 |

图4-15　一体化项目工作进度跟踪——数据清理（截图）

（3）培训考核

在疫情防控期间，以在线培训平台为主要培训工具，通过在线课程学习、线上理论考试和系统操作考试，将各单位涉及的各业务领域取证完成情况作为主要考核依据，同时结合传统的线下培训及考试，每天及时出示完成情况，并以此作为考核依据。具体考核内容按照个人/单位分别进行统计，通过集团"一体化集中管控系统园地"进行在线展示。

在"培训与学习"考核中，与国家能源集团培训平台相结合，将"云平台学习"中的个人学习班学习情况进行加工处理后在"一体化集中管控系统园地"进行展示，包括"排名规则说明""个人排名""子/分公司排名""培训完成情况"等。通过系统线上报名、学习及考试的方式，使考核更公平、更严格，不仅能全面地反映个人的真实情况，而且公开考核结果，激励考核成绩好的人再接再厉，继续保持先进；督促考核成绩不好的人奋起上进。

依据以上考核情况，在周例会、月度例会等推进会上有赏有罚，有升有降，而且这种赏罚、升降不仅与精神激励相联系，还与工资、奖金等挂钩，以达到考核的真正目的。

### 4.7.6　成长和提升

评价指标若应用得当，将有助于项目团队提高创造商业价值并实现项目目标和绩效目标的能力。

在一体化项目各项竞赛活动中，各单位本着"提升素质敢担当、珍惜岗位讲奉献、勇于创新当先锋、比赛竞技夺第一"的担当精神，积极参与大比武活动，一大批优秀单位和能工巧匠脱颖而出。借助数字化转型项目管理工具，提升各单位工作积极性，有效督导相关单位按时完成项目任务。同时，项目组选树典型，通过多种渠道宣传全集团"线上自助学习"优秀选手事迹，鼓励所有参赛选手对标先进，勇争第一，在国家能源集团上下形成了崇尚匠心、鼓励钻研、激励先进的浓厚氛围。

通过一体化项目的实施，在人员成长方面，培养子/分公司项目经理近 70 名，组建一体化集中管控系统内训师队伍，培养内训师 2500 余名，为数字化转型后续的业务重构及推进建立了人才储备库。提高了组织项目管理成熟度，统一了国家能源业务标准，确定了数据标准 60 余项，统一了业务流程 400 余个。上线后的一体化集中管控系统可实时管理集团下属 4 万多个细化到班组的组织机构、31 万余名各类用工人员、26 万余个合作供应商、近 3000 类所需物资，以及每年近 10 万份销售合同等数据信息。依托一体化集中管控系统，深化大数据分析和价值挖掘，实现数据实时处理，提升公司经营发展的数字化决策水平，为集团数字化转型打下坚实基础。

# 4.8　数字化转型项目交付绩效域

## 4.8.1　项目交付

交付绩效域主要关注项目需求是否实现，范围是否可控以及是否实现了预期收益和价值交付。

项目交付过程的主要活动包括项目或阶段信息存档、完成计划工作、总结经验教训、正式结束项目工作、释放团队资源。在项目收尾时，项目经理需要审查各阶段的收尾信息，确保所有项目工作任务都已完成，确保项目目标实现。项目范围基于项目管理计划进行考核，因此需要审查范围基准，在项目工作全部完成后宣布项目结束。如果项目在完工前提前终止，那么结束项目或阶段需要制定审查程序，调查和记录提前终止的原因。

在一体化项目中，按项目里程碑分解项目各阶段交付成果，并以交付为导向制订质量跟踪计划，明确交付完成标准，通过广泛征求意见、内部交叉评审、专家评审等方法把控交付质量，完成项目阶段和合同的所有活动，进行项目收尾，确认项目的交付成果和价值。

### 1. 项目交付的主要活动

1）达到标准。为达到阶段、项目完工或退出标准所需开展的活动。

2）关闭活动。为关闭项目合同协议或项目阶段合同协议所需开展的活动。

3）总结存档。包括收集项目或阶段记录、审计项目成果、管理知识分享和传递、总结经验教训、项目信息存档。

4）顺利移交。向下一个阶段或向生产和（或）运营部门移交项目产品、服务或成果所需开展的活动。

5）收集意见。收集关于改进或更新组织政策和程序的建议，并发送给相应的组织部门。

6）客户满意。度量客户满意程度。

### 2. 项目交付的主要工作

1）编制详细的合同收尾程序和行政收尾程序。行政收尾是项目阶段或项目正式结束而进行的活动，包括对项目结果的鉴定和记录，以便正式接收阶段交付成果或项目的产品、服务或成果。合同收尾是指结束合同工作，完成采购审计。合同收尾发生在行政收尾之前。

2）财务收尾。支付最后的项目款项，完成财务结算。

3）向下一个阶段或向生产和（或）运营部门移交项目产品、服务、成果所需的活动。

4）项目最终报告。总结经验教训，进行项目完工后评价。

5）完成组织过程资产更新（项目管理计划、项目日历、分析项目成败、变更管理文件、经验教训、风险登记册），项目文档归档。

6）结束相关方在项目中的关系，释放资源，解散项目团队。

7）若项目提前终止，则说明终止原因，并移交已完成的可交付成果。

在一体化项目收尾过渡阶段，需要确定服务转移流程，明确服务转移目标，制订服务转移计划，完成服务转移并签署确认单。

### 3. 服务转移

1）服务转移目标。实现从实施期到运维期平稳衔接；所有项目文档、知识文档、相关方案等交接完整，并且确保版本最新；工作职责明确，交接内容清晰；遗留问题清单须明确解决人、解决方案、解决时间。

2）服务转移交接完成标准。项目交接文档齐全、版本最新；知识转移内容完整；遗留问题清单内容清晰，计划和解决人责任明确；服务转移启动

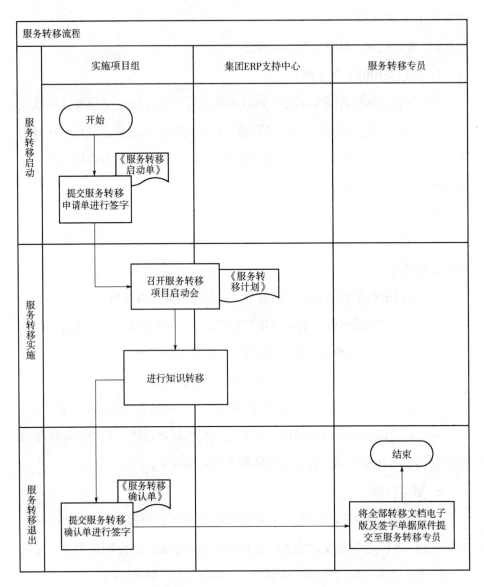

和确认单签字完成。

一体化项目服务转移流程如图 4-16 所示。

图 4-16　一体化项目服务转移流程

一体化项目服务转移计划如图 4-17 所示。

图 4-17　一体化项目服务转移计划

3）服务转移启动。由项目统筹协调组统一提交《一体化项目服务转移启动申请单》（表 4-41）至服务转移专员，实施方项目经理、国家能源集团一体化集中管控系统支持中心负责人均需签字确认；交出方协调人、接收方协调人组织召开服务转移启动会，对服务转移要求及流程进行宣贯培训。

表 4-41　一体化项目服务转移启动申请单

| 申请服务转移项目名称 | | | 日期 | |
|---|---|---|---|---|
| 申请人姓名<br>（实施方项目经理） | | 联系电话 | | |
| 项目情况简述 | （项目的组织范围和功能范围，项目周期，参与人员，上线时间，质保期，月结情况等） | | | |
| 申请服务转移内容简述 | （需要移交的组织范围，功能范围，用户数量，期望开始服务转移时间） | | | |

实施方项目经理意见
○同意　○不同意

签名：　　　　　　　　　　日期：

一体化集中管控系统支持中心负责人意见
○同意　○不同意

签名：　　　　　　　　　　日期：

## 4. 知识转移

由实施方负责制订服务转移计划，详细列出服务转移的范围、功能点、交付物清单等内容；接收方协助制订服务转移计划，确认服务转移计划中的转移内容是否齐全、时间是否合理，以及人员安排、转移方式、服务转移风险等问题；实施方、接收方按照服务转移计划中的内容完成知识转移工作。

实施方负责整体服务转出质量，确保服务转移的完整性；协调转出方人员管理，按要求进行知识转移交接，保障知识转移的完整性和质量；协同接收方经理完成服务转出总体工作；负责更新服务转移计划中的内容，提交所有相关交接文档。

接收方负责协调接收方知识接收人员；跟踪服务转移进度，每周将服务转移进度发送至服务转移专员，服务转移专员汇总后发送至相关领导；及时汇报服务转移过程中的重大问题；确认知识转移的完整性和正确性；审核服务转移计划中的更新内容。服务转移专员负责跟踪服务转移进度。在一体化项目中，实施方应在服务转移中明确知识转移交付物清单，各中心组可根据实际情况填写《一体化项目服务转移文档交接清单》（表4-42）。

表4-42　一体化项目服务转移文档交接清单

| 序号 | 文档类型 | 文档名称 |
|------|----------|----------|
| 1 | 前期材料 | 可研报告、工作任务书、合同、采购内容等 |
| 2 | 汇报材料 | 启动会、上线汇报、专题材料、专项解决方案等 |
| 3 | 现状调研 | 调研计划、调研问卷、调研分析报告 |
| 4 | 组织架构设计 | 组织架构设计报告文档等 |
| 5 | 业务标准 | 项目业务标准、业务标准汇报材料等 |
| 6 | 数据标准 | 数据标准化文档及对应的数据收集模板、静态数据和动态数据收集及确认结果 |
| 7 | 权限及角色设计 | 角色设计文档、角色清单说明、用户与角色分配清单 |

（续）

| 序号 | 文档类型 | 文档名称 |
|---|---|---|
| 8 | 系统实现 | 系统配置（Excel 和 Word）、开发清单、开发功能说明书（增强点）、接口清单以及接口方案、报表清单、后台作业清单、工作流 |
| 9 | 系统测试 | 单元测试、集成测试、用户接受测试计划、应用等测试计划、脚本、结果报告文档，性能测试方案及报告 |
| 10 | 培训资料 | 操作手册 Word、PPT、视频、用户培训总结报告 |
| 11 | 上线阶段 | 上线计划、上线切换策略及方案、上线应急预案、数据备份策略等 |
| 12 | 上线运行报告 | 系统运行报告及月报等 |
| 13 | 问题汇总 | 问题记录清单 |

### 5. 服务转移确认

接收方负责人需要确认本中心组服务转移已按服务转移计划全部完成，交付物完整无遗漏，对服务转移结果认可并签署服务转移确认单；交出方负责将签署完成的《一体化项目分模块服务转移完成确认单》（表4-43）、《一体化项目服务转移完成确认单》（表4-44）、《遗留问题清单》提交至服务转移专员归档备案。

**表4-43　一体化项目分模块服务转移完成确认单**

| 服务转移项目名称 | | 所属模块 | |
|---|---|---|---|
| 服务转移完成情况简述： | | | |
| 遗留问题：<br>共涉及遗留问题××个，具体问题、解决人、解决方案、解决时间等内容详见附件《遗留问题清单》<br>列出项目期间未解决，对系统运维有重大影响的遗留问题，没有则不写 | | | |
| 现场实施经理意见<br>现场实施经理意见<br>○同意　○不同意 | | | |

签名：　　　　　　　　　　日期：

（续）

国家能源集团一体化集中管控系统支持中心运维团队交接负责人意见
○同意　○不同意

签名：　　　　　　日期：

**表4-44　一体化项目服务转移完成确认单**

服务转移项目名称：

服务转移完成情况简述：

遗留问题：
　＊共涉及遗留问题××个，具体问题、解决人、解决方案、解决时间等内容详见附件《遗留问题清单》
　＊列出项目期间未解决，对系统运维有重大影响的遗留问题，没有则不写

实施方项目经理意见
○同意　○不同意

签名：　　　　　　日期：

国家能源集团一体化集中管控系统支持中心运维团队交接负责人意见
○同意　○不同意

签名：　　　　　　日期：

## 4.8.2　项目成果与子成果

一体化集中管控系统上线后，实现了各业务板块的人力资源管理、财务管理、物资管理、销售管理、项目管理、设备管理等日常业务全面覆盖。系统运行以业务标准为依托，严格遵循数据标准及统一业务流程，保障了业务与系统紧密结合，并且通过岗位权限合规检查等风险管控措施，规范了业务的合规性。

（1）统一业务标准

在一体化项目建设过程中，确定数据标准 60 项，统一业务流程 412 个。

（2）人力资源管理

人力资源管理包括组织管理、人事管理、考勤管理、薪酬管理、报表管理、员工自助等。实现了人力资源管理体系的集中化、标准化、规范化管理。同时，进一步优化了人力资源管理业务流程、提升了数据准确度、缩短了信息反馈时间，加强了人力资源管理的整体管控。上线后的人力资源管理系统实现了国家能源集团管理全覆盖，涉及员工近 30 万人，班组级组织近 2 万个。

（3）财务管理

财务管理包括财务核算管理及财务合并报表管理两个部分。财务核算管理将业务处理有效集成，实现财务业务一体化，包括人资薪资业务集成、物资业务集成、燃料及销售业务集成、设备业务集成、项目业务集成及外围系统集成。财务合并报表管理系统与财务核算管理无缝集成，以财务数据仓库为基础，通过统一的会计核算规范、合并抵消规则和图形化、可视化、流程化的合并过程监控，实现了合并抵消和账表一体化管理。上线后的财务管理系统建立公司代码近千个、成本中心约 2 万个、利润中心约 2000 个，合并单元超过 1000 个。

（4）物资管理

物资管理有效提高了物资采购工作效率，降低了库存资金占用量，实现了对所需物资的各种环节进行计划、组织和控制，实现了物资业务与财务实时集成，实现了账实一致以及规范化、制度化、透明化的运作，强化了供应链管理，为企业生产经营提供了有力保障。上线后的物资管理系统管理采购组织约 350 个，库存地点约 9000 个，物资分类超过 4000 个，库存物料约 60 万种，供应商 7 万余家。

（5）销售（燃料）管理

销售（燃料）管理主要包括燃料煤、外购煤、自产煤、油化品的业务管理，业务涵盖采购计划、采购执行、仓储、煤质、结算、销售、服务等环节，实现了燃料、煤炭及油化品"产运销""供耗存、量质价"各业务环节的紧密集成和信息追溯，实现了业务与财务紧密集成、账实一致，为集团全产业链核算和成本分析提供了数据基础。上线后的销售（燃料）管理系统管理采购组织 90 余个，库存地点约 300 个。

（6）设备管理

设备管理实现了设备基础信息的完整性、准确性和及时性，提高了设备管理的工作效率；为改善设备维修策略、提高设备管理水平以及实现安全生产提供了有效的参考和指导。以设备管理绩效指标体系为基础，通过动态查询和统计分析等手段为管理决策提供辅助支持，促进了生产过程动态改善，保证设备管理产生预期收益。设备管理系统管理设备台账超 900 万套，KKS 设备编码约 1500 万个。

（7）项目管理

项目管理系统实现了从项目前期、项目建设期到项目运营期的全生命周期管理。实施的项目类型包括基建、技改、修理、科技、信息化等。上线后项目管理系统管理项目约 17 000 个，创建 WBS 工作分解结构超过 90 万个。

## 4.8.3　项目收益

对于项目而言，项目收益通常以具体的可交付物形式产生，并在项目结束时交付所有收益。在项目结束时，应将交付项目收益与商业论证中的预期收益进行比较，以确保项目实际交付满足预期收益。

通过搭建一体化信息服务平台，贯通国家能源集团全业务链，实现业务数据信息的汇聚共享，规范业务流程标准，支撑业务决策分析，强化资源的协同效益，进一步提升了精细化管控水平，提高了国家能源整体运营效能。自一体化集中管控系统应用以来，国家能源集团正迈向管理数字化、自动化、透明化。系统实现了规范运营、业财联动、上下游协同，一体化效益不断显现。其中，物资采购总体用时缩短 20% 以上，审批效率提升 30% 以上，全集团大合并报表每月 3 日完成出具，用时压缩 25%，业务管理效率大幅提升。

（1）业务收益

通过一体化项目管理，实现各业务领域日常业务的全面覆盖，提升煤炭、电力、运输、化工、科技环保、金融各产业协同能力。以业务标准为依托，规范业务合规性，保障业务与系统紧密结合，实现业务互连、数据互通、数据共享，形成国家能源集团统一的信息化工作平台，为集团发展提供更为有力的支撑。

人力资源管理系统落实改革要求，形成规范的管控体系；财务管理系统搭建"1+6"架构，以一体化集中管控系统财务核算模块为核心，高质量实现报表、预算、资金、工程财务、税务、报账、影像、电子档案、共享等系统的无缝集成；物资管理系统打通国家能源集团物资供应链，提升集约化管理能力；销售（燃料）管理系统以质计价，规范煤炭结算业务；燃料由粗放型、分散型管理转变为精准型、集约型管理；煤炭设备管理系统统一数据标准，实现全生命周期管理；电力设备管理提升集团精细化管控水平；项目管理系统实现项目生命周期全面管控。

（2）管理收益

一体化项目采用"业务驱动、标准引领、全员参与、快速实施"的实施策略，保障一体化集中管控系统建设高效、优质推进，形成"党建引领、量化评价、集中设计、线上自助"的实施方法。

**（3）技术收益**

采用创新的实施方法，从管理、实施、开发等方面研发相应的工具，以标准化的方式开展具体实施工作，涵盖各个阶段，加速项目实施进度；实现自动化配置、代码生成、传输与数据校验及自助式授权等功能，提升实施效率，节省实施成本。

**（4）社会效益**

国家能源集团作为特大型综合能源企业，已经形成了非常有特色的管理模式。通过对现有产品技术进行分析研究，结合国家能源集团特色管理经验进行改造，形成具有国家能源集团特色的、自主可控的一体化集中管控平台，实现了业务流与信息流融合，达到了产业链的全面协同，保障了国家能源集团整体效益最大化，为行业发展做出了巨大贡献，并推动了社会经济增长。

一体化项目成功上线迈出了建设"智慧国家能源"的重要一步。国家能源集团以一体化集中管控系统为核心，从经营管理层面构建集团的智慧管理平台，有效提升集团生产、运输、销售的高效协同，构建集成化、平台化、透明化、高效化的一体化管控新模式。作为能源行业的领军企业示范工程，特色鲜明的一体化平台项目将为同类型综合能源企业，特别是央企提供宝贵的实践经验。

# 第5章 数字化转型项目管理模型、方法和工件

本章以《PMBOK®指南（第7版)》为主体结构，以国家能源集团数字化转型的一体化项目为范式，为保持《PMBOK®指南（第7版)》知识体系应用实践的完整性，将项目管理模型、方法和工件作为单独章节进行描述。

项目管理模型主要是将项目管理常用的管理模型进行整理汇编，包括情境领导力模型、沟通模型、激励模型、变革模型、复杂性模型等，旨在为数字化项目管理中项目经理应用人际关系技能提供参考。

项目管理方法主要是针对项目管理中应知应会的工具和方法的应用，包括数据收集与分析、风险识别、问题分析、估算方法、会议管理等。

项目管理工件是指管理项目的模板、文件、输出或可交付物，包括商业论证文件、项目章程、项目工作说明书、项目路线图、假设日志、问题日志、变更日志、干系人登记册、风险登记册、经验教训登记册、项目管理计划（包括但不限于范围、进度、资源、成本、质量、风险、变更、沟通、干系人参与、测试、管理计划），还包括分解结构图（组织分解结构、资源分解结构、产品分解结构、风险分解结构、工作分解结构），以及项目基准、数据和信息、报告（质量、风险、状态报告）、合同和协议等。以上工件均提供范式项目的实践应用模板或表单。

# 5.1 数字化转型项目管理模型

## 5.1.1 情境领导力模型

情境领导力将胜任力和承诺作为两大主要变量测量项目团队成员的发展情况。胜任力是能力、知识和技能的组合。承诺涉及个人具有的信心和动机。随着个人的胜任力和承诺不断演变，领导风格会经历从指导到教练到支持再到授权的变化，以满足个人的需要。

项目经理在开展项目团队管理时，应根据团队不同阶段，以及不同团队成员的能力和态度差异，参考情境领导力模型进行灵活管理。

OSCAR 教练和辅导模型可帮助个人调整其教练或领导风格，以便为已有发展行动计划的个人提供支持。该模型涉及 5 个促成因素：成果、情境、选择/后果、行动、评审。成果是指确定个人的长期目标以及每次交流后的期望结果；情境是指个人当前的能力水平，为何处于该水平以及该水平如何影响个人的绩效或同伴关系，便于就相关内容展开对话；选择/后果确定实现预期成果的所有潜在途径以及每种选择的后果；行动是指个人通过专注于眼前和可实现目标，致力于具体改进的措施；评审是指通过定期举行的会议确保个人保持积极状态和正确方向。

在复杂多变的项目环境中，采用教练和辅导模型有助于提升自身的领导能力，并为项目团队赋能。

## 5.1.2 沟通模型

项目的成功取决于有效的沟通。沟通模型包括与以下内容相关的概念：

发送者和接收者的沟通方式如何影响沟通的有效性，沟通媒介如何影响沟通的有效性，以及最终用户期望与现实之间的正确性、完整性。针对项目团队具有不同文化背景和干系人分散于各地的问题，建立相应的沟通模型能够有效提高沟通效率。

1）跨文化沟通模型。由 Browaeys 和 Price 开发的沟通模型。主要考虑信息本身及传送方式，发送者和接收者的背景、文化、知识、观念、沟通风格等对信息解读的影响。

2）沟通渠道有效性模型。由 Alistair Cockburn 开发的沟通模型，侧重于沟通的有效性和丰富性。沟通媒介丰富有助于信息的快速传输及反馈，并可同时处理多个信息提示，便于明确针对个人的关注点，通常采用自然语言进行沟通等。

3）执行鸿沟和评估鸿沟。Donald Norman 将执行鸿沟描述为某一项目与人们所期望的行为相符的程度，即干系人的期望与项目执行结果之间的偏差。评估鸿沟是指项目用户对项目结果的认可程度。这两个概念源自 Norman 和 Draper 编辑的《以用户为中心的系统设计》一书。评估鸿沟和执行鸿沟描述了用户为了成功地与项目交互所必须克服的两个主要挑战。如果用户陷入了一个无止境的循环，那么这两个问题会交替出现：执行之后，必须评估结果；计划执行下一步，必须评估结果。如此循环，直到达到预期的最终目标并退出。两者之间相互依赖又相互影响，执行和评估是相互依存的，成功的执行通常取决于正确的评估。

沟通模型的应用可有效减少无效沟通，避免出现沟通不畅的现象。例如，在项目中划分沟通类型，定义沟通频率，明晰沟通信息形式，采用相应的沟通模型做好沟通闭环管理，确保在正确的时间、正确的地点，找正确的人说正确的话，从而促进项目沟通顺畅，提高干系人参与度。

### 5.1.3 激励模型

了解能够激励项目团队成员和其他干系人的因素，有助于对向个人提供的奖励进行裁剪，从而促使项目团队成员和干系人积极参与项目。

1）激励因素和保健因素（又称之为"双因素理论"）。Frederick Herzberg 研究了工作中的激励因素和保健因素。激励因素包括与工作相关的事项，如成就、成长、认可和晋升。

保健因素包括与工作生活环境相关的内容，如薪资、办公环境、安全等。保健因素属于最基本的保障，起不到激励作用，如果不能满足，员工将直接离职。

只有与工作相关的激励因素才能激发员工工作积极性。如果激励和保健因素不足会导致员工满意度下降，充分的激励和保健因素会提升员工满意度。

2）外在动机与内在动机（又称之为"动机理论"）。Daniel Pink 指出，外在动机是指通过外部的物质激励员工，如薪资、奖金等。如果工作得到公平报酬，外在动机就不存在了。

内在动机是指富有挑战性的工作、个体的自主意识、专一求精和极强的目标性的动机。自主意识包括灵活的工作时间管控等。专一求精是指在某个领域表现出色。例如，承担富有挑战性的工作能够使员工自愿付出更多的时间和精力去完成工作目标。内在激励因素的持续时间越长，效果越好。

3）需求理论。David McClellan 的需求理论模型表明，所有人都是由成就需要、权力需要和归属需要驱动的。每种需要的相对优势取决于个人的经验和文化背景。需求理论分为：

①成就需求。受成就（如实现目标）激励的人，能被具有挑战性和合理性的活动和工作所激励。

②权力需求。受权力激励的人喜欢组织、激励和领导他人。他们能被增加的职责所激励。

③归属需求。受归属激励的人会寻求认可感和归属感。他们能被成为团队一员所激励。

4）X理论、Y理论和Z理论。Douglas McGregor设计了X理论模型和Y理论模型，代表着一系列员工激励和相应的管理风格。这些理论后来进行了扩展，形成了Z理论。

①X理论。假设个人之所以工作完全是为了获得收入。他们没有什么抱负，也不以目标为导向。激励这些人的相应管理风格是亲自动手和自上而下的方法。这种管理风格通常出现于生产或劳动密集型环境，或者出现于存在多层级管理的环境。

②Y理论。假设个人有将工作做好的内在动机。相应的管理风格具有更加个性化的教练特点。管理者鼓励创造和讨论。这种管理风格经常出现于富有创造性的环境和知识工作者的环境。

③Z理论。Abraham Maslow版本的Z理论从超验维度看待工作；假设在工作中，个人的动机是自我实现、价值观和更强的使命感。在这种情境下，最佳的管理风格是一种可培养洞察力、具有意义的管理风格。Z理论侧重于通过创造关注员工及其家人福利的终身工作制来激励员工。这种管理风格旨在提高生产率、员工士气和满意度。

激励模型的应用主要是针对不同层次的项目成员，通过分析激励要素，选择合适的激励方法。有效的激励将调动项目团队成员积极性，提升团队士气，增进信任，降低离职率，从而保证项目有序推进，高效产出。

### 5.1.4 变革模型

项目涉及不断变化的制度、行为、活动和文化。为了应对这些变化，需要考虑如何从当前状态过渡到未来所期望的状态。

1）组织变革管理模型。组织变革管理模型是一个迭代模型，主要包括启动变革、规划变革、实施变革、管理过渡、维持变革5个要素。

2）ADKAR®模型。Jeff Hiatt 开发了 ADKAR®模型。该模型重点关注个人在适应变革时所经历的 5 个连续步骤：认知，渴望，知识，能力，巩固。

3）变革模型。Virginia Satir 开发的模型展示了人们如何经历和应对变革。从变革初期因循守旧的行为到引入变革而带来的干扰，甚至混乱的状态，逐步到因变革发生思想转变，摆脱混乱的面对现实，再到尝试实施新的想法并付诸实践，进而进入新常态。该模型有助于了解项目团队成员的感受，并帮助他们更高效地实施变革。

4）转变模型。William Bridges 的转变模型可让人们了解组织变革发生时个人的心理变化。该模型与变革模型的区别在于，转变模型强调人的心理变化过程，是以主动的心态逐渐接受转变。而变革模型不以个人的意志为转移，人在变革过程中以被动的心态接受转变。转变模型分成三个转变阶段：第一阶段——结束、失去、放手，这一阶段人们对变革更多的是抵制的态度；第二阶段——中间区域，这一阶段人们逐渐感受到变革所产生的积极影响，第三阶段——新的开始，这一阶段人们会接受甚至拥抱变革。

5）领导变革八步法。John Kotter 开发了面向转型组织的领导变革八步法。这是一种自上而下的方法。在该方法中，变革的需要和方法源于组织的最高层，再通过组织的管理层向下传达给变革接收者。这 8 个步骤是：营造紧迫感，组建强大的联盟，创建变革愿景，沟通愿景，清除障碍，创造短期成果，促进深入变革，巩固企业文化中的变革。

项目是助推组织变革的有效手段。在项目推进过程中，通常会遇到各种不同的阻碍。为有效引导、推进组织变革，需要使用变革管理模型，通过变革模型的方法和步骤助力干系人对项目目标达成共识，保证项目的顺利开展。

### 5.1.5　复杂性模型

当项目处于模糊状态时，需要多个系统之间进行交互，结果往往不能确定。因此，复杂性是项目管理需要应对的挑战之一。

1）Cynefin 框架。由 Dave Snowden 创建的 Cynefin 框架是一个概念性框架，用于诊断因果关系，以辅助决策。该框架提供了 5 个问题和决策背景：第 1 个是简单，因果关系显而易见，可运用最佳实践做出决策，方法是感知→分类→响应；第 2 个是繁杂，因果关系需要分析，步骤是评估事实、分析情况并应用良好实践，方法是感知→分析→响应；第 3 个是复杂，没有明显的因果关系，应探测环境、感知情况并采取行动予以响应，方法是探索→感知→响应，反复循环；第 4 个是混乱，没有系统级别的因果关系，方法是行动→感知→响应，进而发现新的实践；第 5 个是无序，因果关系缺乏明确性，需要将其分解为较小的部分，通过上述 4 种方法识别行为，提供行动指导。

2）Stacey 矩阵。Ralph Stacey 开发的 Stacey 矩阵类似于 Cynefin 框架，但它是从两个维度来确定项目的相对复杂性：一是项目需求的相对不确定性，二是项目技术的相对不确定性。基于这两个维度的相对不确定性，项目被分为简单型、繁杂型、复杂型或混乱型。复杂程度是影响项目裁剪方法和实践的重要因素。

复杂多变的环境带来复杂多变的项目。如何管理项目的复杂性、多变性，增强项目韧性，防范复杂性带来的不确定性是重点。复杂性模型可为项目经理提供复杂性管理思路和路径，让项目经理在项目实施过程中运筹帷幄，灵活应对，敏捷响应，及时纠偏。

### 5.1.6　项目团队发展模型

在项目实施过程中，项目团队会经历不同的发展阶段。了解团队在发展过程中所处的阶段，有助于项目经理为项目团队提供支持。

1）塔克曼阶梯模型。Bruce Tuckman 将团队发展的阶段划分为形成阶段、震荡阶段、规范阶段和成熟阶段。随后，Tuckman 又增加了第 5 个阶段——解散阶段。该模型中的项目团队文化始于形成阶段，并在其余的发展阶段不断演进。虽然该模型显示了一个线性进展的过程，但项目团队可能会在这些阶段之间来回往复发展。此外，并非所有项目团队都能达到成熟阶段，有些甚至无法达到规范阶段。

2）Drexler/Sibbet 团队绩效模型。Allan Drexler 和 DavidSibbet 开发了团队绩效模型，共有 7 个步骤：确定方向，建立信任，澄清目标，承诺，实施，高绩效，重新开始。前 4 步描述了建立项目团队过程中的各个阶段，后 3 步则涵盖了项目团队的可持续性和绩效。

团队发展模型主要是提醒项目管理者如何在团队处于不同阶段时有效开展团队建设活动，进行有效团队管理。同时，需要考虑到不同组织形式下的团队成长阶段，考虑在人员动态进入项目和离开项目时的团队阶段变化，从而确保团队始终处于团结友爱、活力四射、激情满怀的内驱状态。

### 5.1.7　其他模型

1）冲突模型。该模型基于 Ken Thomas 和 Ralph Kilmann 的研究成果。侧重于关注个人之间的相对权力和维持良好关系的愿望，描述了以下 6 种解决冲突的方法：面对/解决问题、合作、妥协、缓和/包容、强迫、撤退/回避。冲突在项目中很常见。如果处理得当，可以增强项目团队成员之间的信任度。对冲突的恐惧会限制沟通和创造力。如果处理不当，可能会导致不满、缺乏信任以及积极性下降。

2）谈判模型。谈判模型基于 Steven Covey 的"双赢思维"原则，包括不同的谈判结果：双赢、赢-输/输-赢、双输。

3）规划模型。这是由 Barry Boehm 开发的模型。该模型比较了为降低风险而制订计划所投入的时间和精力，包括与过度规划相关的延迟和其他成本。通过花费一定时间提前进行规划，可以减少项目的不确定性。该模型旨在帮助管理者确定最佳的规划投入量，有时称为最佳结合点。每个项目的最佳结合点各不相同，因此，规划投入量多少为宜没有标准答案。这一模型表明，如果超过一定的限度，额外的规划会适得其反。

4）凸显模型。这是由 Ronald K. Mitchell、Bradley R. Agle 和 Donna J. Wood 提出的与干系人有关的模型。该模型根据以下三个变量对干系人的身份进行说明：施加影响的权力、干系人与项目之间关系的合法性，以及干系人要求参与项目的紧急程度。

### 5.1.8　不同绩效域中的模型应用

不同的模型适用于不同的项目绩效。虽然项目、干系人和组织环境的需要决定了模型最适合的项目，但在某些绩效域中，可以采用多种模型。每个绩效域可能使用模型的映射关系见表5-1。

表 5-1 每个绩效域可能使用模型的映射关系

| 模型 | 绩效域 | | | | | | | |
| --- | --- | --- | --- | --- | --- | --- | --- | --- |
| | 团队 | 干系人 | 开发方法和生命周期 | 规划 | 项目工作 | 交付 | 测量 | 不确定性 |
| **情境领导力模型** | | | | | | | | |
| 情境领导力® II | × | | | | × | | | |
| OSCAR | × | | | | × | | | |
| **沟通模型** | | | | | | | | |
| 跨文化沟通模型 | × | × | | × | × | | | |
| 沟通渠道有效性模型 | × | × | | × | × | | | |
| 执行鸿沟和评估鸿沟 | | × | | | | × | | |
| **激励模型** | | | | | | | | |
| 激励因素和保健因素 | × | | | × | × | | | |
| 外在动机与内在动机 | × | | | × | × | | | |
| 需求理论 | × | | | × | × | | | |
| X 理论、Y 理论和 Z 理论 | × | | | × | × | | | |
| **变革模型** | | | | | | | | |
| 组织变革管理模型 | | × | | × | × | | | |
| ADKAR®模型 | | × | | × | × | | | |
| 领导变革八步法 | | × | | × | × | | | |
| Virginia Satir 开发的模型 | | × | | × | × | | | |
| 转变模型 | | × | | × | × | | | |
| **复杂性模型** | | | | | | | | |
| Cynefin 框架 | | | × | × | × | × | | × |
| Stacey 矩阵 | | | × | × | × | × | | × |

（续）

| 模型 | 绩效域 | | | | | | | |
|---|---|---|---|---|---|---|---|---|
| | 团队 | 干系人 | 开发方法和生命周期 | 规划 | 项目工作 | 交付 | 测量 | 不确定性 |
| **项目团队发展模型** | | | | | | | | |
| 塔克曼阶梯模型 | × | | | | × | | | |
| Drexler/Sibbet 团队绩效模型 | × | | | | × | | | |
| **其他模型** | | | | | | | | |
| 冲突模型 | × | × | | | × | | | |
| 谈判模型 | | × | | × | | × | | |
| 规划模型 | | | × | × | × | | | |
| 凸显模型 | | × | | × | × | | | |

在一体化项目实施过程中，项目组积极借鉴和应用项目管理模型指导和管理一体化项目建设，在构建沟通渠道有效性方面，通过采用多种形式的沟通工具和沟通策略，积极促进与干系人、项目组之间的沟通，特别是针对突发的新冠疫情，通过有效的网络沟通工具打破了空间与时间壁垒，确保项目的顺利实施。

为激励项目团队成员的积极性，确保项目按时、保质上线，项目管理办公室辅助项目推进小组，以党建引领，文化聚力，组织开展多种形式的竞赛活动，激发团队内在动机，以饱满的热情应对复杂而有挑战性的上线准备工作。

数字化转型是组织发展变革的必然。为适应国家能源集团的组织变革，建成一体化集中管控平台，一体化项目管理团队借鉴领导变革八步法模型，采用自上而下的管理方法，由国家能源集团高层担任项目管理者，组建强大的项目管理团队，创新项目管理方法，明确项目愿景，在 9 个月的时间内建成了国家能源集团一体化集中管控系统，实现了业务互连、数据互通、数据共享，形成了集团公司统一的信息化工作平台，为国家能源集团发展提供了有力支撑。

## 5.2 数字化转型项目管理方法

### 5.2.1 数据收集和分析

数据收集和分析是指为了加深对某种情况的了解而收集、整理和评估数据和信息，从而为项目决策提供依据。

#### 1. 数据收集和分析方法

1）假设条件和制约因素分析。这种分析方法旨在将假设条件和制约因素融入项目计划和文件，并使它们之间保持一致性。例如，在一体化项目中，假设服务方将根据项目任务书规定向国家能源集团方及用户方履行一体化集中管控系统实施服务，国家能源集团方及用户方也应按照工作任务书的规定提供组织、设施等服务保障条件，以确保服务进程及质量不受影响。

2）商业合理性分析。用于商业论证，以证明所开展的项目具有合理性。在一体化项目可行性分析过程中，从组织战略出发，通过论证项目建设与组织管理目标的契合度、国家能源集团管理要求等，阐明项目实施的必要性和紧迫性。通过一体化项目建设，增强国家能源集团的经营能力，进一步加强业务协同，提升国家能源集团整体数字化水平，充分发挥信息资产价值，为国家能源集团高效运营和科学决策提供支撑。

3）备选方案分析。评估用于执行项目工作的选项，如项目实施方法的选择。一体化项目在选择项目实施方法时，充分考虑国家能源集团信息技术应用整体水平，依据项目目标，以各业务领域统一业务标准为基础，形成国家能源集团标准化模板，进行标准化实施。

4）标杆对照。识别最佳实践，形成改进意见，并为绩效考核提供依据。

5）SWOT 分析。用于对组织、项目或方案的优势、劣势、机会和威胁进行评估。

6）趋势分析。利用数学模型，根据历史数据预测未来结果。

7）价值流图。一种精益管理方法，用于记载、分析和改进为客户生产产品或提供服务所需信息流或物流。

8）影响图。对变量与成果之间的因果关系、时间顺序及其他关系的图形表示。

### 2. 问题与风险识别及分析方法

1）概率和影响矩阵。把每个风险发生的概率和一旦发生对项目目标的影响映射起来的一种表格。

2）根本原因分析。用于确定引起偏差、缺陷或风险的根本原因。一项根本原因可能引起多项偏差、缺陷或风险。

3）敏感性分析。旨在将项目成果的变化与定量风险分析模型中要素的变化建立关联，确定哪些风险对项目成果的影响最大。

4）决策树分析。用来评估与一个决策相关的多个选项在不确定情形下的可能后果。

5）模拟。通过模型分析各种不确定性因素的综合影响，从而评估这些因素对目标的潜在影响。蒙特卡洛模拟是一种通过多次迭代来识别风险潜在影响的方法，能够显示因某一决定或做法而产生的一系列影响概率分布情况。

6）预期货币价值（EMV）。用于对不确定性（如风险）的价值进行量化或对备选方案的价值进行比较。EMV 的计算方法是将事件发生的概率与事件发生时的经济影响相乘。

7）预测。根据已有的信息和知识对项目未来的情况和事件进行估算或预计。常用的预测方法包括：定性预测法，即使用主题专家的意见和判断；定量预测法，即用过去的信息预测未来的绩效。

### 3. 绩效评价方法

1）挣值分析。使用一组与范围、进度和成本相关的测量指标，确定项目的成本和进度绩效。

2）核查表。又称计数表，在收集数据时用作查对清单的计数表格，常用来记录质量问题，如关于质量缺陷数量或后果的数据。

3）质量成本。质量成本包括项目整个生命周期所产生的以下成本：为预防产品或服务不符合要求而进行的投资，为评估产品或服务是否符合要求而产生的成本，以及因产品或服务未达到要求而带来的损失。

4）储备分析。用于评估项目风险数量以及进度和预算储备量的方法，以确定储备是否能够应对剩余风险。风险储备有助于将风险降低到可接受的水平。

5）过程分析。对所开展活动的步骤和程序的系统性审查。

6）偏差分析。用于确定实际绩效与基准的差异程度及原因。

7）生命周期评估。用于评价产品、过程或系统的总体环境影响，包括生成项目可交付物的各个方面，即从可交付物使用的材料来源到其分配和最终处置。

8）自制或外购分析。收集和整理有关产品需求的数据，并对诸如采购产品与内部制造产品等备选方案进行分析。

9）假设情境分析。对各种假设情境进行评估，预测它们对项目目标的影响。

10）干系人分析。通过系统收集和分析干系人有关的各种定量与定性数据，确定在整个项目期间相关干系人的利益。通过干系人识别、分类和评估确定干系人管理策略。

### 5.2.2　项目资源、进度、成本的估算方法

估算方法用于对项目的资源、进度或成本进行估算。

#### 1. 常用估算方法

1）关联分组。根据相似程度将各项内容归入类似的类别或组合。

2）类比估算。使用相似活动或项目的历史数据，评估某一活动或项目的持续时间或成本。

3）功能点。对信息系统中业务功能数量进行估算，进而对软件项目资源、进度、成本进行估算。

4）多点估算。当单个活动估算存在不确定性时，可采用多点估算。通过乐观估算、悲观估算和最可能估算的平均值或加权平均值来估算项目成本或工期。

5）参数估算。参数估算是指基于历史数据和项目参数，估算项目成本或持续时间。

6）相对估算。在考虑人力投入、复杂性和不确定性的基础上针对类似工作进行的对比。相对估算不一定基于成本或时间的绝对单位。故事点是相对估算中常用的无单位测量方法。

7）单点估算。使用数据计算可反映最佳估算的值。单点估算与多点估算相反，后者包括最好情况和最差情况。

8）故事点估算。首先，项目团队成员在考虑故事所涉及的复杂性、风险和人力投入的前提下了解故事的难度；其次，综合用户故事的复杂度、工作量、风险或不确定性等，针对不同的用户故事类型设计不同的基准故事点。

9）宽带德尔菲法。德尔菲估算法的一种变化方式，即主题专家完成多轮估算，每轮之后与项目团队展开讨论，直至达成共识。该过程不断重复，直到意见一致。计划扑克牌是宽带德尔菲估算法的一种变化形式，即在尽可能短的时间内，让团队成员更多地了解需要做的工作，同时得到一个可接受的估算结果，一般推荐4~8人参与估算。

### 2. 一体化项目资源估算

一体化项目的人力资源、设备和实物规划依据一体化项目的项目章程、项目管理计划、组织范围、业务范围和功能范围等输入开展估算。项目组通过对人力资源、设备和实物的现状分析，依照业务模块所涉及的项目范围、复杂度等情况，采用多种估算方法。例如：使用以往项目相似活动或历史数据评估一体化项目所需资源的类比估算法；对于实施过程中存在的复杂性和不确定性活动的人力投入则采用相对估算法，通过类似工作对比确定估算结果；采用多点估算法，通过乐观估算、悲观估算和最可能估算的平均值或加权平均值估算项目活动所需资源，并在估算的基础上，通过会议讨论、数据分析、专家判断等方式对估算结果进行分析判断，进而确定一体化项目资源投入。

### 3. 一体化项目成本估算

#### （1）项目成本估算

成本估算是对完成项目活动所需资金进行近似估算的过程。主要作用是确定完成一体化项目工作所需的成本。考虑到一体化项目培训、数据导入工作量大的特点，通过权衡成本方案并考虑风险，采用了专业组的实施方式。通过设置权限培训组、数据组的专业化分工，降低成本，提高工作效率，优化项目成本。

一体化项目成本估算综合使用了专家判断、类比估算、自下而上估算等多种估算方法，并组织专家讨论了以往类似项目的成本数据，自下而上进行汇总，最终得到一体化项目所有单项工作的估算成本。

（2）项目预算编制

为了确定成本基准，更好地监督和控制项目绩效，需要编制一体化项目预算。

1）预算编制依据。主要包括一体化项目成本管理计划、项目工作说明书、工作分解结构、项目进度计划等。

2）预算编制流程。基于各方面专家（包括项目管理人员、参与项目的各模块顾问、部分使用单位业务专家）提供的意见和建议，将成本估算汇总至工作细分结构中的工作包，再由工作包汇总至更高层次的工作分解结构，最终得到整个项目的总成本。

### 4. 一体化项目进度估算

一体化项目主进度计划采用自上而下的估算方法。项目管理办公室制订项目主进度计划，各中心组以主计划为基准，分解细化形成各中心组项目计划，各业务板块的实施单位则依据各自中心组项目计划，进一步分解细化形成各自单位的项目计划。

在细化项目计划的过程中，中心组和实施单位使用了类比估算、参数估算、单点估算、多点估算、功能点估算等多种方法，参考以往类似项目的持续时间数据，通过会议讨论形成细化后的项目进度计划。

### 5.2.3 项目会议管理

会议是整个项目的主要沟通方式。

#### 1. 常见的项目会议类型

常见的项目会议类型包括：

1）启动会。在项目启动时举行的会议，项目团队成员和其他关键干系人正式设定期望、达成共识并开始工作。它标志着项目、阶段或迭代的开始。

2）规划会。用于创建、制订或审核计划，并获得对计划的承诺。

3）决策会。由资深的干系人为项目团队提供指导和支持，并做出项目团队权限以外决策的会议。

4）投标人会议。在准备投标或建议书之前，与潜在卖方举行的会议，旨在确保所有潜在供应商对本次采购都有清楚且一致的理解。也被称为承包商会议、供应商会议或投标前会议。

5）待办事项细化会议。在待办事项细化会议上，项目团队会以渐进明细的方式编制待办事项列表并明确各事项的优先级，以确定在迭代中需要完成的工作。

6）风险审查会。分析现有风险的状态并识别新风险。主要包括确定风险是否仍处于活跃状态，风险属性（如概率、影响、紧急程度等）是否已发生了变化，对风险应对措施进行评估，以确定它们是否有效或是否需要更新。通过会议，识别和分析新的风险，关闭不再活跃的风险。

7）状态会议。状态会议是定期举行的会议，旨在交流和分析项目当前进展及绩效方面的信息。

8）变更控制会议。变更控制委员会成员包括负责项目变更审核、评估、批准、推迟或拒绝的人员。变更控制会议所做的决定将被记录下来并传达给相关干系人。

9）项目审查会议。在项目过程中或项目结束时开展的活动，旨在评估项目状态以及所交付的价值，并确定项目是否已准备好进入下一个阶段或移交运营。

10）每日站会。每日站会是简短的协作会议。在会议期间，项目团队会审查前一天的工作进展，宣布当天的工作计划，并强调遇到或预见的任何障碍。该会议也被称为每日例会。

11）迭代规划会议。用于澄清待办事项列表中各事项的详细信息、验收标准以及实现待办事项所需的工作投入。该会议也被称为冲刺规划会议。

12）迭代审查会议。在每一次迭代结束时举行，旨在展示在该迭代期间完成的工作。该会议也被称为冲刺审查会议。

13）经验教训会议。用于识别和分享在项目、阶段或迭代过程中获得的知识，重点是关注提高项目团队的绩效。

14）回顾会议。定期举行的研讨会。参会者探讨工作过程和结果，以便改进流程和产品。回顾会议是经验教训会议的一种常见形式。

15）项目收尾会议。用于获得发起人、产品负责人或客户对交付范围的最终验收。此会议表明产品交付工作已完成。

16）发布规划会议。确定发布或改变产品、可交付物或价值增量的高层级计划会议。

## 2. 一体化项目会议类型

一体化项目根据项目实施管理要求，在项目各层级设立以下会议：

1）项目推进小组会。按月定期召开，进行项目重大事项决策。

2）项目专题会。不定期按需召开，进行项目非重大事项决策。

3）项目例会。每周召开一次，项目进度、质量以及问题沟通解决的会议。

4）中心组例会。每周召开一次，本中心组的业务或技术和实施问题处置。

5）里程碑汇报会。按照项目实施计划，完成项目阶段性里程碑工作任务后召开的工作总结汇报会，并安排下一阶段工作。

### 5.2.4　其他项目管理方法

1）影响地图。一种战略规划方法，在产品开发期间可作为组织的可视化路线图。

2）建模。创建对系统、解决方案或可交付物（如原型、示意图或故事板）的简化表示法的过程。通过确定信息中的差距、沟通错误或额外需求为决策提供依据。

3）净推荐值。客户将某个组织的产品或服务推荐给他人的意愿测量指数。该数值可用来衡量客户对组织产品或服务的总体满意度，以及客户对品牌忠诚度。

4）优先级模型。用于确定项目组件、需求、风险、特性或其他产品信息优先级的方法，如多标准加权分析和MoSCoW方法。

5）时间盒。完成迭代任务的固定期间，如1周、2周、1个月等。

### 5.2.5　不同绩效域中的项目管理方法应用

鉴于不同项目规模和管理要求，各绩效域可选择不同的项目管理方法。表5-2列出了每个绩效域可能采用的项目管理方法。

表 5-2　每个绩效域可能采用的项目管理方法

| 方法 | 绩效域 | | | | | | | |
|------|------|--------|----------------|------|----------|------|------|----------|
|  | 团队 | 干系人 | 开发方法和生命周期 | 规划 | 项目工作 | 交付 | 测量 | 不确定性 |
| 备选方案分析 | | | | × | × | × | | × |
| 假设条件和制约因素分析 | | | | × | | × | | × |
| 标杆对照 | | | | | | × | × | |
| 商业合理性分析 | | | | × | | | × | |
| 投资回收期 | | | × | × | | | × | |
| 内部收益率 | | | | × | | | × | |
| 投资回报率 | | | | × | | | × | |
| 净现值 | | | × | × | | × | × | |
| 成本收益比率 | | | | × | | | × | |
| 核查表 | | | | | | × | × | |
| 质量成本 | | | | × | | × | × | |
| 决策树分析 | | | | × | | | | |
| 挣值分析 | | | | × | | | × | |
| 预期货币价值 | | | | × | | | | |
| 预测 | | | | | | | × | |
| 影响图 | | | | × | | | | |
| 生命周期评估 | | | | × | | | | |
| 自制或外购分析 | | | | × | × | | | |
| 概率和影响矩阵 | | | | × | | | | × |
| 过程分析 | | | | × | × | × | × | |
| 回归分析 | | | | × | | | × | |
| 根本原因分析 | | | | | × | × | | |
| 敏感性分析 | | | | × | × | × | | |

（续）

| 方法 | 绩效域 | | | | | | | |
|------|------|------|------|------|------|------|------|------|
| | 团队 | 干系人 | 开发方法和生命周期 | 规划 | 项目工作 | 交付 | 测量 | 不确定性 |
| 模拟 | | | | × | | | × | |
| 干系人分析 | | × | × | × | | | | |
| SWOT 分析 | | | | × | | | | × |
| 趋势分析 | | | | | | | × | |
| 价值流图 | | | | × | × | × | | |
| 偏差分析 | | | | | | | × | |
| 假设情景分析 | | | | × | | | | × |
| 关联分组 | | | | × | | | | |
| 类比估算 | | | | × | | | | |
| 功能点 | | | | × | | | | |
| 多点估算 | | | | × | | | | |
| 参数估算 | | | | × | | | | |
| 相对估算 | | | | × | | | | |
| 单点估算 | | | | × | | | | |
| 故事点估算 | | | | × | | | | |
| 宽带德尔菲法 | | | | × | | | | |
| 待办事项细化会议 | | × | | × | × | × | | |
| 投标人会议 | | × | | × | × | | | |
| 变更控制会议 | | | | | × | × | | |
| 每日站会 | | | | × | × | | | |
| 迭代审查会议 | | × | | | × | × | | |
| 迭代规划会议 | | × | | × | × | × | | |
| 启动会议 | × | × | | | × | | | |

（续）

| 方法 | 绩效域 | | | | | | | |
|------|------|------|------|------|------|------|------|------|
| | 团队 | 干系人 | 开发方法和生命周期 | 规划 | 项目工作 | 交付 | 测量 | 不确定性 |
| 经验教训会议 | | × | | × | × | × | | |
| 规划会议 | | | | × | | | | |
| 项目收尾会议 | × | × | | | × | | | |
| 项目审查会议 | | × | | | × | × | × | |
| 发布规划会议 | | × | | × | | | | |
| 回顾会议 | × | | | × | | | | |
| 风险审查会议 | | | | | × | | | × |
| 状态 | | | | | × | | × | |
| 决策会议 | | × | | | × | | | |
| 影响地图 | × | × | | × | | × | × | |
| 建模 | | | | | | × | | |
| 净推荐值 | | × | | | | | × | |
| 优先级模型 | | × | | | × | | | |
| 时间盒 | | | × | × | × | × | × | |

# 5.3　数字化转型项目管理工件

工件是指管理项目的模板、文件、输出或可交付物。

## 5.3.1　战略工件

战略工件是指在项目开始前或开始时创建的文件，涉及与项目有关的战略、商业或高层级信息，在整个项目期间一般不会发生变化，但需要在项目执行过程中对其进行审查。

### 1. 商业论证

商业论证指文档化的经济可行性研究报告，是一个项目投资的有效证明，可能包含财务和非财务收益，是启动后续项目管理活动的依据。一般情况下，商业论证包含商业需求和成本效益分析，以论证项目的合理性并确定项目范围。

**（1）商业论证的要素**

1）业务需要。阐明项目建设的背景和依据，确定促进采取行动的动机；组织现状和主要问题说明；确定受影响的相关方；项目能够为组织创造的价值，即项目的意义和必要性。

2）形势分析。内外部环境及发展趋势分析，确定问题的根本原因或机会的触发因素，进而确定组织战略、目的和目标；分析项目所需能力，包括技术能力、人员能力；确定项目建设目标、内容和预期成果。

**（2）项目实施策略**

主要包括识别项目成功的关键因素，确定项目实施方案；识别已知风险，预测项目效益，包括财务效益、社会效益、管理效益等。

一体化项目商业论证报告示例如图5-1所示。

### 2. 项目章程

项目章程由项目启动者或发起人发布，是正式批准项目成立，并授权项目经理使用组织资源开展项目活动的文档。项目章程明确了关于批准项目和指导项目工作的主要要求，是指导项目实施和管理工作的根本性文件。

项目章程的主要内容包括：

1）开展项目的目的和理由。包括项目目的、项目背景和必要性、项目基本原则和目标等。

目录

一、项目建设的背景和必要性

1.1 项目的背景和依据

1.1.1 项目背景

1.1.2 编制依据

1.2 当前相关业务和网络安全和信息化现状及主要问题

1.2.1 业务及信息化现状

1.2.2 存在的问题

1.3 项目的意义和必要性

二、国内外同行业现状及发展趋势

2.1 行业现状和发展趋势

2.2 阐述行业领先实践

三、项目建设目标、内容和预期成果

3.1 建设原则和策略

3.2 建设目标

3.2.1 业务目标

3.2.2 系统目标

3.3 与国家能源集团网络安全和信息化总体架构的关系

3.3.1 与业务架构对应关系

3.3.2 应用架构

3.3.3 数据架构

3.3.4 技术架构

3.4 建设内容

3.4.1 项目的整体架构

3.4.2 项目的工作内容

3.4.3 项目的技术关键

3.4.4 项目的组织范围

3.5 预期成果及形式

四、技术可行性分析

4.1 技术方案

4.2 方案内容

五、项目实施方法

5.1 项目实施方法

5.2 实施路线

5.3 主要设备材料清册

六、效益预测和风险分析

6.1 财务效益

6.2 社会效益

6.3 管理效益

6.4 风险分析

6.4.1 组织风险

6.4.2 技术风险

6.4.3 经济风险

6.4.4 社会风险

6.4.5 政策许可风险

七、项目经费估算

八、审查意见

图 5-1　一体化项目商业论证报告示例

2）项目或项目干系人的要求和期望。项目收益目标及计划要求，项目组织结构及职责。

3）项目可交付物的要求说明和规定。明确项目范围及验收标准。

4）项目其他方面的规定和要求。包括项目里程碑和进度概述、项目预算规定、干系人的要求和影响、项目经理及其权限、项目实施组织、项目组织环境和外部条件的情况和假设条件、项目投资分析结果说明等。

一体化项目章程示例如图 5-2 所示。

# 目录

图 5-2　一体化项目章程示例

## 3. 项目工作说明书

工作说明书是对项目所要提供的产品或服务的叙述性描述。对于内部项目而言，项目发起者应基于业务需求提出工作说明书。对外部项目而言，工作说明书作为投标文档的一部分或作为合同的一部用于指导项目工作。

工作说明书作为项目组织重要的文件之一，以书面形式对项目中各类角色的工作内容和方法、工作环境和条件以及任职人资格条件进行统一要求。

1）工作内容。包括项目组织范围、项目业务范围、项目技术范围。

2）工作方法。项目生命周期阶段定义及开发方法说明。

3）工作计划和交付物。确定项目实施周期、里程碑、项目可交付物及内容描述。

4）项目组织结构和职责。确定项目组织结构，明确各角色职责。

5）人员安排及投入计划。确定项目资源及工作量，制订资源投入计划。

6）其他。项目阶段性成果验收准则，如项目变更管理流程等。

一体化项目工作说明书示例如图 5-3 所示。

### 4. 路线图及里程碑计划

路线图主要包括高层级时间线，如里程碑、重要事件、审查活动和决策点等。

一体化项目里程碑计划见表 5-3。

表 5-3　一体化项目里程碑计划

| 顺序 | 里程碑名称 | 里程碑说明 | 计划开始日期 | 计划完成日期 |
|---|---|---|---|---|
| 1 | 可行性研究 | | | |
| 2 | 项目启动 | | | |
| 3 | 集中设计评审 | | | |
| 4 | 系统配置/定制开发完成 | | | |
| 5 | 系统上线/初验 | | | |
| 6 | 系统终验/汇报验收 | | | |
| 7 | 项目收尾 | | | |
| 8 | 质保期内维护 | | | |

# 目录

图 5-3　一体化项目工作说明书示例

## 5.3.2　假设日志、问题日志、变更日志

### 1. 假设日志

假设日志记录了整个项目期间的所有假设条件和制约因素。假设条件可

以来自项目的任何文件，也可由项目团队决定。制约因素通常由客户、发起人、管理机构决定，记录在项目章程中。

假设日志可以是文字描述也可以是列表形式，记录假设条件和假设风险，并与变更和风险相关联。一体化项目假设日志列表见表5-4。

表5-4　一体化项目假设日志列表

| 假设条件 | 假设风险 | 变更内容 | 变更频率 | 风险后果 | 可接受程度 |
|---|---|---|---|---|---|
|  |  |  |  |  |  |
|  |  |  |  |  |  |

### 2. 问题日志

问题日志用于记录和监督项目中尚未解决的问题信息，由责任方负责跟进和解决。

在一体化项目中，采用系统平台对问题和风险进行跟踪管理，对发现的问题和风险按照统一的问题风险清单模板进行填报和更新。填报内容包括类别、类型、重要程度、责任方和责任人、项目阶段、状态、计划解决时间、影响板块、问题详细描述、建议解决方案及措施等。一体化项目问题日志示例如图5-4所示。

| 问题日志 | | | | | | | | |
|---|---|---|---|---|---|---|---|---|
| 项目名称 | | 10032998IC90043_集团一体化集中管控系统建设项目 | | | | | | |
| 制表日期 | | 11/30/2020 | | | | | | |
| 问题序号 | 类型 | 问题描述 | 问题优先级 | 对项目目标的影响 | 负责人 | 问题状态 | 目标解决日期 | 最终解决方案 | 备注 |
| 1 | 权限问题 | 部分公司需要新酬核算的人员人事范围和工资范围是同一家公司 | 高 | 无 | *** | 已解决 | 10/10/2020 | 增加过账公司的权限 | |
| 2 | 业务问题 | 对于劳务派遣公司没提供发票的单位如果处理 | 高 | 无 | *** | 已解决 | 10/10/2020 | 对于劳务派遣公司还没提供发票的情况，劳务工工资也要核算并过账，银行转账符合科目 | |
| 3 | | | | | | | | | |
| 4 | | | | | | | | | |
| 5 | | | | | | | | | |
| 6 | | | | | | | | | |
| 7 | | | | | | | | | |
| 8 | | | | | | | | | |
| 9 | | | | | | | | | |

图5-4　一体化项目问题日志示例（截图）

### 3. 变更日志

变更日志是在项目过程中提交的关于变更及其当前状态的综合清单。变更可以是对任何正式受控的可交付物、项目管理计划组件或项目文件的修改。

一体化项目变更日志包括以下内容：

1）公司信息。包括公司代码、公司名称。

2）涉及业务领域。包括人力资源管理、财务管理、物资管理、销售（燃料）管理、设备管理和项目管理等。

3）变更申请及说明。包括变更内容及变更原因说明。

4）提出人信息。包括姓名、联系方式等。

5）变更结论。包括同意或不同意。

6）提出时间。提出变更的日期。

7）变更状态。包括提出、审核、关闭。

一体化项目变更日志见表5-5。

**表5-5　一体化项目变更日志**

| 公司代码 | 公司名称 | 涉及业务领域 | 调整申请 | 调整说明 | 备注 | 提出人姓名 | 联系方式 | 提出时间 | 评审意见 | 变更结论 | 变更状态 |
|---|---|---|---|---|---|---|---|---|---|---|---|
|  |  |  |  |  |  |  |  |  |  |  |  |
|  |  |  |  |  |  |  |  |  |  |  |  |
|  |  |  |  |  |  |  |  |  |  |  |  |

## 5.3.3　干系人登记册、风险登记册、经验教训登记册

### 1. 干系人登记册

干系人登记册是规划、管理和监督相关方参与的重要输入文件，有助于

项目团队掌握相关方的基本信息、在项目中的角色、主要需求、对项目的期望以及影响项目成果的潜力。在进行项目资源管理、沟通管理、风险管理、变更管理的过程中均可调用干系人登记册。

干系人登记册主要由以下三个方面的内容组成：

1）身份信息。包括姓名、职位、地点、联系方式以及在项目中扮演的角色。

2）评估信息。包括主要需求、期望、影响项目成果的潜力以及受相关方影响最大的项目生命周期阶段。

3）干系人分类。基于作用、影响、权力或利益对干系人进行分类，或项目经理选择其他分类模型进行分类。

一体化项目干系人登记册见表5-6。

表 5-6　一体化项目干系人登记册

| 姓名 | 职位 | 项目角色 | 基本需求和期望 | 在项目的利益程度（H、M、L） | 对项目的影响程度（H、M、L） | 最密切相关阶段 | 内部或外部 | 支持/中立/反对 | 地点 | 管理策略 |
|---|---|---|---|---|---|---|---|---|---|---|
| | | | | | | | | | | |
| | | | | | | | | | | |
| | | | | | | | | | | |

在一体化项目建设过程中，依据干系人登记册抽调了参与业务标准制定和评审的业务专家团队，制定了各业务领域的业务标准，为项目成功上线打下了坚实基础。在系统上线攻坚阶段，根据干系人登记册抽调并组建了内训师支持团队，有效推进了项目上线工作。在上线支持阶段，使用干系人登记册，组织了对典型电厂的应用情况跟踪调研和重点问题的跟踪解决，提升了用户满意度。

### 2. 风险登记册

项目风险登记册主要记录风险问题描述、重要级别、风险应对措施等内容，主要包括：

1) 项目阶段。包括项目准备、集中设计、系统实现及部署、上线准备、上线支持等。

2) 问题类型。包括制度管理、业务流程、业务方案、数据、接口、技术、项目管理和其他内容。

3) 详细描述。描述问题和风险具体情况。

4) 涉及中心组。包括项目管理办公室、煤炭中心组、电力中心组、人资中心组、财务中心组、技术组、物资中心组、设备数据组。

5) 重要级别。主要分为高-重要紧急、高-重要不紧急、中-不重要紧急、低-不紧急不重要 4 个级别。

6) 影响范围。分为整体、单业务领域、跨业务领域。

7) 解决方案及措施。提出人或相关人员提出的解决方案及建议措施。

8) 责任组别。问题或风险提出人的责任组别。

9) 责任人。责任组别组长。

10) 最终解决方案。责任人针对具体问题或风险制订的最终解决方案。

一体化项目风险登记册见表 5-7。

表 5-7　一体化项目风险登记册

| 序号 | 项目阶段（必填） | 问题类型（必填） | 问题或风险（必填） | 状态（必填） | 详细描述（必填） | 涉及中心组（必填） | 风险等级（必填） | 发生概率（必填） | 风险评估（必填） | 影响范围（必填） | 是否需要项目管理办公室协调（必填） |
|---|---|---|---|---|---|---|---|---|---|---|---|
| 1 | 项目准备 | 项目管理 | 问题 | 关闭 | …… | 火电中心组 | 高 | 中 | 低风险 | 整体 | 否 |

### 3. 经验教训登记册

经验教训登记册是用于记录项目、阶段或迭代期间所获知识的项目文件。项目经验教训通常由项目经理组织项目组成员在项目结束前通过专家判断方法进行总结，项目执行过程中的信息一般由项目经理通过相关部门配合采集并进行存档。

经验教训登记册一般包括以下内容：

1）经验类型。包括进度管理、范围管理、质量管理、风险管理、资源管理、采购管理、风险管理、沟通管理、干系人管理等。

2）提出时间。

3）影响。包括合同变更、增加的工作量等。

4）起因/触发条件。包括最初的合同未能包含的所有需求等。

5）早期预警。包括依照目前的进度计划项目将会延期等。

6）建议。包括经验教训对类似项目工作的指导意义和意见等。

7）登记信息。包括登记人、登记日期。

一体化项目经验教训登记册见表5-8。

表 5-8　一体化项目经验教训登记册

| 经验类型 | 提出时间 | 影响 | 起因/触发条件 | 早期预警 | 建议 | 登记日期 | 登记人 |
|---|---|---|---|---|---|---|---|
|  |  |  |  |  |  |  |  |
|  |  |  |  |  |  |  |  |
|  |  |  |  |  |  |  |  |

## 5.3.4　项目管理计划

制订项目管理计划是实现项目目标的重要保证。项目团队应制订全面的项目管理计划，并将所有计划信息整合至总体项目管理计划。项目管理计划主要包括：

（1）范围管理计划

此计划是项目管理计划的组件，描述如何定义、制定、监督、控制和确认项目范围。一体化项目范围规划是确保项目的总体界限和目标及对项目的期望值是合理的且能够达到的，确保相关方对项目实施的认识是一致的，确保项目实施所需要的投入，确保对今后项目实施过程中可能遇到的困难和阻力有充分的估计并有相应的对策。

（2）进度管理计划

此计划是项目管理计划的组件，为制定、监督和控制项目进度建立准则并确定活动。进度管理计划包括项目主计划、里程碑计划，以及根据项目规模制订的相应子计划。

一体化项目由项目管理办公室负责项目整体进度管理，包括组织编制项目主计划、跟踪项目进度和协调各中心组、子/分公司项目组的进度协同工作。各中心组基于项目主计划，制订本业务范围详细计划，对照工作计划，逐项总结各项工作的完成情况。一体化项目进度计划示例如图5-5所示。

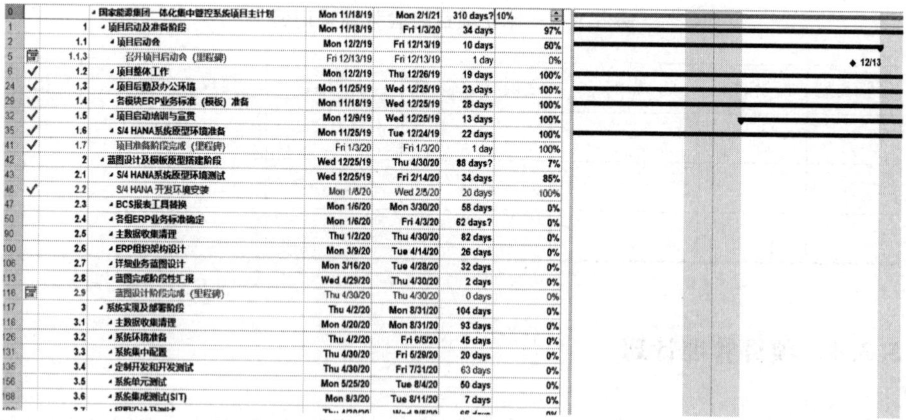

| | | | | | | | |
|---|---|---|---|---|---|---|---|
| 0 | | | 国家能源集团一体化集中管控系统项目主计划 | Mon 11/18/19 | Mon 2/1/21 | 310 days? | 10% |
| 1 | | 1 | 项目启动及准备阶段 | Mon 11/18/19 | Fri 1/3/20 | 34 days | 97% |
| 2 | | 1.1 | 项目启动会 | Mon 12/2/19 | Fri 12/13/19 | 10 days | 50% |
| 5 | | 1.1.3 | 召开项目启动会（里程碑） | Fri 12/13/19 | Fri 12/13/19 | 1 day | 0% |
| 6 | ✓ | 1.2 | 项目整体工作 | Mon 12/2/19 | Thu 12/26/19 | 19 days | 100% |
| 24 | ✓ | 1.3 | 项目后勤及办公环境 | Mon 11/25/19 | Wed 12/25/19 | 23 days | 100% |
| 29 | ✓ | 1.4 | 各模块ERP业务标准（模板）准备 | Mon 11/18/19 | Wed 12/25/19 | 28 days | 100% |
| 32 | ✓ | 1.5 | 项目启动培训与宣贯 | Mon 12/9/19 | Wed 12/25/19 | 13 days | 100% |
| 35 | ✓ | 1.6 | S/4 HANA系统原型环境准备 | Mon 11/25/19 | Tue 12/24/19 | 22 days | 100% |
| 41 | ✓ | 1.7 | 项目准备阶段完成（里程碑） | Fri 1/3/20 | Fri 1/3/20 | 1 day | 100% |
| 42 | | 2 | 蓝图设计及模板原型搭建阶段 | Wed 12/25/19 | Thu 4/30/20 | 88 days? | 7% |
| 43 | | 2.1 | S/4 HANA系统原型环境测试 | Wed 12/25/19 | Fri 2/14/20 | 34 days | 85% |
| 46 | ✓ | 2.2 | S/4 HANA 开发环境安装 | Mon 1/6/20 | Wed 2/5/20 | 20 days | 100% |
| 47 | | 2.3 | BCS报表工具替换 | Mon 1/6/20 | Mon 3/30/20 | 58 days | 0% |
| 50 | | 2.4 | 各组ERP业务标准确定 | Mon 1/6/20 | Fri 4/3/20 | 62 days? | 0% |
| 90 | | 2.5 | 主数据收集清理 | Thu 1/2/20 | Thu 4/30/20 | 82 days | 0% |
| 100 | | 2.6 | ERP组织架构设计 | Mon 3/9/20 | Tue 4/14/20 | 26 days | 0% |
| 106 | | 2.7 | 详细业务蓝图设计 | Mon 3/16/20 | Tue 4/28/20 | 32 days | 0% |
| 113 | | 2.8 | 蓝图完成阶段性汇报 | Wed 4/29/20 | Thu 4/30/20 | 2 days | 0% |
| 116 | | 2.9 | 蓝图设计阶段完成（里程碑） | Thu 4/30/20 | Thu 4/30/20 | 0 days | 0% |
| 117 | | 3 | 系统实现及部署阶段 | Thu 4/2/20 | Mon 8/31/20 | 104 days | 0% |
| 118 | | 3.1 | 主数据收集清理 | Mon 4/20/20 | Mon 8/31/20 | 93 days | 0% |
| 126 | | 3.2 | 系统环境准备 | Thu 4/2/20 | Fri 6/5/20 | 45 days | 0% |
| 131 | | 3.3 | 系统集中配置 | Thu 4/30/20 | Fri 5/29/20 | 20 days | 0% |
| 135 | | 3.4 | 定制开发和开发测试 | Thu 4/30/20 | Fri 7/31/20 | 63 days | 0% |
| 156 | | 3.5 | 系统单元测试 | Mon 5/25/20 | Tue 8/4/20 | 50 days | 0% |
| 168 | | 3.6 | 系统集成测试(SIT) | Mon 8/3/20 | Tue 8/11/20 | 7 days | 0% |



图5-5　一体化项目进度计划示例（截图）

（3）成本管理计划

描述如何规划、组织、估算、预算和控制项目成本，确保在批准的预算内完成项目。项目成本主要包括人力成本、资源成本以及商务活动成本等。

一体化项目成本管理计划见表 5-9。

**表 5-9　一体化项目成本管理计划**

| 成本类别 | 细分、说明 | 参考标准 | 金额 |
|---|---|---|---|
| 人力成本 | | | |
| | | | |
| 合计 | | | |
| 资源成本 | （设备、软硬件等） | | |
| | | | |
| 合计 | | | |
| 商务活动成本 | （会议费用、差旅费、办公费等） | | |
| | | | |
| 合计 | | | |
| 其他 | | | |
| 总成本 | | | |

（4）质量管理计划

描述和规划项目团队在实施项目的过程中如何执行组织的质量政策、流程和指南，以确保项目质量达到组织要求。质量管理计划一般包括过程检查点、关键交付成果审查和可交付成果检测三个方面的工作计划。

一体化项目质量管理计划描述了项目过程质量管理要求，明确了项目各阶段质量管理输出、评审方法、评审组织以及交付计划等。

一体化项目质量管理计划如图 5-6 所示。

| 项目阶段 | 输出 | 过程质量保证方法 | 项目组应保留的记录 | PMO评审 | 对应交付物名称 | 项目组 |
|---|---|---|---|---|---|---|
| 计划 | 项目计划 | 同行评审 | 评审记录 | √ | 100329981C190043_集团—一体化集中管控系统建设项目_项目主计划 | |
| | 质量计划 | 同行评审 | 评审记录 | √ | 100329981C190043_集团—一体化集中管控系统建设项目_质量计划 | |
| | 配置计划 | 同行评审 | 评审记录 | √ | 100329981C190043_集团—一体化集中管控系统建设项目_配置管理计划 | |
| 协助产品选型阶段 | 软件选型招标书业务需 | 同行评审+客户确认 | | | 本期不涉及 | |
| 需求调研 | 调研分析报告 | 同行评审+客户确认 | 评审记录+客户确认记录 | | 本期不涉及 | |
| 需求分析 | 需求规格说明书 | 同行评审+客户确认 | 评审记录+客户确认记录 | | 本期不涉及 | |
| 业务能力设计 | 业务能力蓝图 | 同行评审+客户确认 | 评审记录+客户确认记录 | √ | 100329981C190043_集团—一体化集中管控系统建设项目_业务标准 | |
| 集成业务设计 | 外部系统集成方案 | 同行评审+客户确认 | 评审记录+客户确认记录 | √ | 100329981C190043_集团—一体化集中管控系统建设项目_外围系统接口方案 | |
| | 概要设计说明书 | 客户确认 | 客户确认记录 | √ | 100329981C190043_集团—一体化集中管控系统建设项目_组织架构设计报告 | |
| 系统设计 | 详细设计说明书（二次） | 其他 | 详细设计说明书 | √ | 100329981C190043_集团—一体化集中管控系统建设项目_系统开发功能详细设计说明 | |
| | 测试计划 | 其他 | 集成测试计划 | | 100329981C190043_集团—一体化集中管控系统建设项目_集成测试计划 | |
| | 测试用例 | 其他 | 集成测试用例 | | 100329981C190043_集团—一体化集中管控系统建设项目_集成测试计划及用例 | |
| | 应用集成计划 | 同行评审 | 评审记录 | | 项目主计划中体现 | |
| 系统实现 | 代码/系统配置说明书 | 单元测试 | 单元测试报告 | | 100329981C190043_集团—一体化集中管控系统建设项目_系统单元测试报告 | |
| | 代码/系统配置说明书 | 系统测试 | 系统测试的缺陷单 | | 100329981C190043_集团—一体化集中管控系统建设项目_集成测试问题清单 | |
| 系统测试 | 性能测试方案 | 同行评审 | 评审记录 | √ | 100329981C190043_集团—一体化集中管控系统建设项目_性能测试方案 | |
| | 性能测试报告 | 同行评审 | 评审记录 | √ | 100329981C190043_集团—一体化集中管控系统建设项目_性能测试报告 | |
| | 系统测试报告 | 客户确认 | 客户确认记录 | √ | 100329981C190043_集团—一体化集中管控系统建设项目_系统集成报告 | |
| | 应用集成联调确认单 | 联调方签字确认 | 联调确认记录 | | 100329981C190043_集团—一体化集中管控系统建设项目_联调确认单 | |
| 用户接收测试 | 用户测试计划 | 客户确认 | 客户确认记录 | √ | 100329981C190043_集团—一体化集中管控系统建设项目_用户验收测试计划及用例 | |
| | 用户测试报告 | 客户确认 | 客户确认记录 | √ | 100329981C190043_集团—一体化集中管控系统建设项目_用户接受测试报告 | |
| | 系统上线计划 | 同行评审 | 评审记录 | √ | 100329981C190043_集团—一体化集中管控系统建设项目_上线计划 | |
| | 系统上线应急预案 | 同行评审 | 评审记录 | √ | 100329981C190043_集团—一体化集中管控系统建设项目_上线应急预案 | |
| | 系统移交计划 | 同行评审 | 评审记录 | √ | 100329981C190043_集团—一体化集中管控系统建设项目_系统移交计划 | |
| | 用户培训员手册 | 客户确认 | 客户确认记录 | √ | 100329981C190043_集团—一体化集中管控系统建设项目_用户培训方案及计划 | |
| | 系统用户手册 | 其他 | 用户操作手册 | | 100329981C190043_集团—一体化集中管控系统建设项目_用户手册 | |
| 上线申请 | 系统管理员手册 | 同行评审 | 评审记录 | √ | 100329981C190043_集团—一体化集中管控系统建设项目_系统管理员手册 | |
| | 系统实施安装手册 | 同行评审 | 评审记录 | √ | 100329981C190043_集团—一体化集中管控系统建设项目_系统实施安装手册 | |
| | 系统应急预案 | 同行评审 | 评审记录 | √ | 100329981C190043_集团—一体化集中管控系统建设项目_系统应急预案 | |
| | 数据备份/恢复方案 | 同行评审 | 评审记录 | √ | 100329981C190043_集团—一体化集中管控系统建设项目_数据备份及恢复方案 | |

图5-6　一体化项目质量管理计划（截图）

（5）资源管理计划

此计划是项目管理计划的组件，描述如何获取、分配、监督和控制项目资源。资源管理计划还包括培训需求、备选方案等。在计划编制时，项目管理团队要加强与人力资源主管领导的沟通，同时要特别关注稀缺资源的可获得性，必要时应准备风险应对方案。一体化项目资源管理计划按中心组编制人员投入计划，并在项目实施过程中跟踪人员到位情况。一体化项目资源管理计划见表5-10。

表5-10　一体化项目资源管理计划

| 一体化集中管控项目 | | | | | | | | | | | | | | | | | | | | |
|---|---|---|---|---|---|---|---|---|---|---|---|---|---|---|---|---|---|---|---|---|
| 人员分类 | | 人员投入计划 | | | | | | | | | | | | | 人员到位情况 | | | | | 人员缺口 |
| 中心组 | 模块 | 计划人数 | | | | | | | | | | | | | 角色 | | 信息公司 | 外协 | 总计 | 人数 |
| | | 1月 | 2月 | 3月 | 4月 | 5月 | 6月 | 7月 | 8月 | 9月 | 10月 | 11月 | 12月 | 合计 | 顾问 | 项目经理 | 组长 | | | |
| 火电板块中心组 | 小计 | | | | | | | | | | | | | | | | | | | |

（续）

一体化集中管控项目

| 人员分类 | | 人员投入计划 | | | | | | | | | | | | | | 人员到位情况 | | | | | | 人员缺口 |
|---|---|---|---|---|---|---|---|---|---|---|---|---|---|---|---|---|---|---|---|---|---|---|
| 中心组 | 模块 | 计划人数 | | | | | | | | | | | | | | 角色 | | | 信息公司 | 外协 | 总计 | 人数 |
| | | 1月 | 2月 | 3月 | 4月 | 5月 | 6月 | 7月 | 8月 | 9月 | 10月 | 11月 | 12月 | 合计 | | 顾问 | 项目经理 | 组长 | | | | |
| 煤炭板块中心组（国电侧实施） | 小计 | | | | | | | | | | | | | | | | | | | | | |
| 水电板块中心组 | 小计 | | | | | | | | | | | | | | | | | | | | | |
| 新能源板块中心组 | 小计 | | | | | | | | | | | | | | | | | | | | | |
| 物资中心组 | 小计 | | | | | | | | | | | | | | | | | | | | | |
| 人资中心组 | 小计 | | | | | | | | | | | | | | | | | | | | | |
| 财务中心组 | 小计 | | | | | | | | | | | | | | | | | | | | | |
| 技术组 | 小计 | | | | | | | | | | | | | | | | | | | | | |
| 设备数据组 | 小计 | | | | | | | | | | | | | | | | | | | | | |
| 项目管理办公室 | 小计 | | | | | | | | | | | | | | | | | | | | | |
| S/4 HANA测试组 | 小计 | | | | | | | | | | | | | | | | | | | | | |
| 总计 | | | | | | | | | | | | | | | | | | | | | | |

（6）风险管理计划

风险管理计划是项目管理计划的组件，用以说明风险管理活动被如何结构化安排与实施。一体化项目风险管理按照多种渠道全面收集、及时沟通协同处置、由下至上逐级解决的总体原则，收集和处理项目实施过程中的各种问题及风险。在整个项目生命周期内组织并进行风险识别、风险分析、风险应对、风险监督和风险控制规划。在管理细则中，明确风险上报流程，建立检查监督机制，建立风险反馈机制，按照统一的问题风险清单模板进行风险上报、更新、记录和跟踪。

（7）变更管理计划

描述在项目实施过程中如何提出变更，如何管理变更的过程，是实施整体变更控制的指导文件。变更管理计划内容包括管理变更的目的和目标，变更申请提交、审批、执行控制流程和方法，变更控制委员会的组成及职责。变更管理计划通常包含在组织项目变更管理流程中。

（8）沟通管理计划

重点描述在项目实施过程中对重点干系人的沟通工作计划与要求等。在沟通管理计划中，应简要描述项目的沟通行为（会议、报告形式等）、沟通目的、沟通目标等内容，在记录关键干系人联系信息的同时，还要记录保密策略、例会制度、日常沟通方式与要求、沟通管理工具等信息。

一体化项目沟通管理计划按照项目组织架构，在不同级别和范围采用不同的沟通策略。例如：项目推进小组会负责项目重大事项的决策；项目专题会负责项目非重大事项决策。一体化项目在不同的项目阶段有不同的沟通策略及沟通目的，依据项目重点节点活动，制订一体化项目一系列的沟通策略，包括整体进度沟通策略、业务标准沟通策略、知识传递沟通策略、数据迁移沟通策略、项目权限沟通策略等。

（9）干系人参与计划

此计划是项目管理计划的组件，包括促进干系人有效参与项目或项目决策和执行所需的策略和行动。干系人管理计划说明了在整个项目生命周期中各个干系人在项目中的利益和影响，通过满足或影响干系人的诉求提高干系人的支持力度或降低干系人对项目的阻碍。

一体化项目干系人参与计划包括调动个人或相关方参与的特定策略或方法，如：识别和分析干系人；编制干系人登记册；通过干系人分析模型，梳理一体化项目干系人的需求、期望、目标和利益关系；根据干系人期望制订、执行和确认干系人参与策略。

（10）测试计划

此计划描述被测试的可交付物、将进行的测试以及在测试中使用的流程。它是对组件和可交付物进行正式测试的基础。一体化项目测试计划包括单元测试、集成测试、用户接受测试。

一体化项目单元测试计划示例见表 5-11。

表 5-11  一体化项目单元测试计划示例

| 序号 | 任务名称 | 工期（自然天） | 开始时间 | 完成时间 | 负责顾问 |
|---|---|---|---|---|---|
| 1 | 销售应收 | 26 | 2020-07-06 | 2020-07-31 | ××× |
| 1.1 | 主营业务收入确认 | 15 | 2020-07-06 | 2020-07-20 | ××× |
| 1.2 | 其他业务收入确认 | 15 | 2020-07 -06 | 2020-07-20 | ××× |
| 1.3 | 应收暂估 | 15 | 2020-07-06 | 2020-07-20 | ××× |
| 1.4 | 销售退回 | 15 | 2020-07-06 | 2020-07-20 | ××× |
| 1.5 | 销售折让 | 15 | 2020-07-06 | 2020-07-20 | ××× |
| 1.6 | 坏账计提 | 11 | 2020-07-21 | 2020-07-31 | ××× |
| 1.7 | 坏账冲回 | 11 | 2020-07-21 | 2020-07-31 | ××× |
| 1.8 | 坏账核销 | 11 | 2020-07-21 | 2020-07-31 | ××× |
| 2 | 采购应付 | 10 | 2020-07-06 | 2020-07-15 | ××× |
| 2.1 | 采购结算 | 10 | 2020-07-06 | 2020-07-15 | ××× |
| 2.2 | 采购暂估结算 | 10 | 2020-07-06 | 2020-07-15 | ××× |
| 2.3 | 采购退回 | 10 | 2020-07-06 | 2020-07-15 | ××× |
| 3 | 费用报销和职工薪酬 | 5 | 2020-07-07 | 2020-07-11 | ××× |
| 3.1 | 员工薪酬计提 | 5 | 2020-07-07 | 2020-07-11 | ××× |
| 3.2 | 薪酬支付 | 5 | 2020-07-07 | 2020-07-11 | ××× |

（续）

| 序号 | 任务名称 | 工期（自然天） | 开始时间 | 完成时间 | 负责顾问 |
|---|---|---|---|---|---|
| 3.3 | 员工借款 | 5 | 2020-07-07 | 2020-07-11 | ××× |
| 3.4 | 费用报销 | 5 | 2020-07-07 | 2020-07-11 | ××× |
| 3.5 | 医疗费报销 | 5 | 2020-07-07 | 2020-07-11 | ××× |
| 4 | 税务核算 | 25 | 2020-07-06 | 2020-07-30 | ××× |
| 4.1 | 税费计提 | 5 | 2020-07-06 | 2020-07-10 | ××× |
| 4.2 | 税费缴纳 | 5 | 2020-07-11 | 2020-07-15 | ××× |
| 4.3 | 进项税转出核算 | 5 | 2020-07-16 | 2020-07-20 | ××× |
| 4.4 | 增值税结转核算 | 5 | 2020-07-21 | 2020-07-25 | ××× |
| 4.5 | 税费返还 | 5 | 2020-07-26 | 2020-07-30 | ××× |
| 5 | 在建工程 | 20 | 2020-07-06 | 2020-07-25 | ××× |
| 5.1 | 工程物资采购结算 | 7 | 2020-07-06 | 2020-07-12 | ××× |
| 5.2 | 工程物资领用 | 7 | 2020-07-06 | 2020-07-12 | ××× |

一体化项目集成测试总计划示例见表5-12。

**表 5-12　一体化项目集成测试总计划示例**

| 序号 | 任务名称 | 工期（自然天） | 开始时间 | 结束时间 | 负责顾问 |
|---|---|---|---|---|---|
| 1 | 系统单元测试准备 | 16 | 2020-05-28 | 2020-06-12 | ××× |
| 1.1 | 确定集成测试计划 | 2 | 2020-05-28 | 2020-05-29 | ××× |
| 1.2 | 确定集成测试场景及脚本 | 4 | 2020-06-01 | 2020-06-04 | ××× |
| 1.3 | 集成测试环境准备 | 5 | 2020-06-05 | 2020-06-09 | ××× |
| 2 | 集成测试组织、人事数据准备 | 5 | 2020-06-05 | 2020-06-09 | ××× |
| 2.1 | 配置工作流审批策略 | 3 | 2020-06-10 | 2020-06-12 | ××× |
| 2.2 | 系统集成测试 | 19 | 2020-06-15 | 2020-07-03 | ××× |
| 2.3 | 根据集成测试脚本进行测试 | 19 | 2020-06-15 | 2020-07-03 | ××× |
| 2.4 | 测试问题记录，配置修改 | 19 | 2020-06-15 | 2020-07-03 | ××× |
| 2.5 | 编制系统集成测试报告 | 11 | 2020-06-23 | 2020-07-03 | ××× |

一体化项目用户接受测试详细计划见表5-13。

表5-13 一体化项目用户接受测试详细计划

| 测试场景名称 | 测试场景描述 | 测试负责顾问 | 测试负责用户 | 责任顾问 | 计划开始时间 | 计划完成时间 | 实际开始时间 | 实际完成时间 | 完成状态 | 备注 |
|---|---|---|---|---|---|---|---|---|---|---|
| 主营业务收入确认 | 煤炭销售收入确认 | ××× | ××× | ××× | 2020-08-04 | 2020-08-06 | 2020-08-03 | 2020-08-04 | 已完成 | |
| | 电费收入确认 | ××× | ××× | ××× | 2020-08-04 | 2020-08-06 | 2020-08-03 | 2020-08-04 | 已完成 | |
| | 热费收入确认 | ××× | ××× | ××× | 2020-08-04 | 2020-08-06 | 2020-08-03 | 2020-08-04 | 已完成 | |
| | 运输服务收入确认 | ××× | ××× | ××× | 2020-08-04 | 2020-08-06 | 2020-08-03 | 2020-08-04 | 已完成 | |
| | 工程总承包收入确认 | ××× | ××× | ××× | 2020-08-04 | 2020-08-06 | 2020-08-03 | 2020-08-04 | 已完成 | |
| | 科技环保产品销售收入确认 | ××× | ××× | ××× | 2020-08-04 | 2020-08-06 | 2020-08-03 | 2020-08-04 | 已完成 | |
| 其他业务收入确认 | 出租固定资产收入确认 | ××× | ××× | ××× | 2020-08-04 | 2020-08-06 | 2020-08-03 | 2020-08-04 | 已完成 | |
| | 出租无形资产收入确认 | ××× | ××× | ××× | 2020-08-04 | 2020-08-06 | 2020-08-03 | 2020-08-04 | 已完成 | |
| | 销售材料收入确认 | ××× | ××× | ××× | 2020-08-04 | 2020-08-06 | 2020-08-03 | 2020-08-04 | 已完成 | |
| 应收暂估 | 售煤暂估 | ××× | ××× | ××× | 2020-08-07 | 2020-08-08 | 2020-08-05 | 2020-08-07 | 已完成 | |
| | 售电暂估 | ××× | ××× | ××× | 2020-08-07 | 2020-08-08 | 2020-08-05 | 2020-08-07 | 已完成 | |
| | 售热暂估 | ××× | ××× | ××× | 2020-08-07 | 2020-08-08 | 2020-08-05 | 2020-08-07 | 已完成 | |
| 销售退回 | 煤炭销售退回 | ××× | ××× | ××× | 2020-08-07 | 2020-08-08 | 2020-08-05 | 2020-08-07 | 已完成 | |
| | 科技环保产品销售退回 | ××× | ××× | ××× | 2020-08-07 | 2020-08-08 | 2020-08-05 | 2020-08-07 | 已完成 | |

（续）

| 测试场景名称 | 测试场景描述 | 测试负责顾问 | 测试负责用户 | 责任顾问 | 计划开始时间 | 计划完成时间 | 实际开始时间 | 实际完成时间 | 完成状态 | 备注 |
|---|---|---|---|---|---|---|---|---|---|---|
| 销售折让 | 科技环保产品销售折让 | ××× | ××× | ××× | 2020-08-10 | 2020-08-11 | 2020-08-10 | 2020-08-10 | 已完成 | |
| 坏账计提 | 应收账款坏账计提 | ××× | ××× | ××× | 2020-08-12 | 2020-08-15 | 2020-08-10 | 2020-08-13 | 已完成 | |
| | 预付账款坏账计提 | ××× | ××× | ××× | 2020-08-12 | 2020-08-15 | 2020-08-10 | 2020-08-13 | 已完成 | |
| | 其他应收款坏账计提 | ××× | ××× | ××× | 2020-08-12 | 2020-08-15 | 2020-08-10 | 2020-08-13 | 已完成 | |
| 坏账冲回 | 应收账款坏账冲回 | ××× | ××× | ××× | 2020-08-12 | 2020-08-15 | 2020-08-10 | 2020-08-13 | 已完成 | |
| | 预付账款坏账冲回 | ××× | ××× | ××× | 2020-08-12 | 2020-08-15 | 2020-08-10 | 2020-08-13 | 已完成 | |
| | 其他应收款坏账冲回 | ××× | ××× | ××× | 2020-08-12 | 2020-08-15 | 2020-08-10 | 2020-08-13 | 已完成 | |
| 坏账核销 | 应收账款坏账核销 | ××× | ××× | ××× | 2020-08-12 | 2020-08-15 | 2020-08-10 | 2020-08-13 | 已完成 | |
| | 预付账款坏账核销 | ××× | ××× | ××× | 2020-08-12 | 2020-08-15 | 2020-08-10 | 2020-08-13 | 已完成 | |

## 5.3.5 层级图

（1）组织分解结构

组织分解结构是对项目组织的一种层级描述，展示了项目活动与执行这些活动的组织单元之间的关系。

一体化项目组织结构分为集团、子/分公司两个层级。

（2）产品分解结构

产品分解结构反映产品组件和可交付成果的层级结构。

一体化项目交付物评审跟踪列表如图 5-7 所示。

| 项目阶段 | 交付物 | 评审级别 | | | 过程质量保证 | | | 计划完成时间 | | | | 交付物名称 |
| | | 无需 | 中心组 | 项目组 | 集团PMO | 过程质量保证方法 | 项目组质保留的记录 | 上传文档库时间 | 中心组评审完成时间 | 项目级评审完成时间 | 集团PMO评审完成时间 | 交付物命名示例（以煤炭板块为例） |
| 项目准备阶段 | 项目主计划 | | | | Y | 同行评审 | 评审记录 | 2020/1/5 | | | 2020/2/6 | 10032998IC190043_集团-一体化集中管控系统建设项目建设项目_项目主计划 |
| | 质量计划 | | | | Y | 同行评审 | 评审记录 | 2020/1/5 | | | 2020/2/6 | 10032998IC190043_集团-一体化集中管控系统建设项目_质量计划 |
| | 配置管理计划 | | | | Y | 同行评审 | 评审记录 | 2020/1/5 | | | 2020/2/6 | 10032998IC190043_集团-一体化集中管控系统建设项目_配置管理计划 |
| | 启动会材料 | Y | | | | - | - | 2020/1/5 | | | | |
| | 项目章程 | Y | | | | - | - | 2020/1/5 | | | | |
| | 培训资料 | Y | | | | - | - | 2020/1/5 | | | | |
| | 会议纪要/备忘录 | Y | | | | - | 按需提交 | | | | | |
| 集中设计阶段 | 业务标准 | 业务标准（初稿） | | Y | | | 同行评审 | 评审记录 | 2020/1/14 | 2020/1/14 | | | 10032998IC190043_集团-一体化集中管控系统建设项目_业务标准()_煤炭板块XXX模块 |
| | | 子分公司征求意见通知（集团公告栏或OA正式发文） | Y | | | | | | 2020/1/28 | | | | 10032998IC190043_集团-一体化集中管控系统建设项目_子分公司征求意见通知_煤炭板块 |
| | | 业务标准讲解会议通知、会议资料 | Y | | | | | | 2020/2/5 | | | | 10032998IC190043_集团-一体化集中管控系统建设项目_业务标准讲解会议通知、会议资料_煤炭板块 |
| | | 子分公司、集团相关部门及中心的收集意见汇总 | Y | | | | | | 2020/2/10 | | | | 10032998IC190043_集团-一体化集中管控系统建设项目_子分公司、集团相关部门与中心的收集意见汇总_煤炭板块 |
| | | 业务标准（修订稿）（需出具对收集意见的反馈说明） | | Y | | | 同行评审+客户确认 | 评审记录+客户确认记录 | 2020/2/13 | 2020/2/13 | | | 10032998IC190043_集团-一体化集中管控系统建设项目_业务标准（修订稿）_煤炭板块XXX模块 |
| | | 业务标准（定稿） | | Y | Y | | 同行评审 | 评审记录 | 2020/2/13 | | 2020/2/20 | 2020/3/21 | 10032998IC190043_集团-一体化集中管控系统建设项目_业务标准（定稿）_煤炭板块XXX模块 |
| | | 业务标准发布通知（集团OA正式发文） | Y | | | | | | 2020/3/15 | | | | 10032998IC190043_集团-一体化集中管控系统建设项目_业务标准发布通知_煤炭板块 |

图 5-7 一体化项目交付物评审跟踪列表（截图）

（3）资源分解结构

资源分解结构是对资源类别和类型的层级描述。

一体化项目资源结构按业务领域及对应的行业板块划分确定资源投入量。以项目管理（PS）和人力资源（HR）两个业务领域为例。一体化项目资源分解结构见表 5-14。

表 5-14 一体化项目资源分解结构

| 模块 | 板块 | 实际实施法人 | 月均投入人数 | 备注 |
| --- | --- | --- | --- | --- |
| 项目管理 | 火电 | | | |
| | 水电、新能源 | | | |
| | 煤炭化工 | | | |
| 合计 | 综合 | | | |
| 人力资源 | 火电 | | | |
| | 水电、新能源 | | | |
| | 煤炭化工 | | | |
| 合计 | 综合 | | | |

（4）风险分解结构

风险分解结构是对潜在风险来源的层级描述。一体化项目风险分解结构参见风险登记册说明。

（5）工作分解结构

工作分解结构是对项目团队为实现项目目标、创建所需可交付物而需要实施的全部工作范围的层级分解。

一体化项目工作分解结构见表5-15。

**表5-15　一体化项目工作分解结构**

| 工作项名称（一级） | 工作项名称（二级） | 工作项名称（三级） |
|---|---|---|
| 项目准备阶段 | 项目启动会 | 编写启动会材料 |
| | | 项目启动会材料评审及更新 |
| | | 召开项目启动会（里程碑） |
| | 项目整体工作 | 项目工作计划 |
| | | 项目章程 |
| | | 项目工作任务书 |
| | | 项目组织及人员确定 |
| | 项目后勤及办公环境 | 确定需求清单 |
| | | 准备项目办公场所 |
| | 各模块业务标准（模板）准备 | 业务标准（初稿）编写 |
| | | 业务标准（初稿）评审 |
| | 项目启动培训与宣贯 | 培训计划编制及评审 |
| | | 开展启动宣贯培训 |
| | S/4 HANA 系统原型环境准备 | S/4 HANA 系统环境安装 |
| | | 原型环境准备 |
| | 项目准备阶段完成 | |
| 集中设计阶段 | S/4 HANA 系统原型环境测试 | 原型环境准备测试 |
| | | 系统问题调整 |
| | S/4 HANA 开发环境安装 | |
| | BCS 报表工具替换 | |

（续）

| 工作项名称（一级） | 工作项名称（二级） | 工作项名称（三级） |
|---|---|---|
| 集中设计阶段 | 各组业务标准确定 | 系统概览及业务标准（模板）宣贯 |
| | | MM模块系统概览及业务标准（模板）宣贯 |
| | | 业务标准讨论及修订 |
| | | 收集业务标准修改意见 |
| | | 业务标准调整及定稿 |
| | 主数据收集清理 | 物资主数据收集清理 |
| | | 设备主数据收集清理 |
| | 系统组织架构设计 | 收集系统组织架构数据 |
| | | 设计ERP系统组织架构 |
| | | 编写ERP系统组织架构设计报告 |
| | | 系统组织架构设计确认 |
| | | ERP组织架构设计报告评审 |
| | 系统详细设计 | 梳理系统配置清单 |
| | | 梳理系统开发清单 |
| | | 梳理系统集成接口清单 |
| | 集中设计阶段汇报 | 编写汇报材料 |
| | | 里程碑汇报 |
| | 集中设计阶段完成（里程碑） | |
| 系统实现及部署阶段 | 主数据收集清理 | 物资主数据收集清理 |
| | | 设备主数据收集清理 |
| | 系统环境准备 | 开发环境准备 |
| | | 测试环境准备 |
| | | 培训环境准备 |
| | | 生产环境准备 |
| | 系统集中配置 | 确定系统配置清单 |
| | | 进行系统配置 |
| | | 编写系统配置文档 |
| | 定制开发和开发测试 | 功能及增强开发 |
| | | 集成接口开发 |

（续）

| 工作项名称（一级） | 工作项名称（二级） | 工作项名称（三级） |
|---|---|---|
| 系统实现及部署阶段 | 定制开发和开发测试 | 表单及报表开发 |
| | | 数据导入工具开发 |
| | 系统单元测试 | 制订单元测试计划 |
| | | 进行单元测试 |
| | | 编制系统单元测试报告 |
| | | 单元测试完成（里程碑） |
| | 系统集成测试（SIT） | 系统集成测试和用户接受测试（SIT &UAT）准备 |
| | 系统集成测试执行 | 集成测试完成（里程碑） |
| | 权限设计及测试 | |
| | 用户接受测试（UAT） | 准备 UAT 以及讲师培训 |
| | | 执行 UAT |
| | | 用户接受测试完成 |
| | 系统实现及部署阶段完成（里程碑） | |
| 上线准备阶段及上线 | 最终用户培训 | |
| | 用户权限确认及系统权限设置 | 用户权限收集 |
| | | 用户权限系统设置 |
| | 上线切换策略方案制订及培训 | 静态、动态数据清理策略及方案 |
| | | 业务切换策略及方案 |
| | | 切换策略及方案评审 |
| | | 切换策略及方案培训 |
| | 生产环境准备和系统切换 | 生产环境准备 |
| | | 生产系统性能测试 |
| | 数据清理、转换、导入 | 静态数据清理和转换 |
| | | 动态数据清理和转换 |
| | | 物资、设备数据导入 |
| | 系统上线 | 生产环境数据补录 |
| | | 上线申请、检查及正式上线 |
| | 系统满足上线条件（里程碑） | |

（续）

| 工作项名称（一级） | 工作项名称（二级） | 工作项名称（三级） |
|---|---|---|
| 上线支持阶段 | 月结及年结整体方案 | 编制月结年结方案 |
| | | 月结年结方案评审 |
| | 上线第一个月支持工作 | |
| | 上线第二个月支持工作 | |
| | 上线第三个月支持工作 | |
| | ARIS 流程建模 | ARIS 建模培训 |
| | | ARIS 流程建模 |
| | | ARIS 业务流程报备 |
| | 梳理数据资产清单 | |
| | 项目验收报告 | 编写项目验收报告 |
| | | 项目验收报告评审 |
| | | 项目验收会 |
| | 项目验收（里程碑） | |
| | 项目工作总结报告 | 编写项目工作总结报告 |
| | | 项目工作总结报告评审 |
| | 项目知识转移 | 编写知识转移培训教材 |
| | | 知识转移 |
| | | 知识转移考核 |
| | | 协助各单位搭建运维支持体系 |

## 5.3.6 基准

基准是经过批准的工作产品或计划的版本。在项目实施过程中，将实际绩效与基准进行比较以识别偏差。基准通常包括项目范围基准、成本基准、进度基准，将其整合在一起形成项目绩效评价基准。

一体化项目绩效监控采用项目管理办公室和各中心组日常跟踪的方式，并以周报形式逐级上报。项目推进组负责数据汇总和分析，并以月报形式报告项目绩效，并据此调整项目基准。

### 5.3.7 可视化数据和信息

可视化数据和信息是以图表、图形、矩阵和示意图等可视化格式组织和呈现数据和信息的工件。将数据可视化便于人们更容易识别和理解，并将之转化为信息。可视化工件通常是在收集和分析数据后生成。这些工件有助于决策和确定优先级。常用的可视化数据和信息有：亲和图、因果图、累积流量图、周期时间图、仪表盘、流程图、甘特图、直方图、项目进度网络图、需求跟踪矩阵、责任分配矩阵、S曲线、干系人参与度评估矩阵等。

（1）项目责任分配矩阵（RAM）

采用责任分配矩阵（RAM）能够反映团队成员个人与其承担的工作之间的联系，加强计划任务分解和责任管理。在项目启动时，明确责任主体，并依据项目主计划逐级进行工作任务分解，计划到天，责任到人。一体化项目责任分配矩阵示例见表5-16。

**表5-16 一体化项目责任分配矩阵（RAM）示例**

| 活动 | 人员 | | | |
|---|---|---|---|---|
| | 人员1 | 人员2 | 人员3 | …… |
| 业务标准制定 | A | R | I | …… |
| 系统功能设计 | R | C | C | …… |
| 开发测试 | I | A | R | …… |
| 用户培训 | A | I | I | …… |
| 数据与权限收集 | I | A | R | …… |
| 上线切换 | A | R | C | …… |

（2）干系人参与度评估矩阵

基于一体化项目过程中识别出的干系人清单，建立干系人参与度评估矩阵。其中，C表示每个干系人当前参与水平，D表示项目团队评估出来的、为确保项目成功所必不可少的参与水平（期望的）。

一体化项目干系人参与度评估矩阵示例见表 5-17。

**表 5-17　一体化项目干系人参与度评估矩阵示例**

| 分类 | 内/外部 | 不知晓 | 抵制 | 中立 | 支持 | 领导 |
|---|---|---|---|---|---|---|
| 项目小组 1 | 内部 | | | | C、D | |
| 项目小组 2 | 内部 | | | | | C、D |
| …… | 内部 | | | | | C、D |
| 供应商 1 | 外部 | C | | D | | |
| 外包团队 1 | 外部 | | | | C、D | |
| …… | 外部 | | | C | D | |

在项目实施过程中，需要根据每个干系人当前与期望参与水平的差距开展必要的沟通，有效引导干系人参与项目，弥补当前与期望参与水平的偏差。

## 5.3.8　报告

报告是正式的信息记录或摘要。报告可向干系人传达相关项目信息（通常是摘要级的）。

（1）质量报告

质量报告主要包括质量管理问题、纠正措施建议以及质量控制活动中发现的问题摘要。此外，还包括过程、项目和产品改进的建议。一体化项目质量报告目录如图 5-8 所示。

（2）风险报告

风险报告会在整个项目风险管理过程中不断更新，以描述单个项目风险的情况和整体项目风险的程度。问题与风险报告形式多样，为便于日常报告呈现，项目组采用 PPT 的形式报告项目问题与风险事项的状态，如已解决、正在解决中、新提出等。一体化项目风险报告如图 5-9 所示。

图 5-8　一体化项目质量报告目录

图 5-9　一体化项目风险报告（截图）

（3）状态报告

状态报告提供关于项目当前状态的信息，包括自上次报告以来的进展、成本绩效和进度绩效的分析、项目问题与风险等。

一体化项目月度报告以中心组为单位，分别报告各自的工作进展及需要协调解决的问题。一体化项目月报目录如图 5-10 所示。

图 5-10　一体化项目月报目录

### 5.3.9　协议和合同

协议是定义双方意图的文件或沟通结果。在项目中，协议采用的形式有合同或其他已定义的相互谅解备忘录。合同是指对双方都有约束力的协议，常见的有总价合同、成本补偿合同等。其他协议包括谅解备忘录（MOU）、协议备忘录（MOA）、服务水平协议（SLA）、基本订购协议（BOA）等。

### 5.3.10　其他工件

用于项目管理的其他重要工件包括以下几种：

1）活动清单。是一份记录进度活动的表格，包含活动描述、活动标识及足够详细的工作范围描述，以便项目团队成员了解所需执行的工作。

2）招标文件。根据项目所需的资源或服务，招标文件包括信息邀请书（RFI）、报价邀请书（RFQ）、建议邀请书（RFP）。

3）度量指标。可描述某一属性以及如何对其进行测量。

4）项目日历。规定可以开展活动的工作日和工作班次，将可用于开展活动的时间段（按天或更小的时间单位）与不可用的时间段区分开来。

5）需求文件。记录产品需求和管理这些需求所需的相关信息，包括相关的类别、优先级和验收标准。

6）项目团队章程。记录项目团队的价值观、共识和工作指南，并对项目团队成员的可接受行为做出明确规定。

# 第6章 数字化转型项目管理裁剪

## 6.1 数字化转型项目裁剪目标

裁剪是指根据项目环境和工作内容对项目管理方法进行有效的调整，以更好地满足组织、运行环境和项目的需要。

没有一种单一的方法可以一直应用于所有项目。相反，裁剪应反映每个项目的规模、持续时间和复杂性，并适应组织所在的环境和文化。裁剪过程可以看作是增加、删除或修改组织项目管理流程与方法的过程，由此，更有利于实现项目目标。流程过于简单会忽略项目管理的关键活动，而流程过于复杂，则会增加项目成本。因此，裁剪有助于对项目运行环境和需求进行科学管理。

## 6.2 数字化转型项目裁剪内容及方法

可以裁剪的项目内容主要包括：

1）开发方法和生命周期的裁剪。确定项目的管理阶段，并由此选择项目开发和交付的方法。

2）过程裁剪。针对选定的开发方法和生命周期，确定哪些过程或要素需要进行增加、修改、取消、混合、调整等操作。

3）参与程度裁剪。对项目所涉及人员的参与程度进行裁剪，包括评估参与人员所需的技能和能力、选择参与人员、明确相应人员的职责和现场决策职能、整合内外部项目团队成员。

4）工具裁剪。选择适用于项目的工具，如开发项目所使用的项目管理软件、开发平台等。

5）方法和工件的裁剪。对用于实现项目成果的方法进行裁剪，以适应项目所处的环境和文化。对项目文档、模板和其他工件进行裁剪有助于确保工件适合项目和组织。

以上内容的裁剪基于项目规模、项目类型、技术难度、产品类型、项目周期等。

裁剪方法包括增加、取消、修改、混合、调整等，分析如下：

1）增加。通过增加相应的环节实现所需的严格性或应对独特的产品或运营环境的状况等。例如，对安全性要求比较高的项目，可增加独立的安全检测环节。

2）取消。取消某些不必要、不经济的环节，以减少项目成本或人力投入。例如，采用集中办公、取消部分正式会议。

3）修改。以更好地满足项目或项目干系人的需求。例如，在预测型开发项目系统开发过程中，为满足特定用户需求，采用迭代型开发方法进行系统开发。

4）混合。通过混合或合并各种要素带来额外的收益或价值。

5）调整。协调各种要素，从而形成一致的定义、理解和应用。例如，传统项目需求管理的常规做法是需求调研和需求确认，一体化项目调整为先制定业务标准，再进行系统开发。

运用以上裁剪方法，有助于项目团队明确工序流程的改进方向，构思新的工作方法，找到更佳的工序方法。

## 6.3　数字化转型项目生命周期裁剪

通常，信息化项目主要由 4 个阶段构成：概念阶段、开发或定义阶段、执行（实施或开发）阶段和结束（试运行或结束）阶段。阶段数量取决于项目复杂程度和所处行业，每个阶段还可再分解。软件项目生命周期分为以下几个阶段：项目启动、需求分析、设计、核心开发、定制开发、产品发布、产品交付、初验、终验、维护。

一体化项目生命周期参照业界通用的项目实施方法论，项目实施过程包括项目准备、集中设计、系统实现及部署、上线准备、上线支持五大阶段。一体化项目采用"集中设计、统一标准、标准化实施"的实施方法，故裁剪了项目生命周期中的调研与需求分析等活动。

## 6.4　数字化转型项目管理过程裁剪

项目管理过程裁剪步骤通常包括选择初始开发方法、对组织结构进行裁剪、对项目进行裁剪、以及实施持续改进。大多数组织采取这 4 个步骤或部分步骤进行项目过程裁剪。

### 1. 选择初始开发方法

项目开发方法有预测型、适应型、混合型等多种类型。选择初始开发方法需要综合考虑项目的复杂性、项目规模、技术成熟程度、资源能力等要素。

在一体化项目选择初始开发方法时，项目实施整体采用预测型开发方法。在标准化制订过程中，针对业务领域个性化业务需求，采用适应型开发方法，细化业务领域标准，有效平稳推进项目。由此可见，一体化项目选择了混合型开发方法。

### 2. 对组织结构进行裁剪

对组织结构进行裁剪是指根据组织需求对组织结构进行完善或重新构建。

一体化集中管控系统的实施需要改变国家能源集团的管理流程及用户原有的工作方式，对项目的实施带来了巨大的挑战。因此，一体化项目组织结构在管理思想和管理模式上进行创新，采用混合型组织结构，分为集团、子/分公司两级结构。项目组由国家能源集团领导、总部部门、实施单位、实施方人员联合组成。项目推进小组是项目的最高决策机构，项目管理办公室是项目的日常管理机构，各通用业务领域中心组以及板块业务领域中心组按照所在部门或中心职能分别管理对应业务领域。各中心组在项目管理办公室的统一部署下开展工作，严格执行决策后的各项事宜。

一体化项目组织结构的应用得益于其独到的优势：按业务板块、业务领域等职能管理设置对应的中心组，便于从板块或业务的角度推动各项工作；各子/分公司成立相应的项目组织结构进行对接；项目管理办公室对项目进行统一组织协调，实现各板块/业务领域之间的配合协同；项目推进小组、项目总协调的设立进一步加大了项目推动力度。由此可见，各项因素的有机结合形成了优势互补的项目管理组织结构。该模式如需应用于其他项目，可以从以下方面判断其适用性：

1）按职能设立的管理组织是否对子/分公司有足够的影响力和约束力。

2）负责整体管理的组织是否具备足够的统筹协调能力。

3）国家能源集团领导层对项目是否足够重视。

在具备上述基本要素的前提下，建立配套的运作机制，包括项目组织结构的职责划分，明确项目事务处理规则，确保各项项目工作有安排、有计划、有措施、有检查、有评价、有激励及惩戒等，以保障项目组织有序运转。

### 3. 对项目进行裁剪

对项目进行裁剪就是根据项目规模、关键程度和其他因素进行调整。调整所使用的方法包括增加、移除或修订等。

对项目进行裁剪受许多因素影响，如项目可交付物、项目团队、项目文化等。考量这些因素将有助于识别裁剪过程、交付方法、生命周期、工具和方法。

#### （1）可交付物

包括与可交付物相关的属性，如可交付物的类型，是有形之物还是无形之物；行业市场分析，如是否受到严格监管，发展前景如何；技术是否成熟，是否存在过时风险；项目实施周期长或短；需求稳定性，即变更的可能性；产品业务安全属性，如保密、机密信息等。

一体化项目采用了先建立业务标准、后落地实施的开发方法。通过业务标准的建立，统一国家能源集团层面的业务需求，裁剪项目调研分析和蓝图设计过程，相应裁剪了调研分析报告和蓝图设计报告等交付物，不仅保证了系统建设标准一体化，而且高效地推进了项目进度，缩短了项目实施周期。

（2）项目团队与文化

项目团队方面考虑的因素包括项目团队规模、项目团队所在的地理位置、组织分布情况、项目团队经验、干系人参与程度等。

项目文化方面考虑的因素包括认同，如开发周期、交付方法等是否得到团队的认同；项目团队是否相互信任并致力于交付项目成果；项目高层领导是否支持和鼓励项目组负责开发工作环境，制定协议和决策；项目价值观和文化是否根植于项目，是否与项目方法一致等。

（3）实施持续改进

裁剪并不是一次性的过程，在渐进明细的实施过程中，项目团队需要不断地检查和适应工作方式、可交付的演变，以提升效率；通过对审查点、阶段关口进行必要的检查、变更来调整过程和开发方法；项目实施过程的回顾展望和经验教训总结有助于项目团队寻找和实施改进措施，表明对他们技能和建议的赋能和信任。

在一体化项目建设期间，为持续推进项目建设工作，在确保项目质量不减、工期不变的前提下，积极、持续开展具有项目特色的竞赛夺旗活动，通过阶梯式激励完成最终顺利上线的目标。持续创新培训方式，充分利用云直播等网络媒介开展国家能源集团一体化集中管控系统概览及模块功能的视频培训，搭建线上培训平台，形成"比学赶超"的学习氛围。针对项目期间突发的新冠疫情，项目组通过持续调整远程办公和视频培训方式，确保项目工作的推进；随着疫情防控工作的有效落实，逐步恢复集中办公方式，在7个城市同步开展工作。通过一系列有针对性的有效改进措施和办法，确保了一体化项目的顺利实施。

# 6.5　数字化转型项目管理工具与方法裁剪

在项目绩效域中，既可以对执行工作所使用的方法进行裁剪，也可以针对项目内部环境和外部环境对可交付物和工具进行裁剪。方法和工具的使用都有成本，成本与时间、所使用者的专业水平、熟练程度等因素相关。项目团队在决定使用哪些方法和工具时应考虑成本方面的影响，尽量避免增加不必要的工作，包括对项目团队及相关干系人毫无用处的工作、可能产生错误或误导性信息的工作等。

### 1. 一体化项目管理方法

一体化项目除应用常规的项目管理工具和方法，还根据项目特点和管理要求开发党建与业务相融合（如发挥党支部战斗堡垒和党员先锋模范作用、开展党建软课题研究）、打造特色宣传平台、坐实对标宣传、加强宣传队伍建设、开展项目文化推广活动、征集项目建设论文、开展成果报奖等多种形式，创新了项目管理方法。

### 2. 一体化项目管理工具

为有效推进项目进度管理，确保项目质量满足项目要求，项目组进一步创新了项目管理工具。

1）项目协调管理工具。用于项日会议协调管理。

2）一体化园地项目问题与风险跟踪管理平台。包括项目问题与风险提报、分析及跟踪解决。

3）过程评价。组织开展"先锋杯"一体化集中管控系统建设项目主题劳动竞赛活动，提升项目绩效。

4）上线夺旗竞赛。控质量、保进度，组织上线夺旗竞赛。

5）培训竞赛。创新培训方式，以云直播方式开展国家能源集团一体化集中管控系统概览及各模块功能的视频培训。搭建线上培训平台，发布专项课程，创办专项培训，在一体化园地搭建培训专区，形成了"比学赶超"的学习氛围。

# 6.6 数字化转型项目绩效域裁剪

项目绩效域裁剪主要是根据项目的独特性对与每个绩效域相关的工作进行裁剪。项目管理的十二大原则为项目八大绩效域提供行为指导，通过对绩效域裁剪来满足项目背景和环境的独特需要。

（1）干系人绩效域裁剪

明确项目是否有内部或外部干系人，由此决定干系人相互间的协作环境；制定干系人沟通管理策略，明确适合且经济有效的沟通方式、沟通技术等；干系人的数量、文化差异以及相互之间的关系决定了干系人信息网络的复杂性。

（2）项目团队绩效域裁剪

考虑项目团队所处的地理位置，是集中办公还是分布于多个区域；项目团队是否存在不同的文化；项目团队成员已有的文化是否影响项目团队的裁剪；是否有管理项目团队成员发展的机制；项目团队成员是否需要多样性管理的特殊培训，培训内容及组织形式等。

在一体化项目中，为加快推进项目进度以及应对突发的新冠疫情影响，各中心组通过集中办公的方式提升了工作效率。同时，为顺利推进项目建设工作，在确保项目质量有提升、工期不变的前提下，积极组织开展具有项目特色的竞赛夺旗活动，提升了项目团队间的协同性及工作积极性。创新培训方式，多措并举，确保一体化项目实施过程及系统持续优化工作中的宣贯及培训工作顺利推进。

（3）开发方法绩效域裁剪

根据项目特征确定合适的开发方法，明确项目生命周期应包括哪些阶段，以及组织所拥有的正式或非正式的审计和治理政策、程序和指南等。一体化项目采用先建立业务标准、后实施的项目开发方法，在保证项目质量的同时快速推进项目。

（4）规划绩效域裁剪

分析组织内外部环境因素对项目及可交付物的影响；组织是否有与成本估算和预算相关的政策、程序；项目是否有明确的采购政策和原则等。一体化项目的设备采购由国家能源集团集统一管理，采购成本结构基于治理要求不计入项目，因此裁剪了采购管理。

（5）项目工作绩效域裁剪

考虑组织文化、项目复杂性等因素对项目管理过程的影响；组织是否有正式的知识管理体系，如在项目期间及项目结束时应收集的信息、经验教训等。在一体化项目中，项目管理办公室为确保项目顺利实施，在各个阶段定期进行知识总结，形成相关知识文档，如《一体化集中管控系统应知应会100问》；搭建知识分享平台，通过论文征集发表，鼓励项目团队成员进行项目经验总结。

（6）交付绩效域裁剪

需要明确组织是否拥有正式或非正式的需求管理系统；确认和控制相关流程和程序；明确现有的质量政策和程序，如质量工具、技术和模板；是否存在必须遵守的行业质量标准、政策法规等制约因素；项目是否存在需求不稳定的领域，是否有最佳应对方法等。裁剪的建议是增加更多的反馈核实和质量保证步骤来确保可交付物的质量。

（7）评价绩效域裁剪

考虑如何评价项目价值；是否有财务价值和非财务价值的评价指标；在项目期间和项目完成后，如何进行与收益实现相关的数据采集；项目状态报告的要求有哪些等。一体化项目组织"先锋杯"一体化集中管控系统建设项目主题劳动竞赛，通过上线夺旗赛、年结夺旗赛、月结夺旗赛、堡垒赛等形式将各类竞赛名次奖励纳入每月的过程评价竞赛即时指标的得分。

（8）不确定性绩效域裁剪

考虑项目风险偏好和风险承受能力；在选定开发方法中如何最有效地识别和应对威胁和机会；项目可交付成果的复杂性、技术不确定性对项目的影响；针对项目的预算、持续时间、范围或团队规模是否需要采取更细化的风险管理方式；高水平创新、新技术或其他外部依赖关系是否需要稳健的风险管理方法；项目战略重要性是否导致项目风险级别的提升等。

在一体化项目期间，针对新冠疫情的不确定性，充分利用远程会议软件服务推动项目实施工作，灵活使用远程办公软件开展会议组织等日常工作；利用云平台的服务制定相应的最终用户培训策略及计划。

一体化项目的两项重要内容——新系统实施和原系统升级，尚缺乏同等规模企业迁移转换的案例，技术难度及安全性要求高，且新产品性能存在较高的不确定性，因此，项目管理团队针对不确定性高风险加强了风险评估及跟踪管理。

# 第7章 数字化转型项目管理办公室

## 7.1 数字化转型项目管理办公室的定位

数字化转型项目管理办公室的定位是构建项目管理组织过程资产，管理项目整体风险，协调项目共享资源，跟踪和监督项目实施情况，培养项目管理人才，为项目按期、保质地实现目标提供保障，为实现组织战略提供助力。

在项目管理办公室建立的初始阶段，主要为项目经理提供管理支持，提供项目管理指导，提供良好项目实践指南、模板和示例以及培训。支持型项目管理办公室通常存在于开始改进项目管理能力的组织中。

随着项目管理办公室的成熟发展，项目管理办公室拥有更大的权力，包括项目规划、风险管理、项目绩效跟踪等类似活动支持和管理，代表组织保持其对项目的直接控制。通常，企业可以建立多层级的项目管理办公室，即总部项目管理办公室负责集团重点项目以及各子/分公司项目整体监控，子/分公司和事业部单独成立项目管理办公室，用于监管各自部门项目并向总部项目管理办公室汇报工作。

战略型项目管理办公室即企业级项目管理办公室，通过将组织战略和实施与包括项目集和项目交付的具体结果、变更或产品的项目组合层级投资联系在一起，以投资和回报的角度关注公司立项需求，并以战略目标为依据监控项目进展和风险，具有承上（战略理解）和启下（启动项目）的双重职能。战略型项目管理办公室存在于具有成熟的项目管理能力的组织中，用于确保所有项目围绕着组织目标，并且能够实现相应的收益。

对于具有扁平化结构且以客户为中心的适应型组织，可能会采用敏捷卓越中心（ACoE）或价值交付办公室（VDO）的结构。这类项目管理办公室不具有管理或监督职能，侧重于教练团队，负责在整个组织内培养敏捷技能和能力，或派出专家进驻各项目组承担咨询和辅导的工作。通常，由辅导发起人和产品负责人承担这些角色。这种类型的项目管理办公室更多地出现在去中心化的组织中。在这种组织中，项目团队需要对不断变化的客户需求做出快速响应。

任何类型的项目管理办公室都是基于组织管理需要设立的。影响项目管理办公室组织形式的关键因素包括所交付项目的类型、组织规模、组织结构、集中/分散决策的程度以及企业文化。

# 7.2 数字化转型项目管理办公室的作用

项目是组织内部价值交付系统的组成部分。项目管理办公室作为价值交付系统的一部分，为项目价值交付提供支撑。

1）培养以交付和成果为导向的能力。以提升组织项目管理能力为己任，确保与组织项目相关的员工、合作伙伴等了解和重视项目管理技能，并根据每个项目的独特性对各个过程和治理环节进行合理调整，从而有效地帮助项目交付高质量的结果。

2）保持全局观。确保项目实现交付价值是项目管理办公室的职责之一。项目管理办公室应在确保组织总体成功的前提下评估项目绩效，而非最大化特定项目的结果。在项目管理过程中，项目管理办公室为项目团队、高层管理者和业务部门提供必要的信息和指导，帮助他们了解制定决策所需的项目资源，并密切关注持续改进，确保项目目标与组织战略或商业目标相一致。

3）持续改进、知识转移和变革管理。项目管理办公室定期在整个组织内共享项目成果，并从每个项目中提炼和总结有价值的知识。学习和分享活动为战略和商业目标提供了信息，同时有助于加强未来项目交付活动的改进与提升。通过有效的组织变革管理，确保建立并保持与组织过程更新、能力提升的一致性。

在一体化项目中，项目管理办公室通过总体规划、集中监控，整体调配项目资源，全面把握整体项目建设方向、总体目标及资源投入，明确项目边界、业务衔接关系和系统集成关系，是控制协调的中枢，是推动变革的核心力量和保障，成为组织变革领导者。

4）为实现收益、创造价值而演变。随着商业环境的不断演变，组织需要在日益复杂的环境中创造价值。实施新战略举措和快速变革的能力成为组织差异化发展的关键因素。项目管理办公室为应对挑战，需要不断演变其对收益实现和价值创造的作用。

5）专注于关键计划。虽然所有项目都很重要，但战略举措可以对组织的未来、组织与干系人的关系产生重大影响。项目管理办公室正在从项目监督者转变为指挥协调高层领导、业务部门主管、产品负责人和项目团队之间对话的协调人。这些对话提供了关于项目绩效、威胁和机会的准确信息，这些信息会对重要的战略举措产生影响。这种专注有助于对新出现的问题予以澄清和纠正，并尽可能充分地实现商业成果。

6）建立智能而简单的过程。项目管理办公室通过建立过程和实践规范合理调整组织能力，在减少无用步骤或支持价值实现的前提下，实现有效的沟通、协作和持续改进。

7）培养人才和能力。项目管理办公室在招聘和留住人才方面具有积极的作用。负责在项目团队和整个组织内开发和提升技术、战略、管理和领导技能。

8）鼓励和推进变革文化。通过对以成果和收益为中心的绩效和组织变革管理的支持和承诺，打造差异化的竞争优势。

# 7.3　一体化项目管理办公室的职能

一体化项目管理办公室设立于国家能源集团信息化管理部，是辅助项目推进小组和项目总协调人执行一体化项目日常管理工作的机构，下设 5 个小组，分别是党建宣传组、统筹协调组、计划质量组、培训竞赛组、方案专家组。项目管理办公室对国家能源集团一体化项目领导小组负责。

### 1. 党建宣传组

1）成立项目临时党支部。将党的建设与项目推进紧密结合，组织策划党支部各类学习活动，通过党建工作实现项目各层级人员统一思想、凝聚共识，充分发挥党支部战斗堡垒作用和党员先锋模范作用。

2）积极开展多渠道、多形式的宣传报道工作。采集项目过程中各个关键节点、里程碑的音像素材，制作宣传短片、视频；对现有网站进行整体设计、整合，建立覆盖国家能源集团各层级的信息报送体系。

3）建立信息员机制。保证各类信息化及一体化项目相关新闻动态、成果进展等内容的及时更新。

4）创新宣传报道形式。以公众号等形式进行项目宣贯；对项目实施过程中的先进人物和成绩进行重点宣传，树立标杆。

5）培育科学、积极、协作、创新的项目管理文化。

## 2. 统筹协调组

1）资源统筹管理。汇总各业务领域资源使用情况，并组织考核；负责项目物资、工位等后勤资源的总体调配与协调；负责项目预算及费用管控。

2）跨组沟通协调。发现与接收跨业务领域问题，并进行沟通协调；针对延期未解决的突出问题，组织项目管理办公室检查和督导；组织项目管理办公室、各业务中心组对实施单位项目实施情况进行检查。

3）综合事务管理。组织编制各项项目管理制度，并报项目推进小组审批，审批通过后统一发布；负责项目推进会、项目例会等会务工作；负责项目组大型会议的会务组织和后勤保障工作。

## 3. 计划质量组

1）进度及质量跟踪管理。对各中心组及子/分公司项目组的项目计划执行情况进行跟踪和考评；收集、汇总项目各类问题和风险，并负责问题解决情况的跟踪。

2）交付物跟踪管理。根据国家能源集团统建项目质量要求，制定项目交付物质量监控规范；执行项目过程质量审核流程，并公布检查情况；负责组织、协调项目组交付物的各级评审工作。

3）项目文档管理。设计项目各类文档的标准模板，包括例会 PPT、会议纪要、交付物、汇报材料等；在文档管理工具中建立分类、分组结构，并组织培训；负责项目验收最终归档的组织、整理。

4）考核评价。负责项目过程评价指标的制定、调整和发布；负责对各中心组项目执行情况及考核数据进行收集、整理，并在项目会议中公布评价结果；负责对各子/分公司项目实施执行情况及考核数据进行收集、整理，并在项目会议中公布评价结果；负责在国家能源集团范围内通报项目实施过程的考评结果；负责根据考评结果，推荐优秀实施单位上报国家能源集团。

### 4. 培训竞赛组

负责项目相关培训的管理和组织、相关资源的协调、讲师的筛选和培养等；组织线上考试、配合党建引领组设计和更新在线培训视频等；负责策划组织项目实施过程中的知识竞赛、操作比赛、讲师评比等活动；负责组织讲师到各级单位参与培训宣贯工作，并跟踪和配合各中心组内部的培训工作。

### 5. 方案专家组

负责对各业务模块业务标准等进行评审；负责对项目过程管理提供咨询建议。

# 7.4 一体化项目管理办公室的实践

在一体化项目实施过程中，项目管理办公室辅助项目总协调积极推动项目日常管理和跟踪工作。自项目实施以来，稳步推进业务标准制定、关键节点交付。

### 1. 党建宣传，引领前进方向

1）党建引领，筑牢项目组织堡垒。编制《国家能源集团一体化集中管控系统项目临时党小组评价考核办法》。组织各党小组开展"战疫当先锋、夺取双胜利"主题党日活动。组织项目党员大会，党课教育，激发党组织的战斗堡垒作用。

2）宣传展示项目形象。在国家能源集团网信门户网站开设"先锋杯一体化项目劳动竞赛先进个人"栏目，发布数百篇新闻稿，全面宣传项目建设成果，充分展现典型人物风采，发挥榜样示范作用。发布一体化集中管控系统项目月刊，各子/分公司专刊，激发各子/分公司参与一体化项目的热情，分享先进实践经验，展现建设风采。同时，通过"智慧国家能源"微信公众号等载体广泛宣传，提高项目关注度，展示先进单位和先进个人的风采，树立榜样形象，打造品牌，形成项目文化。

3）文化建设凝聚价值。完成项目口号专家评审，确定作品奖项名单。搭建论文发表渠道，面向国家能源集团征集一体化项目论文，提炼项目成果，指导实践工作。

4）开展"支部建在项目组上"专题大讨论。一体化集中管控系统项目临时党支部书记以《古田会议与一体化项目建设》为题讲授专题党课，深入阐明"支部建在项目组上"对个人发展、一体化项目建设和集团发展的重大意义。为推动一体化项目建设，临时党支部决定在 8 个党小组开展"支部建在项目组上"大讨论活动。通过开展大讨论，动员项目组全体党员在项目建设中发扬古田会议精神，统一思想、提高站位、冲锋在前、担当作为，充分发挥先锋模范作用，切实发挥"支部建在项目上"的优势，增强项目成员的归属感、使命感和荣誉感，提高项目团队战斗力，为国家能源集团一体化项目建设贡献力量。

**2. 统筹协调，高效服务，保证项目整体推进**

在一体化项目初期，为有效推进项目工作，项目管理办公室牵头组建、召开各类全局性会议，做好相关配套服务，保障项目工作顺利推进。实时更新项目组织机构联系人通信录，建立微信群，畅通项目沟通、交流渠道。统一收集各中心组业务标准征求意见稿、项目组通知文件资料，加强出口管控。跟进各中心组实施范围变化以及相关跨组协调事项，不断提高服务水平。

为了稳步推进一体化项目的顺利开展，提高全体员工对一体化集中管控系统概念的理解与认识水平，项目管理办公室按照一体化集中管控系统基础知识与概念、一体化项目、项目实施方法、系统支持保障体系 4 个篇章编写《国家能源集团一体化集中管控系统项目应知应会手册》，梳理可能存在的问题与疑惑，供广大业务人员、技术人员学习参考。

在项目实施过程中，为确保项目进度和质量，组织开展项目过程评价和"先锋杯"劳动竞赛月度评优工作。按照"实施过程进度质量全覆盖，突出重点知识与重要技能"的原则，开展各板块业务标准知识竞赛等活动。根据项目建设实际，调整项目过程评价指标，完成项目全过程评价数据采集工作，定期开展项目过程评价。组织开展项目月标兵评优工作，树立先进榜样，振奋全员士气。具体措施如下：

1）加强问题风险跟踪，保障项目质量。优化一体化园地提报项目问题风险管理的功能，对项目问题风险进行实时收集、上报、反馈，及时解决项目中的问题风险，有效保障项目进度质量。持续做好项目问题风险跟踪及解决，组织子/分公司联络员对项目问题风险事宜进行宣贯，在一体化园地中增加任务督办事项功能。

2）加强交付工作管理，提升交付质量。根据交付工作需要，持续修订完善各阶段交付物模板，并及时发布。在业务标准制定阶段，积极推进各中心组业务标准评审工作。组织策划与国际权威标准及绩优企业开展项目管理对标的系列沟通，助力实现项目最优管控。

3）总结阶段成果，追踪工作进度。定期组织项目月度工作会议，总结项目管理工作开展情况，发布月度先进单位和先进个人评选结果。通过总结表彰，巩固前一阶段工作成果，鼓舞工作士气，树立典型；通过项目月度例会指导下一阶段实施部署，统一思想，确保高质量地完成系统建设任务。全体参建人员认真贯彻落实项目月度例会的安排部署，全力加快项目工作。

项目管理办公室根据国家能源集团做好复工复产疫情防控工作的要求，第一时间做出响应，及时发布强化集中办公纪律要求，有效推进防疫工作。在疫情期间，要求项目参建人员原则上暂缓出京和进京安排，已集中的人员尽量封闭办公，保证防控工作全面到位。

### 3. 组织培训竞赛，选拔优秀人才，发挥讲师专家作用

1）组织一体化集中管控系统概览及各模块功能培训。项目组借助云直播的方式开展专项培训，累计覆盖全集团 9000 余人次。最高峰时，在线人数达 5000 余人。"互联网 + 培训"的创新应用受到参训学员的广泛好评。

2）组织一体化集中管控系统基础知识竞赛预赛。项目管理办公室累计举办 10 余场在线答题竞赛，涵盖所有实施单位，有效参赛人数达 39 473 人次。通过竞赛活动，加深了全体员工对一体化集中管控系统的价值认识，提高了全体员工专业理论素养，营造了比学赶帮超的浓厚氛围。

3）发挥讲师专家作用。完善讲师工作机制，明确工作计划，培养内训师。在项目推进中，充分利用讲师专家资源，调动所有项目参建者和最终用户的主动性和积极性，全力保障项目按时上线。

# 参 考 文 献

[1] Project Management Institute. 项目管理知识体系指南（PMBOK®指南）[M]. 6 版. 北京：电子工业出版社，2018.

[2] DAMA 国际. DAMA 数据管理知识体系指南（原书第 2 版）[M]. DAMA 中国分会翻译组，译. 北京：机械工业出版社，2020.

[3] 罗鸿. ERP 原理·设计·实施 [M]. 3 版. 北京：电子工业出版社，2005.

[4] 潘成才. 大型综合性企业 ERP 系统实施与效益浅析 [J]. 信息化建设，2014（4）：113-114.

[5] 时萌. 关于国有企业行政管理体制改革创新的几点思考 [J]. 中外企业家，2017（6）：65.

[6] 马保江. 新时期电力企业改革背景下行政管理创新的方法研究 [J]. 东方企业文化，2014（2）：179.

[7] 吴鹏跃，肖红根，金珏，等. ERP 项目实施教程 [M]. 清华大学出版社，2013.

[8] 熊正平，黄君. 库存管理 [M]. 北京：机械工业出版社，2010.

[9] 涂扬举. 水电企业如何建设智慧企业 [J]. 能源，2016（8）：96-97.

[10] 刘丽娜. 浅议财务业务一体化模式下的会计业务流程重组 [J]. 现代商业，2016（18）：140-141.

[11] 奉继承. 集团管控的 IT 战略与规划 [M]. 北京：中国经济出版社，2010.

[12] 现代管理领域知识更新教材编写委员会. 企业集团管控体系：理论、实务、案例 [M]. 北京：经济管理出版社，2008.

[13] 邱金峰. 大型集团企业 EPR 项目实施风险与管控策略分析 [J]. 江苏科技信息，2016（18）：18-19.

[14] 国家能源集团电力产业管理部. 国家能源集团公司一体化集中管控系统电力板块设备管理模块业务标准 [Z]. 2020.

［15］安德森，罗兹，戴维斯．SAP 基础教程［M］．黄佳，车皓阳，译．3 版．北京：人民邮电出版社，2010.

［16］王爱敏，王崇良，黄秋钧．人力资源大数据应用实践：模型、技术、应用场景［M］．北京：清华大学出版社，2017.

［17］涂扬举，郑小华，何仲辉，等．智慧企业：框架与实践［M］.2 版．北京：经济日报出版社，2016.

［18］贾婷．浅谈企业信息化建设的实施策略及深远意义［J］.科技信息，2009（9）：347，358.